MARLIS HELLINGER
ENGLISCH-ORIENTIERTE
PIDGIN- UND KREOLSPRACHEN

ERTRÄGE DER FORSCHUNG

Band 221

MARLIS HELLINGER

ENGLISCH-ORIENTIERTE PIDGIN- UND KREOLSPRACHEN

Entstehung, Geschichte und sprachlicher Wandel

1985

WISSENSCHAFTLICHE BUCHGESELLSCHAFT

DARMSTADT

CIP-Kurztitelaufnahme der Deutschen Bibliothek

Hellinger, Marlis:
Englisch-orientierte Pidgin- und Kreolsprachen:
Entstehung, Geschichte u. sprachl. Wandel / Marlis
Hellinger. – Darmstadt: Wissenschaftliche
Buchgesellschaft, 1985.
  (Erträge der Forschung; Bd. 221)
  ISBN 3-534-08816-6
NE: GT

1 2 3 4 5

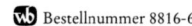 Bestellnummer 8816-6

© 1985 by Wissenschaftliche Buchgesellschaft, Darmstadt
Satz: Maschinensetzerei Janß, Pfungstadt
Druck und Einband: Wissenschaftliche Buchgesellschaft, Darmstadt
Printed in Germany
Schrift: Linotype Garamond, 9/11

ISSN 0174-0695
ISBN 3-534-08816-6

Für

Signa L. Yorke

Belize City

INHALTSVERZEICHNIS

VORWORT

In diesem Buch werden die Grundfragen der Kreolistik am Beispiel englisch-orientierter Pidgin- und Kreolsprachen diskutiert. Nach einleitenden Bemerkungen zur Konstituierung der Kreolistik als eigenständiger linguistischer Disziplin nach dem 2. Weltkrieg wird ihre Bedeutung für die allgemeine Sprachwissenschaft skizziert. Dies führt weiter zu einem Abschnitt über Hugo Schuchardt, dem Begründer der wissenschaftlichen Kreolistik im 19. Jahrhundert. Es folgen historische Überlegungen, die sich vor allem mit der Herleitung der europäisch-orientierten Pidgin- und Kreolsprachen aus einer gemeinsamen Vorstufe beschäftigen.

Nach der Frage, welche historischen Bedingungen zum Kontakt mehrerer Sprachen geführt haben, der ja die Voraussetzung für die Entstehung einer Pidginsprache ist, werden dann spracherwerbstheoretische Probleme aufgegriffen. Pidginisierung wird als eine Form von Zweitsprachenerwerb unter erschwerten Bedingungen beschrieben, Kreolisierung als Prozeß der funktionalen und formalen Elaboration. Bei der Ausbildung von Pidgin- und Kreolsprachen wirken sprachspezifische Einflüsse und allgemeine Sprachentwicklungsmechanismen in komplizierter und bisher noch keineswegs geklärter Weise zusammen.

Anschließend werden Probleme der sprachlichen Variation und des sprachlichen Wandels diskutiert, wie sie sich in postkolonialen Gesellschaften manifestieren, in denen die Kreolsprache neben der verwandten europäischen Standardsprache existiert. Aus dieser Konstellation ergeben sich schwerwiegende bildungspolitische Probleme und die Notwendigkeit sprachpolitischer Entscheidungen – diese Fragen werden im letzten Kapitel behandelt.

Aus zwei Gründen habe ich mich in diesem Buch auf die Beschreibung englisch-orientierter Pidgin- und Kreolsprachen beschränkt. Zum einen, weil sich bei der Fülle des vorliegenden

Materials ein Zugang zu Grundfragen der Kreolistik nur über exemplarische Beispiele gewinnen läßt, zum anderen, weil meine eigene Beschäftigung mit Pidgin- und Kreolsprachen von der Kenntnis einer englisch-orientierten Kreolsprache, des Belizean Creole, ausgegangen ist.

Hannover, August 1983   Marlis Hellinger

1. DER GEGENSTANDSBEREICH DER KREOLISTIK

Die Kreolistik beschäftigt sich mit allen linguistischen und nicht-linguistischen Aspekten von Pidgin- und Kreolsprachen. Sie beschreibt die Strukturen dieser Sprachen, die sozialen und psychologischen Bedingungen, unter denen sie gebraucht werden, und schließlich die historischen, politischen und ökonomischen Zusammenhänge, die für ihre Entstehung und Veränderung verantwortlich sind (vgl. zuletzt Woolford & Washabaugh, 1983; Valdman & Highfield, 1980).

In erster Annäherung ist eine Pidginsprache ein System verbaler Kommunikation, das in wesentlichen Punkten von Sprachsystemen im herkömmlichen Verständnis abweicht. Auf der funktionalen Ebene erfüllt ein Pidgin lediglich äußerst eingeschränkte und spezialisierte kommunikative Bedürfnisse, die sich auf Interaktionen zwischen Sprecherinnen und Sprechern beziehen, die keine gemeinsame Sprache haben. Diesen marginalen nichtmuttersprachlichen Funktionen entsprechen auf der strukturellen Ebene rudimentäre sprachliche Regularitäten, die vor allem durch das Fehlen gewohnter Markierungen im Bereich von Tempus, Aspekt, Kasus, Numerus und Genus charakterisiert sind (vgl. Kap. 7).

Wenn sich nun die sozialen Bedingungen verändern, die zur Ausbildung einer Pidginsprache geführt haben, dann kann diese Entwicklung von einem Sprachwandel begleitet werden, dessen Ergebnis wir als Kreolsprache bezeichnen. Die kommunikativen Funktionen des ursprünglichen Pidgin können eine Erweiterung und Differenzierung erfahren, die ihrerseits zu einer qualitativen und quantitativen Elaboration der sprachlichen Ausdrucksmittel führen. Schließlich vermag das neu entstandene Sprachsystem alle verbalen Bedürfnisse zu befriedigen, die Sprecherinnen und Sprecher an eine Muttersprache herantragen (vgl. Kap. 8).

1.1. Zur Verbreitung von Pidgin- und Kreolsprachen

Pidgin- und Kreolsprachen werden überall auf der Welt gesprochen, auf allen Kontinenten, insbesondere aber in all jenen tropischen und subtropischen Regionen Westafrikas, des karibischen und des pazifischen Raums, wo – im historischen Zusammenhang von Eroberung, Kolonialisierung, wirtschaftlicher Ausbeutung und Sklaverei – Kontakte zwischen europäischen und den jeweiligen regionalen Sprachen stattgefunden haben.[1] Diese Sprachkontakte sind auf der sozialen Ebene durch ein eklatant asymmetrisches Verhältnis der beteiligten Sprachen gekennzeichnet, in dem die europäischen Sprachen generell als die dominierenden erscheinen, während die regionalen Sprachen von diesen dominiert werden. Dieses Verhältnis spiegelt die Plazierung der Sprecherinnen und Sprecher an unterschiedlichen Stellen der jeweiligen sozialen Hierarchie: die Zugehörigkeit zur Gruppe der Eroberer oder Plantagenbesitzer einerseits und zur Gruppe der abhängigen Lohnarbeiter oder Sklaven andererseits (vgl. Kap. 6). So führt schon eine erste Betrachtung der geographischen Verteilung von Pidgin- und Kreolsprachen an die außergewöhnlichen Umstände ihrer Genese heran:

Pidgins and creoles are spoken in places where two or more cultures have come in contact, with one group of people usually dominating the others economically, socially, or militarily. Slavery, colonialism, military occupation, migration from villages to the city, new trade relations – each can produce an intercultural contact in which one group has the upper hand, and it is the dominated who are associated with the pidgin or creole that is often used in such a community.
(DeCamp, 1977: 7/8)

Die Gesamtzahl der Pidgin- und Kreolsprachen, die uns seit dem Ende des 18. Jahrhunderts bekannt sind, wurde vor einigen Jahren

---

[1] Gegenüber den europäisch-basierten Pidgin- und Kreolsprachen ist die Bedeutung von Pidgin- und Kreolsprachen mit nichteuropäischer lexikalischer Basis vergleichsweise gering, was Verbreitung und Sprecherzahlen sowie Berücksichtigung in der Forschung betrifft. Hancock (1977a) listet 37 nichteuropäisch-basierte Pidgin- und Kreolsprachen auf.

mit 127 angegeben (vgl. Hancock, 1977a). Diese Zahl dürfte vorläufig sein, zum einen wegen ungelöster Probleme bei der Klassifizierung von Pidgin- und Kreolsprachen, zum anderen wegen der Vermutung, daß unser Wissen über die Existenz von Pidgin- und Kreolsprachen noch unvollständig ist (vgl. DeCamp, 1977: 4ff.).

Nach vorsichtigen Schätzungen sprechen ca. 6–12 Millionen Menschen neben ihrer Muttersprache, und nicht selten neben einer zweiten oder dritten Sprache, auch ein Pidgin[2]. Kreolsprachen werden von ca. 10–17 Millionen Sprecherinnen und Sprechern als Muttersprache verwendet (vgl. DeCamp, 1977: 6f.). Derartige Schätzungen enthalten eine Reihe von Unsicherheitsfaktoren, beispielsweise die Frage, welche Sprachen überhaupt als Pidgin- oder Kreolsprachen zu klassifizieren sind. Ist ein sprachliches System mit lexikalischen Affinitäten zum Englischen, wie das Krio in Sierra Leone (Westafrika) oder das Belizean Creole in Belize (Mittelamerika), als eigenständiges Sprachsystem oder eher als regionale/soziale Varietät des Englischen zu beschreiben?

Schätzungen von Sprecherzahlen sind auch deshalb Schwankungen unterworfen, weil Sprachen dynamische Systeme sind, die sich in der Zeit verändern. Gerade bei Pidgin- und Kreolsprachen können sich solche Veränderungen in erstaunlich kurzer Zeit vollziehen. Damit sind auch Aussagen über die zukünftige Entwicklung einer Pidgin- oder Kreolsprache problematisch. Sie setzen überdies die Analyse der jeweiligen Sprachgemeinschaft unter historischen, ökonomischen und sozialpsychologischen Gesichtspunkten voraus, wie sie in einem umfassenden Sinn eigentlich für keine Gesellschaft vorliegt. Unter spezifischen außersprachlichen Bedingungen kann sich

---

[2] DeCamp (1971: 17) vermutete noch eine wesentlich geringere Zahl von Pidgin- und Kreolsprechern: "... one could safely say that two or three million persons daily use some form of pidgin in at least some language situations"; für Kreolsprecher gab er eine Zahl von ca. 6 Millionen Menschen im karibischen Raum an und "smaller and more scattered groups of speakers in West Afraica, South Africa and in South and South-East Asia." Noch vorsichtiger hatte DeCamp (1968: 32) von "several million" Pidginsprechern gesprochen; das Afrikaans (Südafrika) hatte er damals offenbar nicht als Kreolsprache einbezogen.

ein Pidgin zu einer Kreolsprache weiterentwickeln – dann erfährt es eine Funktionserweiterung und eine strukturelle Elaboration; andere Bedingungen können bewirken, daß die ohnehin eingeschränkte funktionale Basis für ein Pidgin in der Sprachgemeinschaft ganz verlorengeht und das Pidgin schließlich verschwindet. Schließlich ist dort, wo neben der Kreolsprache die mit ihr lexikalisch verwandte europäische Standardsprache gesprochen, vor allem aber auch geschrieben wird, die Möglichkeit eines Dekreolisierungsprozesses gegeben, d. h. einer allmählichen strukturellen Annäherung an die dominierende Prestigesprache. Alle diese Faktoren beeinträchtigen die Zuverlässigkeit der jeweiligen Sprecherzahlen.

Zur Strukturierung der großen Zahl von Pidgin- und Kreolsprachen bietet sich ihre Gliederung nach geographischen Regionen an, also insbesondere in pazifische, atlantische (spezifischer: westafrikanische und karibische) und kontinentale Pidgin- und Kreolsprachen. Traditionellerweise finden wir aber bis heute überwiegend die Differenzierung nach den am ursprünglichen Pidginisierungsprozeß beteiligten europäischen 'Basissprachen', d. h. Englisch, Französisch, Spanisch, Portugiesisch und Holländisch. Danach werden Pidgin- und Kreolsprachen als englisch-basiert, französisch-basiert usw. klassifiziert.[3] Diese Praxis spiegelt m. E. einen deutlichen Eurozentrismus wider, d. h. die Überbetonung der europäischen (überwiegend lexikalischen) Komponenten in den Pidgin- und Kreolsprachen, während die gerade auf der syntaktischen Ebene evidente Eigenständigkeit von Pidgin- und Kreolsprachen in dieser Terminologie vernachlässigt wird. Auf einer wissenschaftsgeschichtlichen Ebene läßt sich diese Beobachtung auch mit der Dominanz der europäischen Sprachen als Gegenstand der allgemeinen Sprachwissenschaft begründen. Ich werde im folgenden von englisch-orientierten, französisch-orientierten usw. Pidgin- und Kreolsprachen sprechen, einerseits aus praktischen Gründen, um den Bezug zur herkömmlichen Terminologie zu wahren, andererseits,

[3] So auch die Gliederung in Reinecke et al. (1975). Außer den europäisch-orientierten Pidgin- und Kreolsprachen gibt es als größere Kategorie nur noch die "African-based Pidgins and Creoles".

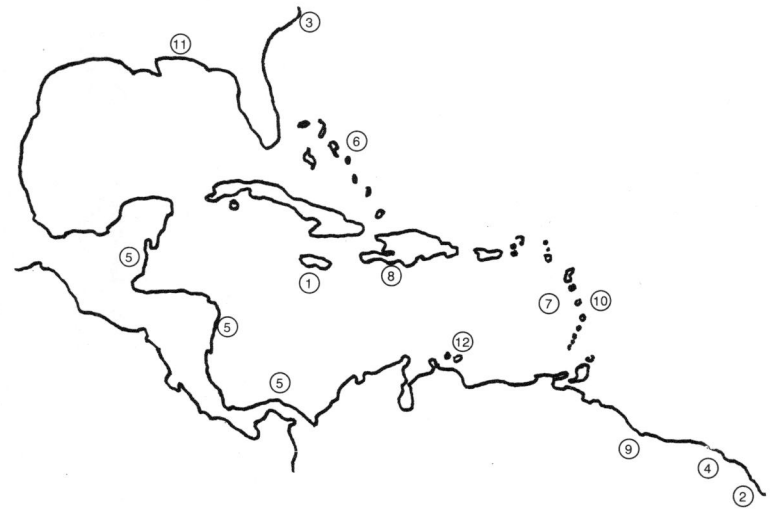

Karte 1
Die wichtigsten englisch-, französisch- und spanisch-orientierten Pidgin-
und Kreolsprachen im karibischen Raum.

um die Betonung der europäischen Komponenten wenigstens zu
relativieren.

Wenn wir die Kategorie "Miscellaneous European" einbeziehen,
dann haben 81 von Hancocks 127 Pidgin- und Kreolsprachen
eine europäische Orientierung. Davon sind 35 englisch-orientiert,
15 französisch-orientiert und 14 portugiesisch-orientiert. Mehr als
ein Drittel zeigen also nicht europäische, sondern afrikanische oder
indianische Affinitäten.

Zu den wichtigsten englisch-orientierten Pidgin- und Kreolsprachen – was Sprecherzahlen und den Stand der linguistischen Beschreibung betrifft – gehören im karibischen Raum das Jamaican
Creole mit über einer Million Sprecherinnen und Sprechern (vgl.
Karte 1 (1)), das Sranan von Surinam (2) mit ca. 350000 Sprechern,
und das Gullah (3) mit ca. 125000 Sprechern, das noch auf den Sea

5

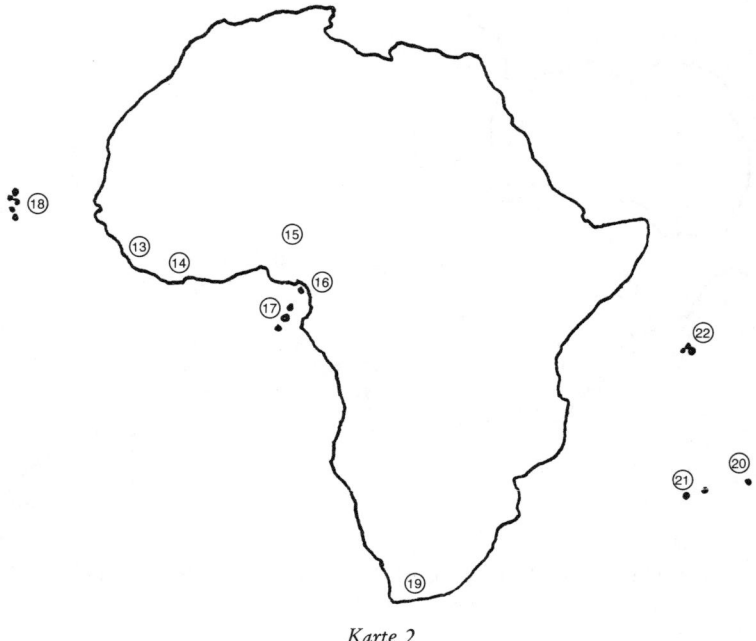

Karte 2
Die wichtigsten englisch-, portugiesisch-, holländisch- und franzö-
sisch-orientierten Pidgin- und Kreolsprachen im west- und südafrikanischen
Raum und im Indischen Ozean.

Islands in Georgia, Nordamerika, gesprochen wird.[4] Kleinere
Sprechergruppen englisch-orientierter Kreolvarietäten finden wir in
Guyana (4), in Mittelamerika (5) – dazu gehören Belize, Honduras,
Nicaragua, Costa Rica, Panama und Kolumbien (vgl. Holm,
1983 a) –, auf den Bahamas (6) und den Kleinen Antillen (7).
 Die größte französisch-orientierte Kreolsprache im karibischen

---

[4] Für das Jamaican Creole gibt DeCamp (1971: 17) 1½ Millionen an, für
das Sranan (einschließlich des Saramaccan) ganz im Gegensatz zu Hancock
nur 80 000. Das Gullah beschreibt DeCamp als "nearly extinct on the main-
land and becoming rare on the islands".

6

Karte 3
Die wichtigsten englisch- und spanisch-orientierten Pidgin- und Kreolsprachen im pazifischen Raum.

Raum finden wir auf Haiti mit ca. 5 Millionen Sprecherinnen und Sprechern (8)[5]; darin sind nach Hancock (1977a: 379) 200000 Sprecher des haitischen Kreol enthalten, die in New York leben. Kleinere Sprechergruppen französisch-orientierter Kreolvarietäten gibt es in Französisch-Guyana (9), auf den Kleinen Antillen (10) und in Louisiana, Nordamerika (11).

Das spanisch-orientierte Papiamentu (12), das auf den ABC-Inseln (Aruba, Bonaire, Curaçao) gesprochen wird, zählt ca. 200000 Sprecher.

In Westafrika und den vorgelagerten Inseln (vgl. *Karte 2*) finden wir englisch-orientierte Kreolvarietäten in Sierra Leone, vor allem das Krio mit ca. 120000 Sprechern (13), sowie kleinere Sprecher-

---

[5] DeCamp (1971: 17) gibt dagegen 4^1/$_2$ Millionen Sprecherinnen und Sprecher als Gesamtzahl für alle französisch-orientierten Kreolsprachen an.

gruppen in Liberia (14), Nigeria (15) und Kamerun (16). Die portugiesisch-orientierten Pidgin- und Kreolsprachen auf den Inseln des Golfs von Guinea (17) und auf den Kapverdischen Inseln (18) sind für uns vor allem aus historischen Gründen von Interesse. In Südafrika sprechen ca. 3 Millionen Menschen das holländisch-orientierte Afrikaans (19) (vgl. DeCamp, 1971: 18). Schließlich sind die französisch-orientierten Kreolsprachen von Mauritius (20) mit ca. 800000 Sprechern, von Réunion (21) mit ca. 500000 Sprechern und den Seychellen (22) mit ca. 40000 Sprechern zu erwähnen.

Im pazifischen Raum müssen vor allem drei englisch-orientierte Pidgin- und Kreolsprachen erwähnt werden: Das melanesische Pidgin-Englisch oder Tok Pisin, das in Papua-Neuguinea und den angrenzenden Regionen von mehr als einer Million Menschen gesprochen wird (23), das chinesische Pidgin-Englisch (24) und das Hawaiian Creole English (25) mit ca. einer halben Million Sprechern. Wiederum aus historischen Gründen sind für uns die spanisch-orientierten Kreolvarietäten auf den Molukken (26) und den Philippinen (27) von Bedeutung.

1.2. *Einige Grundfragen der Kreolistik*

Bis in die Mitte des 20. Jahrhunderts hinein werden Kreolstudien als eher isolierte, an Einzelsprachen ausgerichtete Aktivitäten betrieben. Fragen von allgemeiner Bedeutung, die Kreolsprachen generell – also unabhängig von der jeweiligen lexikalischen Orientierung – betreffen, werden noch nicht explizit diskutiert. Noch 1968 schreibt David DeCamp:

A decade ago, the study of pidgin and creole languages was highly compartmentalized. Very few linguists dealt with both pidgins and creoles. Few students of creole English were aware of current studies in creole French, and vice versa. And most research was quite independent of studies in other widely separated geographical areas, even of studies of the same language (e. g., Chinese pidgin English, Hawaiian English, Jamaican creole, and West African Krio).
(DeCamp, 1968: 29)

Erst nach dem 2. Weltkrieg wird die wissenschaftliche Koordination der einzelnen Forschungsrichtungen eingeleitet. Im Jahre 1959 organisierte der britische Kreolist Robert B. LePage die erste internationale Konferenz für Kreolstudien an der University of the West Indies in Mona, Jamaica (vgl. LePage, 1961). Diese Konferenz kann als der eigentliche Beginn der Kreolistik im Sinne einer eigenständigen linguistischen Teildisziplin angesehen werden. Dreizehn Wissenschaftler vor allem europäischer und amerikanischer Herkunft nahmen an der Konferenz teil (vgl. LePage, 1961: 123), die einerseits einen Überblick über den damaligen Forschungsstand vermittelte, andererseits aber auch die Bearbeitung neuer Fragestellungen in Gang setzte. Zum ersten Mal wurden geographische Barrieren überwunden, indem Kreolsprachen verschiedener Regionen, insbesondere aus dem westafrikanischen und dem westindischen Raum, aufeinander bezogen wurden. Auch engere linguistische Beschränkungen fielen, indem nicht mehr einzelsprachliche Charakteristika in den Vordergrund gestellt wurden, sondern gerade Gemeinsamkeiten von Kreolsprachen mit unterschiedlichen lexikalischen Komponenten betont wurden.

Insbesondere drei Fragenkomplexe wurden am Beispiel verschiedener Pidgin- und Kreolsprachen aufgegriffen: Das Problem der Entstehung von Pidgin- und Kreolsprachen, Probleme der linguistischen Beschreibung und das Problem der sprachlichen Variation.

(1) *Das Problem der Entstehung von Pidgin- und Kreolsprachen.* Hier ging es vor allem um die Frage, ob für mehrere, eventuell sogar alle (europäisch-orientierten) Pidgin- und Kreolsprachen ein gemeinsamer historischer Ursprung angenommen werden kann, aus dem sich die Einzelsprachen nach bestimmten Gesetzmäßigkeiten des Sprachwandels entwickelt haben.

Zwar wurde schon im 19. Jahrhundert (insbesondere von Schuchardt und Hesseling) über genetische Beziehungen zwischen einzelnen Kreolsprachen spekuliert, aber nun formulierte Robert W. Thompson (1961) explizit die sogenannte monogenetische Theorie. Danach können die auffälligen strukturellen Gemeinsamkeiten auch geographisch weit auseinanderliegender Kreolsprachen aufgrund genetischer Verwandtschaft erklärt werden. Einige Jahre später präzisierte Keith Whinnom (1965) diesen Ansatz, indem er als konkrete Manifestation der hypothetischen Protokreolsprache die historische *Lingua Franca* ansetzte.

Mit der monogenetischen Theorie, der Kritik an diesem Ansatz sowie alternativen Vorschlägen zur Entstehung von Pidgin- und Kreolsprachen werde ich mich in Kapitel 6 beschäftigen.

Dabei wird sich zeigen, daß zwar in der Erforschung der Entstehungsbedingungen und -prozesse seit der ersten Kreolkonferenz erhebliche Fortschritte erzielt werden konnten, daß aber gleichzeitig die Komplexität des Untersuchungsgegenstandes eher noch deutlicher hervortrat. Es stellten sich weiterführende Probleme, die in zentrale Bereiche der allgemeinen Sprachwissenschaft hineinreichen, insbesondere Fragen des Sprachwandels und des Spracherwerbs.

(2) *Probleme der linguistischen Beschreibung.* In den fünfziger Jahren legte Chomsky seinen ersten Entwurf einer umfassenden generativen Sprachtheorie vor. Die sich daran anschließende allgemeine Diskussion über die Adäquatheit linguistischer Beschreibungen wurde auch in Mona aufgegriffen. Wenig später legte Beryl Bailey eine Analyse des *Jamaican Creole* im Rahmen des generativ-transformationellen Modells vor; aus diesen Ansätzen entwickelte sie dann ihre ›Syntax des Jamaican Creole‹ (vgl. Bailey, 1966), ein bis heute grundlegendes Buch, dessen Bedeutung auch darin liegt, daß es die Grenzen einer generativ-transformationellen Beschreibung von Kreolsprachen aufzeigt: Bestimmte sprachliche Phänomene (insbesondere die sprachliche Variabilität, der sprachliche Wandel, die Beziehung sprachlicher Erscheinungen zu außersprachlichen Faktoren) lassen sich in diesem theoretischen Rahmen nicht fassen.

Dieses Beispiel weist auf die Bedeutung der Kreolistik für die allgemeine linguistische Theoriebildung hin. Einerseits findet auch in der Kreolistik eine kontinuierliche Auseinandersetzung mit zeitgenössischen linguistischen Theorien statt (vgl. zuletzt Muysken, 1981); andererseits werden aber – eben aus der Erkenntnis heraus, daß sich kein bisher vorgelegtes Sprachmodell für die Beschreibung aller Merkmale von Kreolsprachen eignet – auch innerhalb der Kreolistik selbst neue Theorieentwürfe entwickelt, die in der allgemeinen Linguistik Beachtung finden (vgl. etwa Bickerton, 1975).

(3) *Das Problem der sprachlichen Variation.* Kreolsprachen sind
– wie andere Sprachen auch – durch Variabilität gekennzeichnet, die
zunächst als regionale Differenzierung beschrieben wurde. Im
Rahmen seiner Untersuchung der 'Jamaican dialects' traf DeCamp
(1961) aber nicht nur eine Unterscheidung in ländliche und urbane
Varietäten, sondern berücksichtigte auch schon soziale Faktoren bei
der Erklärung variablen Sprachverhaltens. Er führte den Begriff des
sprachlichen Kontinuums ein, "reaching from the speech of the most
backward peasant or labourer all the way to that of the well-educated
urban professional" (DeCamp, 1961: 82). DeCamp verknüpft regionale und soziale Faktoren mit variabler Sprachproduktion, und
er weist zudem darauf hin, daß auch das Individuum über ein ganzes
Spektrum von Sprachmustern verfügt, die es je nach den Erforder-
nissen der jeweiligen kommunikativen Situation einsetzt.

Ich sehe hier den frühen Entwurf eines soziolinguistischen Modells mit einer sozialpsychologischen Komponente, wie es später
von Brown & Fraser (1979) in seiner ganzen Komplexität dargestellt
wurde. Danach hängt das Sprachverhalten einer Sprecherin oder
eines Sprechers von einer ganzen Reihe außerlinguistischer Faktoren
ab, die jeweils die Wahl einer Varietät oder eines Registers bestimmen. Zu diesen Faktoren gehört vor allem die Situation, die ihrerseits durch Ort, Zeit, Zweck und Thema der sprachlichen Interaktion charakterisiert ist. Weiter wirken sich die Beziehungen der Ge-
sprächspartner zueinander aus, wie sie sich aufgrund ihres sozialen
Status und ihrer kommunikativen Rolle beschreiben lassen. Natürlich sind stabile individuelle Faktoren zu berücksichtigen, also
Geschlecht, Alter, ethnische Zugehörigkeit, Schichtzugehörigkeit,
Persönlichkeitsmerkmale; und schließlich haben auch temporäre individuelle Faktoren wie Stimmungen und Gefühle einen Einfluß auf
das Sprachverhalten.

Sprachliche Variation läßt sich in einem kreolsprachlichen Kontinuum [6] über Grade der strukturellen Nähe zu bzw. Entfernung von

---

[6] Variabilität im beschriebenen Sinne tritt bei Pidginsprachen aus funktionalen wie strukturellen Gründen nicht auf. Zum Beginn elaborativer und
expansiver Prozesse vgl. Kap. 8.

der lexikalisch verwandten, sozial dominierenden Standardsprache beschreiben (vgl. Kap. 10). Neben DeCamps Kontinuummodell wurden aber zur Zeit der ersten Kreolkonferenz auch andere Konzepte diskutiert, vor allem das der Diglossie (vgl. Ferguson, 1959; Stewart, 1962).

Nach 1959 folgten bald weitere internationale Veranstaltungen, ein deutliches Anzeichen für die Aktualität der von der Kreolistik behandelten Probleme. 1962 fand in Brazzaville, Kongo, ein Symposium über die Probleme des Multilingualismus statt, das auch Beiträge zu Kreolsprachen einschloß (vgl. Symposium, 1964). 1968 war noch einmal Mona (Jamaica) der Schauplatz einer Konferenz über die Pidginisierung und Kreolisierung von Sprachen; der Sammelband mit den wichtigsten Beiträgen gehört zu den klassischen Dokumentationen in der kreolistischen Forschung (vgl. Hymes, 1971). Hervorzuheben sind weiter die Internationale Konferenz über Pidgin- und Kreolsprachen von 1975 in Honolulu, Hawaii (vgl. Day, 1980) und schließlich die Konferenz über theoretische Tendenzen in der Kreolistik, die in St. Thomas, U. S. Virgin Islands, abgehalten wurde (vgl. Valdman & Highfield, 1980; Highfield & Valdman, 1981).

Die Konferenzen von 1959, 1968 und 1979 können als Meilensteine in der Geschichte der Kreolistik bezeichnet werden. Ein Vergleich zeigt auf quantitativer wie qualitativer Ebene die weitreichenden Entwicklungen während zweier Jahrzehnte. Waren 1959 nur dreizehn Linguisten beteiligt, von denen lediglich zwei selbst Sprecher einer Kreolsprache waren, nahmen an der Konferenz von 1968 bereits mehr als sechzig Kreolisten teil, unter ihnen ein halbes Dutzend Kreolsprecher. Die auffällige Trennung von Forschungssubjekten (der Kreolisten) und Forschungsobjekten (der Kreolsprecher), in der sich gleichzeitig die Dominanz amerikanischer und europäischer Wissenschaftler manifestierte, begann sich langsam zu lockern. Zunehmend vertraten nun auch solche Linguisten eigene Forschungsergebnisse, deren Muttersprache eine Kreolsprache war. Diese Tendenz war auch während der Pidgin-Konferenz an der Universität von Papua-Neuguinea in Port Moresby (1972) zu beobachten, auf der viele Beiträge im Tok Pisin bzw. dem Melanesischen Pidgin-Englisch gehalten wurden.

Die Konferenz von 1979 in St. Thomas, an der 150 Kreolisten teilnahmen, lieferte den Beweis dafür, daß auch Kreolsprachen für den wissenschaftlichen Diskurs geeignet sind. Ein Drittel der Konferenzbeiträge kam von Kreolsprechern; von den kreolsprachlichen Teilnehmern stammten viele aus Haiti, die sich insbesondere an Diskussionen über Sprachplanung und Spracherziehung beteiligten:

(. . .) they did not hesitate, in a predominantly anglophone scientific gathering, to resort to their vernacular tongue, thus providing dramatic demonstration of the adequacy and suitability of Haitian Creole for scholarly discourse. (Highfield & Valdman, 1981: X)

Inhaltlich kann die Konferenz von 1968 als Fortführung von 1959 gelten: Für die alten Probleme wurden neue Lösungen vorgeschlagen, aber es wurden auch neue Fragen gestellt, die sich insbesondere aus der Erweiterung des Untersuchungsbereiches der Kreolistik ergaben. Über eng linguistische Beschreibungsprobleme hinaus wurden immer stärker die historischen und gesellschaftlichen Bedingungen von Kreolsprachengemeinschaften reflektiert, einschließlich auch sozialpsychologischer Aspekte. Starkes Interesse fand weiterhin das Verhältnis zwischen einzelsprachlichen und universellen Erscheinungen.

1979 wurden vier Themenkomplexe diskutiert. Neben traditionellen Themen, wie dem Problem der sprachlichen Variation und Mechanismen der syntaktischen und lexikalischen Elaboration, rückten nun Fragen des sprachlichen Wandels (bezogen auf die Dekreolisierung) und die Beziehung zu Prozessen des Erst- und Zweitsprachenerwerbs immer stärker in den Mittelpunkt. Schließlich kam als vierter Schwerpunkt die Sprachplanung hinzu, wobei Probleme der Standardisierung von Kreolvarietäten und der Implementierung (Durchsetzung) sprachplanerischer Maßnahmen in einzelnen kreolsprachlichen Gesellschaften diskutiert wurden.

Schon seit 1968 war aber offenkundig, daß Pidgin- und Kreolsprachen eine Herausforderung an die gegenwärtige linguistische Theorie darstellen.

1.3. *Anmerkungen zur Geschichte der älteren Kreolistik*

Eine Darstellung der Geschichte der Kreolistik liegt bisher nicht vor. Ansätze finden wir lediglich im Rahmen allgemeiner Einleitungen zu den bekannten Sammelbänden (insbesondere Hymes, 1971; Valdman, 1977a). Die Ankündigung eines entsprechenden Projekts wies John E. Reinecke noch kurz vor seinem Tod im Juni 1982 zurück: ". . . we (i. e. Reinecke und Glenn Gilbert, M. H.) are only turning over in our minds ideas which we have not yet even formulated sufficiently for a tentative outline of such an undertaking" (*Carrier Pidgin,* 1982: 6).

Allerdings hat Reinecke selbst – zusammen mit Tsuzaki, DeCamp, Hancock und Wood – als Herausgeber der ersten umfassenden, kommentierten Bibliographie ein mit ca. 8000 Einträgen monumentales und unentbehrliches Hilfsmittel für alle Aspekte der Kreolistik geschaffen, der gerade auch für die Erarbeitung der Geschichte der Disziplin von großem Wert ist (vgl. Reinecke et al., 1975).

Reinecke war es auch, der im September 1981 als Supplementheft des ›Carrier Pidgin‹ einen ersten chronologischen Abriß mit wichtigen Daten aus der Geschichte der Kreolistik veröffentlichte. Dieser Abriß erstreckt sich über einen Zeitraum von fast 780 Jahren. Er beginnt mit einem pidginisierten Glaubensbekenntnis, das um 1204 in Konstantinopel belegt ist, und endet mit der Ankündigung des Sammelbandes von Muysken über Generative Kreolstudien (1981).

Für die Zeit bis 1770 verzeichnet Reinecke lediglich zwölf Titel, von denen fünf der sogenannten *Lingua Franca* gewidmet sind, der bereits erwähnten mittelalterlichen Verkehrssprache (vgl. Kap. 5).

Das Jahr 1770 ist von besonderem Interesse, es markiert mit dem Erscheinen der ersten systematischen Grammatik einer Kreolsprache den Beginn der sprachwissenschaftlichen Beschäftigung mit Pidgin- und Kreolsprachen. Es handelt sich um J. Melchior Magens' dänisch-sprachige Beschreibung des Neger-Hollands von St. Thomas, die 1770 in Kopenhagen veröffentlicht wurde.

Die Publikationen des späten 18. Jahrhunderts und der ersten Hälfte des 19. Jahrhunderts lassen einen engen Bezug zur europäischen Missionstätigkeit in den überseeischen Kolonien erkennen.

Psalmenbücher, das Neue Testament und Kirchenlieder werden in verschiedene Kreolsprachen übersetzt, im karibischen Raum insbesondere ins Neger-Hollands (Virgin Islands), Sranan (Surinam) und Papiamentu (ABC-Inseln). Eine maßgebliche Rolle spielen in der Karibik die Mitglieder der pietistischen Herrnhuter Brüdergemeine, die bereits ein Jahrhundert vor der Befreiung schwarzer Sklaven in St. Thomas (Surinam) im Rahmen ihrer Missionsarbeit für damalige Verhältnisse geradezu revolutionäre Ideen verwirklichten: Sie unterrichteten die Sklaven im Lesen und Schreiben und waren auch die ersten, die das Kreolische als Muttersprache der schwarzen Bevölkerung Surinams anerkannten und sich um seine Überlieferung bemühten (vgl. Stein, 1982).

Zu den ersten erhaltenen kreolischen Texten überhaupt gehören Lieder aus einem Weihnachtsgottesdienst von 1754 in St. Thomas, die kürzlich wiederentdeckt und publiziert worden sind[7]; vgl. den folgenden Ausschnitt:

> God self hem nuem an ons Natur,
> de Scheper allemal Creatur
> hem no veracht en pover Weif
> vor wees en Mensch na bin si leif.

> Gott selbst er nimmt unsere Natur an,
> der Schöpfer aller Kreaturen.
> Er verachtet ein armes Weib nicht,
> um ein Mensch in ihrem Leib zu sein.
> (Stein, 1982: 109)[8]

[7] Unzusammenhängende Sprachproben besitzen wir aus noch älterer Zeit. Schuchardt (1914: XVII) zitiert Sätze des surinamischen Negerenglisch von 1718 als älteste Probe, „die meines Wissens von einer negerkreolischen Mundart überhaupt vorhanden ist".

[8] Eine linguistische Analyse dieser Texte steht noch aus. Zweifellos wird dabei geklärt werden müssen, inwieweit wir es hier tatsächlich schon mit einer holländisch-orientierten Kreolvarietät zu tun haben oder ob nicht lediglich eine Varietät des Holländischen vorliegt. Zu bedenken sind weiter mögliche Divergenzen zwischen dem mündlich tradierten Text und seiner Verschriftung.

Weiter finden wir im 19. Jahrhundert Übersetzungen religiöser Texte in die französisch-orientierten Kreolsprachen von Réunion und Mauritius sowie ins Indoportugiesische von Ceylon. Die Tatsache, daß die Übersetzung hochspezialisierter schriftsprachlicher Texte gelingen konnte, belegt in eindrucksvoller Weise die lexikalische und syntaktische Leistungsfähigkeit der betreffenden Kreolsprachen.

In der zweiten Hälfte des 19. Jahrhunderts erscheinen zahlreiche Beschreibungen einzelner Kreolsprachen (vgl. Reinecke, 1981): Die erste Analyse des 'West Indian English' (1868); die ersten Grammatiken des French Creole von Trinidad, Martinique und Guyana; das erste kreolische Wörterbuch, das dem Papiamentu gewidmet ist (1875); auch die erste Doktorarbeit über eine Kreolsprache, nämlich das Guadeloupean Creole (1885). Eine Geschichte der Kreolistik wird sich gerade mit diesen älteren Werken auseinandersetzen müssen, insbesondere auch deshalb, weil in dieser Zeit bereits wichtige Schriften von Hugo Schuchardt erscheinen, der heute als Begründer der wissenschaftlichen Kreolistik gilt (vgl. Kap. 3).

1.4. Das Aufblühen der Kreolistik nach dem 2. Weltkrieg

Es ist keineswegs ein Zufall, daß sich das wissenschaftliche Interesse an Pidgin- und Kreolsprachen gerade in den fünfziger Jahren neu belebt. Zum einen sind Entwicklungen innerhalb der Linguistik selbst dafür verantwortlich, insbesondere die fortschreitende Spezialisierung mit der folgenden Ausdifferenzierung zahlreicher Teildisziplinen. Vor allem die Soziolinguistik, die Psycholinguistik, die Spracherwerbsforschung und die Kontrastive Linguistik schaffen theoretische wie methodische Voraussetzungen für eine vertiefte Beschäftigung mit Pidgin- und Kreolsprachen.

Zum anderen gehen entscheidende Anstöße von politischen und gesellschaftlichen Veränderungen in den betroffenen Regionen aus. Mit der politischen Unabhängigkeit vieler ehemaliger europäischer Kolonien wächst das unmittelbare Interesse an nationalen Gegebenheiten: an der Geschichte, der kulturellen Tradition, der ethnischen und sprachlichen Vielfalt. Und die Suche nach einer nationalen Identität ist in vielen multilingualen Staaten nicht selten mit sprachpolitischen Entscheidungen verknüpft, die auch die Existenz von Kreolsprachen betreffen.

Solche Entscheidungen setzen die Analyse der jeweiligen sprachsoziologischen Situation voraus, d. h. die Beantwortung insbesondere folgender Fragen: Welche Sprachen werden überhaupt in der Region gesprochen? Welche kommunikativen Funktionen erfüllen diese Sprachen? Welche soziale Rolle spielen sie? Welche Möglichkeiten bestehen für eine Standardisierung? Welche Beziehungen lassen sich zwischen den regionalen Sprachen und den hinterlassenen europäischen Kolonialsprachen erkennen? Und welche Rolle spielen schließlich Pidgin- und Kreolsprachen in diesem komplexen Netz sprachlicher und gesellschaftlicher Bezüge?

Vielfach läßt sich ein Zusammenhang herstellen zwischen dem Zeitpunkt der nationalen Unabhängigkeit eines Staates und der Publikation der ersten wichtigen Arbeiten über die dort gesprochene(n) Pidgin- und/bzw. Kreolsprache(n).

Jamaica beispielsweise wurde 1962 unabhängig, und in dieser Zeit erschien auch die erste größere Beschreibung des Jamaican Creole (vgl. LePage & DeCamp, 1960); wenige Jahre später legte Bailey ihre ›Jamaican Creole Syntax‹ (1966) vor, und 1967 erschien das erste umfassende Wörterbuch des "Jamaican English" einschließlich kreolischer Varietäten (vgl. Cassidy & LePage, 1967). Für das ehemalige Britisch-Guyana, Trinidad & Tobago und Belize lassen sich ähnliche Beziehungen herstellen.[9] Das gilt ebenfalls für eine Reihe westafrikanischer Staaten, in denen Kreolvarietäten gesprochen werden, z. B. Sierra Leone und Nigeria[10].

[9] Guyana erlangte 1961 die innere Autonomie, 1966 die Unabhängigkeit; Trinidad & Tobago wurde 1962 unabhängig; Belize erlangte die innere Autonomie 1964, die Unabhängigkeit aber erst 1981. Vgl. die entsprechenden bibliographischen Angaben in Reinecke et al. 1975: 419 f.; 403 f.; 397 f.

[10] Beide Staaten wurden 1961 unabhängig; zu den ersten wichtigen Publikationen über regionale Pidgin- und Kreolvarietäten gehören Mafeni (1965), Jones (1957), Turner (1963) und Berry (1959, 1961).

2. DIE BEDEUTUNG DER KREOLISTIK FÜR DIE ALLGEMEINE SPRACHWISSENSCHAFT

Im Abschnitt 1.2. habe ich an drei Beispielen angedeutet, in welcher Weise Grundfragen der Kreolistik in allgemeine sprachwissenschaftliche Problemkreise hineinführen. Nun soll umgekehrt gezeigt werden, daß für allgemeine Fragestellungen, deren Bearbeitung zum Teil weit in das 19. Jahrhundert zurückreicht, von der Kreolistik neue Lösungen zu erwarten sind. Dies belegt in anschaulicher Weise die Verknüpfung der Kreolistik mit älteren Forschungstraditionen.

2.1. *Sprachwandel*

Hier beschäftigt man sich mit der Frage, wie synchronische Verhältnisse aus diachronischen Gegebenheiten erklärt werden können. Dabei sind einerseits die inneren Gesetzmäßigkeiten der Sprachentwicklung zu bestimmen (beispielsweise die Addition oder Tilgung von Elementen, die Generalisierung oder Beschränkung von Regeln), andererseits muß untersucht werden, welche außerlinguistischen Kräfte den Sprachwandel beeinflussen.

Die Berücksichtigung dieser beiden Perspektiven – der sprachinternen wie der sprachexternen – war schon im 19. Jahrhundert von Hugo Schuchardt, dem eigentlichen Begründer der wissenschaftlichen Kreolistik, gefordert worden. In seiner berühmten Schrift ›Ueber die Lautgesetze. Gegen die Junggrammatiker‹ (1885) kritisierte er die junggrammatische Lehre von der Ausnahmslosigkeit der Lautgesetze. Er verwarf weiter Auffassungen von *Dialekt* und *Sprachgemeinschaft,* die vom Prinzip der Homogenität ausgehen, und betont, daß bei der Suche nach den Ursachen lautlicher Veränderungen auch sprachexterne Faktoren wie Alter, Geschlecht, Bildung und Temperament zu berücksichtigen sind. Schuchardt weist zudem explizit auf den sozialen Charakter der Sprache hin:

> Die Lehre von der Ausnahmslosigkeit der Lautgesetze (. . .) ragt wie eine Antiquität aus jener Periode in die heutige hinein, welche der Sprachwissenschaft den Charakter einer Geisteswissenschaft zuerkennt, welche in der Sprache keinen natürlichen Organismus, sondern ein soziales Produkt erblickt.
> (Schuchardt, 1885: 34)[11]

Schuchardt nähert sich damit Auffassungen, die in Frankreich zur gleichen Zeit im Bereich der Soziologie (insbesondere von Durkheim) vertreten werden. Danach wird die Gesellschaft als eine den Individuen übergeordnete objektive Wirklichkeit gesehen und nicht als die Summe der in einer Gemeinschaft verbundenen Individuen (vgl. Arens, 1969: 467). In ähnlicher Weise ist Sprache nicht nur ein individuelles, sondern ein soziales Phänomen – das wiederum das Verhalten der Sprachteilnehmer in systematischer Weise beeinflußt. Auch Vorgänge sprachlicher Veränderungen enthalten deshalb eine überindividuelle Komponente.

John Gumperz (1975: 335 f.) hat auf die beachtlichen Fortschritte im Bereich der 'externen' Sprachgeschichtsschreibung hingewiesen, beispielsweise was die Wirkung des politischen, ökonomischen und sozialen Wandels auf das Sprachverhalten betrifft. Zu den einflußreichsten Untersuchungen in diesem Bereich gehört William Labovs Studie über Martha's Vineyard (vgl. Labov, 1963), in der er zeigt, daß Ursprung und Regularitäten des sprachlichen Wandels sowie die

---

[11] „. . . aus jener Periode" bezieht sich auf die Zeit um 1850, als Sprache(n) als Gegenstand der Naturwissenschaft betrachtet wurde(n). Nach ihrem Ursprung wurde ganz im Sinne der Darwinschen Stammbaumtheorie gesucht; vgl. dazu beispielsweise die Auffassung von August Schleicher von 1863 (zitiert in Arens, 1969: 259): *Die Sprachen sind Naturorganismen, die, ohne vom Willen des Menschen bestimmbar zu sein, entstanden, nach bestimmten Gesetzen wuchsen und sich entwickelten und wiederum altern und absterben (. . .) Die Glottik, die Wissenschaft der Sprache, ist demnach eine Naturwissenschaft; ihre Methode ist im ganzen und allgemeinen dieselbe wie die der übrigen Naturwissenschaften.*

Ausbreitung sprachlicher Veränderungen in der Sprachgemeinschaft aufgrund sozialer Motivationen erklärt werden können.

Die Kreolistik hat hier weitere Fortschritte erzielt, gerade auch, was die quantitative Analyse von Sprachwandel angeht (vgl. z. B. Bickerton, 1973; Highfield & Valdman, 1981; Woolford & Washabaugh, 1983). Der Sprachwandel ist eines ihrer zentralen Forschungsthemen, insbesondere bezogen auf die Frage, unter welchen Bedingungen sich Kreolsprachen aus ursprünglichen Pidginvarietäten entwickeln und wie sie auf die jeweiligen außersprachlichen Gegebenheiten reagieren. So stellt sich die Kreolistik dar als eingebunden in ein Netz von historischen und zeitgenössischen sprachwissenschaftlichen Bezügen.

2.2. Sprachvergleich

Unter Sprachvergleich fasse ich sowohl die historisch-vergleichende Sprachwissenschaft wie die kontrastive Linguistik.

Die historisch-vergleichende Sprachwissenschaft ist diachronisch orientiert. Über Fragen des Sprachwandels hinaus beschreibt sie Verwandtschaftsverhältnisse zwischen Sprachen, wobei sowohl eigenständige Sprachen wie Varietäten (hier: Dialekte) eines Sprachsystems verglichen werden. Es werden Regularitäten formuliert, die zwei (oder mehr) sprachliche Systeme miteinander verbinden, mit dem Ziel (besonders in der Indogermanistik des 19. Jahrhunderts), die genetischen Beziehungen dieser Sprachen zu bestimmen und sie gegebenenfalls auf eine gemeinsame Vorstufe zurückzuführen. Wo historische Quellen fehlen, werden ältere Sprachzustände rekonstruiert. So gelangte man schließlich auch zu einer hypothetischen indoeuropäischen Ursprache.

Die kontrastive Linguistik ist synchronisch orientiert. Sie interessiert sich nicht für sprachverwandtschaftliche Verhältnisse, sondern bemüht sich um die Deskription von Unterschieden und Gemeinsamkeiten von Sprachen. Dies geschieht primär im Rahmen der Erforschung von Kontakten zwischen Sprachen bzw. von Zweitspracherwerbsprozessen. Dabei spielt der Begriff der Interferenz eine besondere Rolle, der wiederum für die Beschreibung von Inter- oder Lernersprachen von Bedeutung ist (vgl. Hellinger, 1977).[12]

Für beide sprachvergleichenden Disziplinen sind von der Kreolistik Präzisierungen und Neuansätze zu erwarten. So hat die synchrone Kontrastierung bedeutungs- und/oder funktionsähnlicher Ausdrücke in verschieden-orientierten Kreolsprachen zu interessanten Ergebnissen geführt. Es zeigte sich, daß Kreolsprachen mit unterschiedlicher lexikalischer Orientierung und zudem verschiedener regionaler Verteilung ähnliche syntaktische Eigenschaften haben (vgl. Thompson, 1961; Taylor, 1971). Die Hypothese genetischer Beziehungen lag nahe, wobei das Problem der lexikalischen Differenzen mit Hilfe des Konzepts der Relexifizierung gelöst wurde. Die Entstehung der europäisch-orientierten Pidgin- und Kreolsprachen versuchte man schließlich über die Hypothese einer Protokreolsprache zu klären (Whinnom, 1965, 1971). Die monogenetische Theorie konnte sich nicht durchsetzen, aber es war doch möglich, mit Hilfe der in der historisch-vergleichenden Sprachwissenschaft entwickelten Methoden der inneren Rekonstruktion genetische Beziehungen zwischen regional konzentrierten Pidgin- und Kreolsprachen aufzudecken (vgl. Johnson, 1974; Alleyne, 1980). So gibt es bemerkenswerte Hypothesen über ältere atlantische und pazifische Pidgin- und Kreolvarietäten, aus denen sich die historisch belegten regionalen Pidgin- und Kreolsprachen ableiten lassen. Eine unmittelbar gesellschaftspolitische Komponente erhielt diese Frage in den sechziger Jahren mit der Herleitung des amerikanischen Black English aus einer englisch-orientierten atlantischen Kreolsprache (vgl. Dillard, 1973).

Auch mit der Entwicklung polygenetischer Entstehungstheorien steht die Kreolistik deutlich in der Tradition der älteren europäischen Sprachwissenschaft. Schon 1918 kritisierte der französische Indogermanist Antoine Meillet die – besonders in Deutschland vertretene – Auffassung, nach der parallele Erscheinungen in zwei Spra-

---

[12] Vom Begriff der Interferenz ist derjenige der Transferenz abzugrenzen, der sich allgemein auf Entlehnungsvorgänge bzw. -ergebnisse bezieht (vgl. dazu Hellinger, 1980).

chen als Argument für genetische Abhängigkeiten herangezogen wurden. Meillet warnte vor der Generalisierung solcher – in vielen Fällen ja nicht widerlegbaren – Überlegungen. Meillet hebt die Bedeutung externer Faktoren hervor und zeigt, daß parallele Erscheinungen in zwei Sprachen nicht notwendigerweise auf eine Periode engen geographischen bzw. sozialen Kontaktes zurückführen, sondern auch unabhängig voneinander aufgrund gleicher oder ähnlicher Bedingungen erklärt werden können.

Par cela même que l'on constate des développements linguistiques semblables là où se rencontrent des conditions semblables, et des développements identiques là où se rencontrent des conditions identiques. On voit que les résultats dépendent de ces conditions, et qu'ils sont indépendants des procédés par lesquels ils se réalisent.
(Meillet, 1918: 109)[13]

Zum Sprachvergleich gehört auch der Bereich der *Sprachtypologie*. Ziel der Sprachtypologie ist die Klassifizierung von Sprachen in Grundtypen, unabhängig von ihrer historischen Entstehung (vgl. Dressler, 1973). Verbreitet ist die Gliederung aufgrund morphologischer Kriterien. Danach werden beispielsweise isolierende (Chinesisch), agglutinierende (Türkisch, Swahili) und flektierende Sprachen (Griechisch, Lateinisch) unterschieden. Weitere formale, aber auch relationale Kriterien haben später zu komplizierteren Klassifizierungsmodellen geführt (vgl. Sapir, 1921).

Pidgin- und Kreolsprachen stellen auch hier eine Herausforderung dar. Zunächst ist vom historisch-vergleichenden Standpunkt aus zu fragen, ob z. B. das Belizean Creole, das ein englisch-orientiertes Lexikon hat, auf der syntaktischen Ebene aber Merkmale zeigt, die eine Kombination universeller und westafrikanischer Einflüsse vermuten läßt, ohne weiteres in einen Stammbaum westgermanischer Sprachen eingesetzt werden kann. Weiter wäre zu klä-

---

[13] Meillet bezieht diesen Gedanken nicht nur auf die gesellschaftliche, sondern auch auf die individuelle Ebene: *Les mêmes innovations se produisent donc indépendamment chez des individus différents pourvu qu'ils soient placés dans les mêmes conditions.*
(Meillet, 1918: 108)

22

ren, zu welchem Sprachtypus es gehört, wobei sich die Antwort weiter kompliziert, wenn das Phänomen der sprachlichen Variation berücksichtigt wird (vgl. Highfield & Valdman, 1981). Für einen Pluralausdruck wie „die Mädchen" kommen im Belizean Creole sowohl Nominalphrasen wie *di gyal* (keine Pluralmarkierung), *di gyal dem* (isolierende Pluralmarkierung) und *di gyals dem* (agglutinierende und isolierende Pluralmarkierung) vor. Damit erweisen sich die traditionellen Klassifizierungskategorien als unzulänglich für die Einordnung von Kreolsprachen.

2.3. *Sprachkontakt*

Sprachkontakt kann als eine Periode historisch-kulturellen Nebeneinanders zweier Sprachgemeinschaften gesehen werden, wobei die Möglichkeit der Akkulturation besteht, die u. U. die Grenzen der ursprünglich beteiligten Sprachen verwischt (vgl. Weinreich, 1963). Auch dieses Phänomen gehört zu den zentralen Themen der allgemeinen Linguistik, die von der Kreolistik aufgegriffen wurden.

Schon im 19. Jahrhundert erkannte man die Grenzen der historisch-vergleichenden Verfahren; auch mit Hilfe der inneren Rekonstruktion ließen sich nicht alle Erscheinungen in einer Sprache erklären. Viele der nicht erklärbaren, vor allem lexikalischen Formen konnten aber als Ergebnis sprachlicher Kontakte mit einer weiteren Sprache beschrieben werden. Im Rahmen der sogenannten Substrattheorie versuchte beispielsweise Pokorny den Nachweis zu erbringen, daß das Irische ein nichtindogermanisches, und zwar ein nordafrikanisch-hamitisches Substrat hat (vgl. Arens, 1969: 473 ff.). Nach der Substrattheorie treten zwei Sprachen miteinander in Kontakt, wobei politische Bedingungen ein asymmetrisches Verhältnis beider Sprachen schaffen: Die eine übernimmt die Funktion einer Prestigesprache und dominiert eine andere, die als Substratsprache bezeichnet wird. Ob auch ein Einfluß von der Substratsprache auf die Prestigesprache ausgeht, hängt von der Stärke des sozialen Drucks ab, den die Prestigesprache ausübt.

In der Kreolistik haben wir es ebenfalls mit asymmetrischen

sprachlichen Kontaktverhältnissen zu tun. Die Dominanz der (meist europäischen) Standardsprache zeigt sich besonders deutlich in der Strukturierung des Lexikons von Kreolsprachen: Einflüsse der regionalen nichteuropäischen Substratsprachen treten nur in bestimmten Bereichen des Lexikons in Erscheinung. So stellen beispielsweise die afrikanischen Elemente im Lexikon atlantischer Kreolsprachen quantitativ nur eine geringe Größe dar (vgl. z. B. Voorhoeve, 1973; Edwards, 1974; Alleyne, 1980).

Die vergleichsweise kurze dokumentierte Geschichte der uns bekannten Kreolsprachen, die meist kaum weiter als 200 Jahre zurückreicht, die Tatsache, daß sich Kreolisierungsprozesse in einem Zeitraum von oft wenig mehr als einer Generation abspielen, sowie die Möglichkeit, diese Prozesse heute direkt zu beobachten, alle diese Faktoren lassen erwarten, daß auch zum Sprachkontakt substantielle Forschungsergebnisse seitens der Kreolistik vorgelegt werden, die für die Sprachwissenschaft allgemein von Bedeutung sind.

2.4. *Spracherwerb*

Zu den Grundproblemen der Sprachwissenschaft gehört weiter die Erforschung von Spracherwerbsprozessen. Bezüglich des Erwerbs der Muttersprache wissen wir recht gut Bescheid über die ersten fünf Jahre im Leben eines Kindes; während dieser Zeit werden alle wesentlichen Sprachmuster erworben (vgl. beispielsweise Aitchison, 1976; Oksaar, 1977). Noch ungelöst ist allerdings die Frage, in welcher Weise beim Spracherwerb neurologische und biologische Voraussetzungen einerseits und sozialisationstheoretische Bedingungen andererseits zusammenwirken (eine Variante der alten *nature–nurture*-Kontroverse).

Hier dürfte gerade die Erforschung von Kreolisierungsprozessen weiterführen, die ja unter sehr ungewöhnlichen Bedingungen stattfinden. Während der 'normale' Erstsprachenerwerb als eine graduelle Annäherung an die als Modell immer präsente Erwachsenensprache beschrieben werden kann, steht ein solches Modell für die ersten Kreolsprecher ja nicht zur Verfügung – es muß von ihnen selbst erst geschaffen werden. Die sprachliche Kreativität des Kindes wird hier nicht in eine vorgegebene einzelsprachliche Richtung gelenkt. Aus der Beobachtung von Kreolisierungsprozessen lassen sich interessante Hypothesen über die Beschaffenheit der menschlichen Spracherwerbskomponente ableiten (vgl. Bickerton, 1981).

Ähnlich brisante Hypothesen kommen aus der Kreolistik auch bzgl. des Zweitsprachenerwerbs. Der frühe Zweitsprachenerwerb zeigt auffällige Ähnlichkeiten mit Pidginisierungsprozessen, so daß beide in der Weise verknüpft werden können, daß Pidginisierung generell als eine Stufe des frühen Zweitsprachenerwerbs angenommen wird (vgl. Kap. 7). Wieder ist die Frage zu stellen, unter welchen externen Bedingungen ein Pidgin entsteht, sich stabilisiert oder in ein Stadium des fortgeschrittenen Zweitsprachenerwerbs einmündet. Von speziellem Interesse wäre hier die Frage, ob in der Bundesrepublik Deutschland Pidginvarietäten des Deutschen unter ausländischen Arbeitnehmern zu finden sind.

2.5. Linguistische Universalien

Als linguistische Universalien bezeichnet man die allen natürlichen Sprachen gemeinsamen Charakteristika (vgl. Welte, 1974: 697). Dabei kann es sich um Elemente, Prozesse oder Tendenzen auf der phonologischen, syntaktischen, semantischen oder pragmatischen Ebene handeln. In allen Sprachen finden wir beispielsweise ähnliche grammatische Kategorien (z. B. Nomen, Verb). Auch bestimmte semantische Konzepte sind in allen Sprachen vorhanden: In jeder kann auf Vergangenes oder Zukünftiges referiert werden, in jeder können Sachverhalte verneint und Fragen gebildet werden. Sprecherinnen und Sprecher einer jeden Sprache können theoretisch eine unendliche Menge von Sätzen ihrer Sprache produzieren und verstehen. In diesem Sinne überschneidet sich die Suche nach linguistischen Universalien mit der Erforschung der sprachlichen Kompetenz und insbesondere der sprachlichen Kreativität, wie sie in der rationalistischen Sprachtheorie Chomskys als Teil der Kompetenz verstanden wird.

Die Untersuchung von Pidgin- und Kreolsprachen ist für die Universalienfrage von großem Interesse. Wie unterscheiden sich Pidginsprachen von 'normalen' natürlichen Sprachen? Entspricht den Bedürfnissen eingeschränkter und spezialisierter Kommunikation auf der linguistischen Ebene das Phänomen der Simplifizierung, das vielleicht universellen Charakter hat? Ebenso ist zu fragen, ob nicht auch Kreolisierungsprozesse nach universellen Regeln ablaufen, die eine Beziehung zwischen Spracherwerb und der Evolution von Sprachen erkennen lassen.

Die weitreichendste Hypothese in diesem Zusammenhang haben Kay & Sankoff (1974) formuliert. Sie nehmen an, daß sprachliche Systeme, die signifikant von den üblichen natürlichen Sprachen abweichen, also vor allem Pidginsprachen, Kinder- und Lernersprachen und die Sprache von Aphatikern, eine Ebene repräsentieren, die noch nahe an der für alle Sprachen angenommenen universellen Basis liegt. Bestimmte Eigenschaften natürlicher Sprachen (wie morphologische oder syntaktische Komplexität), die sich in den 'abweichenden' Sprachen nicht ausprägen, können dann eventuell durch transformationelle Prozesse erklärt werden, die nach dieser Theorie den Effekt haben, daß sie eine größere Distanz zur universellen Basis schaffen.

3. DER BEGRÜNDER DER WISSENSCHAFTLICHEN KREOLISTIK: HUGO SCHUCHARDT

Lange bevor Pidgin- und Kreolsprachen neben den, insbesondere in der Sprachwissenschaft des 19. Jahrhunderts, übermächtigen indoeuropäischen Sprachen überhaupt als legitimer Forschungsgegenstand angesehen wurden, hatte Hugo Schuchardt die Bedeutung dieser Sprachen für die Lösung allgemeiner linguistischer Probleme erkannt. Seit etwa 1871 beschäftigte er sich mit Pidgin- und Kreolsprachen. Dies geht aus einer Rezension von 1881 hervor, in der er sich mit den Büchern von Baissac und Coelho beschäftigte (vgl. Schuchardt, 1881)[14]. Noch 1914 schrieb er: „In ihrer allgemein sprachwissenschaftlichen Bedeutung sind die kreolischen Mundarten noch nicht voll gewürdigt worden" (Schuchardt, 1914: III). An anderer Stelle, im Zusammenhang mit Fragen über den Ursprung von Sprache(n), wendet sich Schuchardt dagegen, die für die indogermanischen Sprachen entwickelten Beschreibungskategorien auch auf 'einfachere' Sprachen zu übertragen. Statt nun auch diese 'mit dem arischen Maßstab' zu messen, müsse versucht werden, die Gesetzmäßigkeiten dieser Sprachen unabhängig von europäischen Mustern zu erfassen:

Gerade sie (die einfacheren Sprachen; M. H.) aber sollten unsern Erwägungen über den Sprachursprung zur Grundlage dienen, statt daß wir all den

---

[14] Adolpho Coelho veröffentlichte ab 1880 mehrere Arbeiten über ›Die romanischen oder neulateinischen Dialekte in Afrika, Asien und Amerika‹, in denen er sich primär auf Daten von den Kapverdischen Inseln stützte. Er vertrat dabei die Ansicht, daß Pidgin- bzw. Kreolsprachen Stadien von Zweitsprachenerwerb darstellen, dem generell psychologische Mechanismen zugrunde liegen. Der Einfluß von Substratsprachen wird von Coelho nicht gesehen. Die Bedeutung Coelhos für die Begründung einer wissenschaftlichen Kreolistik ist mit der Schuchardts nicht zu vergleichen (vgl. Meijer & Muysken, 1977: 25).

Luxus unserer Sprachen hier hineintragen. Vorzüglich wären die negerkreolischen Mundarten ins Auge zu fassen, deren Entstehung wir ja deutlich verfolgen können (. . .)
(Schuchardt, in Spitzer, 1928: 266)

Schuchardt führt als Beispiel die sogenannten *serial verbs* an (vgl. Kap. 5.2.2.2.), bei denen mehrere Verbstämme zum Ausdruck einer komplexen semantischen Vorstellung verbunden werden: *holen* beispielsweise erscheint im Kreolischen der Surinamneger als *go teki kom* „gehen – nehmen – kommen", eine Konstruktion, die Schuchardt auf eine entsprechende Form in der Aschantisprache bezieht. Schuchardt warnt eindringlich davor, ausschließlich europäische Sprachmuster als Norm anzusetzen:

(. . .) unwillkürlich sehen wir unsere Sprachen als die mustergültigen an, wir haben kein Gefühl für die Verschmelzungen und Verdunklungen, Unfolgerichtigkeiten und Verschrobenheiten, in denen sie allen andern weit voran sind, wir erkennen den Splitter im fremden Auge, nicht den Balken in unserem eigenen.
(Schuchardt, 1914: IV)

Schuchardt wurde 1842 in Gotha geboren und starb 1927 in Graz. Er war Romanist, Indogermanist und vergleichender Sprachwissenschaftler und lehrte an den Universitäten von Leipzig, Halle und Graz. In seinem monumentalen Werk – die Liste seiner Veröffentlichungen umfaßt 770 Titel (vgl. Spitzer, 1928: 15–50) – hat er sich praktisch zu allen sprachwissenschaftlichen Problemen seiner Zeit geäußert. In 41 Arbeiten hat er sich mit Pidgin- und Kreolsprachen beschäftigt, aber erst in den letzten Jahren ist die Bedeutung dieser Schriften mehr und mehr erkannt worden (vgl. Reinecke et al., 1975; Meijer & Muysken, 1977; Markey, 1979; Lichem & Simon, 1980; Gilbert, 1980; Fought, 1982).

Es ist nicht leicht, aus Schuchardts Arbeiten diejenigen Äußerungen herauszuarbeiten, die aus heutiger kreolistischer Sicht von allgemeiner Bedeutung sind. Wir finden solche Äußerungen häufig versteckt in einer Fülle einzelsprachlicher, meist lexikalischer Analysen. Schuchardt bemüht sich nicht um theoretische Stringenz in einem modern linguistischen Sinne, vielmehr sind deskriptive und theoretische Aspekte oft eng miteinander verknüpft. Schuchardt ist die Problematik eines solchen Vorgehens keineswegs entgangen. Das zeigt eine Äußerung am Schluß des Vorberichts zu seiner Abhandlung über ›Die Sprache der Saramakkaneger in Surinam‹; er sei von der „formalen Unvollkommenheit" des Vorberichts durchdrungen, schreibt er; und weiter: „Man darf mir vorwerfen, daß hier Fernblicke und Notizenkram zu jäh miteinander abwechseln (. . .)" (Schuchardt, 1914: XXXV).[15] Dies bedeutet aber nicht, daß Schuchardts Arbeiten Kontinuität vermissen lassen. Vielmehr beschäftigt er sich immer wieder mit grundlegenden Problemen und exemplifiziert diese an verschiedenen Sprachen. Zu diesen Grundfragen gehören Prozesse von Pidginisierung, Kreolisierung und Dekreolisierung, Entstehungshypothesen, Einflüsse der Substratsprachen, die Erklärung von Ähnlichkeiten zwischen Kreolsprachen mit unterschiedlicher lexikalischer Orientierung.

In gewisser Weise wird der Zugang zu Schuchardt gerade durch die ungeheure Materialfülle erschwert, an denen er seine Gedanken entwickelt. So finden wir zum einen Analysen, deren Gültigkeit auch heute unbestritten ist, und andere, die inzwischen revidiert worden sind. Zu den ersteren gehört beispielsweise Schuchardts Beschreibung der Pluralbildung in Kreolsprachen, die eben nicht, wie später oft behauptet, generell durch das Fehlen von Pluralmarkierungen gekennzeichnet ist. Schuchardt deckt vielmehr eine Abhängigkeit zwischen Pluralkennzeichnung und vorausgehendem Numeralwort auf. So finden wir z. B. im portugiesisch-orientierten Kreolisch Westafrikas markierte Formen wie *cãos, capitãos, ladrãos* neben unmarkierten nach einem Numeralwort: *tres boi* und *dez casa* (vgl. Schuchardt 1888, in Markey, 1979: 69). Schuchardt zieht hier sogar eine Verbindung zu älteren Sprachstufen indoeuropäischer Sprachen, wo er Ähnliches beobachtet. Andererseits geht Schuchardt bez. der Aspektkennzeichnung in Kreolsprachen (im Jamaican Creole *da*, im Sranan *de*) noch von der Annahme aus, daß diese Partikel aus dem englischen *there* entstanden seien (vgl. Schuchardt,

[15] Bickerton (1979b: XII) spricht von "flashes of genius", bezeichnet Schuchardt aber gleichzeitig als "incurable dilettante", eine nicht ernst zu nehmende Charakterisierung.

1914: X). Schuchardt übersieht hier den Einfluß westafrikanischer Substratsprachen, insbes. des Ewe, in der lokative Verben in ähnlicher Form und Funktion vorkommen, die als Quelle für die kreolische Präsensmarkierung anzunehmen sind (vgl. Bickerton 1979b: VIII). An anderer Stelle weist Schuchardt aber auf den Einfluß westafrikanischer Sprachen bei der Ausbildung kreolsprachlicher Tempus- und Aspektsysteme hin:

(. . .) ebenso weisen manche Erscheinungen im Negerfranzösischen, Negerenglischen, Negerholländischen Amerika's nach Afrika hin, so z. B. die inneren Zeitformen (. . .)
(Schuchardt, 1881: 581)

Schließlich muß noch auf das individuelle methodische Vorgehen Schuchardts hingewiesen werden. Neben dem Bezug auf die Ergebnisse anderer Sprachforscher stützt sich Schuchardt ausschließlich auf die Aussagen von Gewährsleuten in den europäischen Überseegebieten, mit denen er eine ausgedehnte Korrespondenz führt[16]. Bei diesen Gewährsleuten handelt es sich um Missionare, Lehrer, Angehörige der jeweiligen diplomatischen Vertretungen sowie der örtlichen Administration, die ihm mehr oder weniger zufällige Sprachproben schicken, oft auch Übersetzungen von Beispielsätzen, um die Schuchardt bittet. Dieses Vorgehen schlägt sich in den Veröffentlichungen Schuchardts in zahlreichen Hinweisen auf seine Informanten nieder. Seine Sammlung von Sprachproben des Kreolischen der Saramakkaneger von Surinam leitet Schuchardt wie folgt ein:

Am 1. Febr. 1882 schrieb mir Herr J. KERSTEN dass die Herrnhuter in Ganzee (an der Suriname) einen ziemlich gebildeten Schullehrer hätten, DANIEL IJVERAAR, der selbst ein geborener Samarakkaneger und des Holländischen mächtig wäre. Am 2. Sept. 1882 schickte mir Herr K. Aufzeichnungen (Wörter und Texte) von diesem D. IJ., die aber der Überset-

---

[16] Entgegen Bickertons Behauptung "Schuchardt never left Europe" (1979b: VIII) hat Schuchardt auf mehreren Reisen auch Feldforschung betrieben (z. B. 1903 in Assuan), die allerdings nicht dem Studium von Pidgin- und Kreolsprachen gewidmet war.

zung ermangelten. Herr C. RAATZ, Herrnhutermissionär im Buschland
(...) erkannte (...) die Richtigkeit dieser Aufzeichnungen an.
(Schuchardt, 1914: 36)

In der Abhandlung über das Melaneso-Englische heißt es:

Ueber den englischen Jargon auf Neucaledonien verdanke ich nun nähere
Auskunft dem britischen Consul zu Nouméa, Herrn E. L. Layard.
(Schuchardt, 1883: 154)

Schuchardt ist ein produktiver Briefeschreiber gewesen – die über-
lieferte Korrespondenz an Schuchardt enthält die astronomische
Zahl von über 10000 Briefen. Markey (1979: XX) schätzt, daß Schu-
chardt über Jahrzehnte täglich bis zu zehn Briefe in alle Welt ge-
schickt haben muß. Kürzlich ist die Zahl der erhaltenen Briefe an
Schuchardt auf bis zu 15000 geschätzt worden. Über den Inhalt dieser
Dokumente wissen wir bisher nur wenig (vgl. Fought, 1982: 433).
Ich greife nun drei der wichtigsten kreolistischen Schriften Schu-
chardts heraus, um einige derjenigen Gedanken darzustellen, die
Schuchardt als unbestrittenen Begründer einer wissenschaftlichen
Kreolistik erscheinen lassen: (a) ›Kreolische Studien V: Ueber das
Melaneso-englische‹ (1883), (b) ›Beiträge zur Kenntnis des Eng-
lischen Kreolisch II: Melaneso-englisches‹ (1889)[17] und (c) ›Die Sprache der Saramakkaneger in Surinam‹ (1914). Auf die berühmte
Schrift über die Lingua Franca gehe ich in Kap. 5 ein.
In den beiden Aufsätzen von 1883 und 1889 äußert sich Schuchardt zunächst über die Entstehung des Melaneso-Englischen. Gegeben ist die für die Genese von Pidginsprachen typische multilinguale Kontaktsituation, in der mehrere Sprachen und Kulturen auf-
einandertreffen.[18] Zu Beginn des 19. Jahrhunderts kommt es im

[17] Erst kürzlich wurde ein Manuskript mit dem Titel ›Kreolische Studien
X: Ueber das Negerenglische von Westafrika‹ (1890–91) aufgefunden, das
bisher noch nicht veröffentlicht ist (vgl. Gilbert, 1983: 4).
[18] Ein weitergreifendes Verständnis von Kreolistik würde nicht nur Sprachen einschließen, die aus den hier gemeinten *many-to-one situations* er-
wachsen sind, sondern auch solche, an deren Entstehung nur zwei Sprachen
beteiligt sind (*one-to-one situations;* vgl. Traugott, 1981: 2; Schumann,
1978a).

südöstlichen Pazifik zu Kontakten zwischen meist englischen und nordamerikanischen Walfischfängern, Trepangfischern und Sandelholzschlägern mit Südseeinsulanern verschiedener Stämme. Später kommen auf seiten der ersteren Missionare und Kolonisten hinzu. Die sprachliche Kommunikation zwischen beiden Parteien ist auf spezielle Interaktionen begrenzt, und es entwickelt sich zunächst „eine sehr rohe Verkehrssprache" auf englischer Basis (Schuchardt, 1883: 151).

Mühlhäusler (1980: 37; 1982: 439) unterscheidet drei Haupttypen von Pidginsprachen im Südpazifik, je nach der sozialen Funktion, die sie erfüllen. Als Jargon *(jargon)* bezeichnet er eine Pidginvarietät, die in zeitlich begrenzten Kommunikationen zwischen Europäern und Südseeinsulanern verwendet wird. In diesem Sinne wäre Schuchardts „sehr rohe Verkehrssprache" als Jargon *(whalers' jargon)* zu charakterisieren, dessen wesentliches linguistisches Merkmal spontane Vereinfachungen der beteiligten Sprachen sind.

Die eigentlichen Pidginsprachen *(stable pidgin* und *expanded pidgin)* unterscheiden sich vom Jargon durch eine größere Stabilität und Komplexität auf der syntaktischen und lexikalischen Ebene. Sie sind auf den verschiedenen Südseeplantagen entstanden. Schuchardt nennt Neukaledonien und Queensland, beides Handels- und Plantagenzentren, wo das als *Beche-la-mar (Beach-la-mar)* bekannte Pidgin gesprochen wird. Es wurde nicht von den ansässigen Insulanern selbst verwendet (unter den Westpolynesiern scheint eine auf der Fidschisprache basierende Verkehrssprache verbreitet gewesen zu sein [vgl. Schuchardt, 1889: 162]), sondern von den Weißen und eingeborenen Lohnarbeitern; letztere waren – nicht selten mit Gewalt – von anderen Inseln Melanesiens, insbesondere den Neuen Hebriden, auf die Pflanzungen von Neukaledonien und Queensland gebracht worden.[19] Dieses Pidgin stabilisierte sich und dürfte mit später entlassenen Lohnarbeitern auf die Plantagen ihrer Heimatinseln gelangt sein, wo es dann offenbar nicht nur zwischen Weißen

---

[19] In einem Jahr sollen 12000 Personen von den melanesischen Inseln in die europäischen Überseegebiete gebracht worden sein (Schuchardt, 1883: 153).

und Insulanern gesprochen, sondern auch von Insulanern mit verschiedenen Muttersprachen verwendet wurde. Damit wäre nach Mühlhäusler (1982) die dritte Stufe von Pidginisierung erreicht, die er 'heimisches Pidgin' *(nativized pidgin)* nennt. Für eine solche Klassifizierung lassen sich schon bei Schuchardt Ansätze finden.

Bei der Betrachtung von Pidginsprachen im Südpazifik ist die große sprachliche Vielfalt in diesem Gebiet zu bedenken. In Papua-Neuguinea gibt es Hunderte von Sprachen, wobei kaum eine mehr als 10 000 Sprecher und Sprecherinnen hat. Allein auf den Banks Islands und den Neuen Hebriden wurden 110 verschiedene Eingeborenensprachen identifiziert (vgl. Wurm, 1977: 336). Die Notwendigkeit für Verkehrssprachen ist damit offenkundig.

Schuchardt hat verschiedene Pidginvarietäten (insbesondere das Beche-la-mar und das chinesische Pidgin-Englisch) zueinander in Beziehung gesetzt, und die von ihm angedeuteten genetischen Abhängigkeiten sind durch spätere Forschungen bestätigt worden. Es gibt wechselseitige Einflüsse zwischen dem *Queensland Plantation PE* und dem *New Hebrides Bichelamar,* und beide dürften sich aus einem generellen *Pacific Jargon English* ableiten, das seinerseits mit dem Chinese Pidgin English verwandt ist. Was die Entstehung des Beche-la-mar betrifft, so legt Schuchardt praktisch schon eine frühe Version der polygenetischen Theorie vor, die sich erst in den siebziger Jahren des 20. Jahrhunderts durchsetzte, nach langen Auseinandersetzungen mit der bis dahin populären monogenetischen Theorie. Schuchardt vergleicht verschiedene Pidginvarietäten und stellt syntaktische wie lexikalische Ähnlichkeiten fest. Er führt zwar historische Verwandtschaftsverhältnisse als Erklärung solcher Übereinstimmungen an, wie sie zwischen dem Beche-la-mar und dem chinesischen Pidgin-Englisch gegeben sind, betont aber gleichzeitig, daß aus dem Phänomen struktureller Ähnlichkeiten nicht notwendigerweise auf historische Abhängigkeiten geschlossen werden müsse. Vielmehr könnten auch gleiche oder ähnliche kommunikative und soziale Bedingungen zur Ausprägung ähnlicher sprachlicher Erscheinungen führen:

Hätten auch beide (das Beche-la-mar und das chinesische Pidgin-Englisch; M. H.) sich ganz unabhängig voneinander entwickelt, so würden doch schon

die ähnlichen Umstände ihres Ursprungs ähnliche Erscheinungen zur Folge gehabt haben.
(Schuchardt, 1883: 157)[20]

Für die europäisch-orientierten Kreolvarietäten im karibischen Raum formuliert Schuchardt ähnliche Gedanken. Die fünf 'neger-kreolischen Mundarten' (in seinen Worten das Neger-Portugiesisch, -Spanisch, -Französisch, -Holländisch und -Englisch) faßt er mit dem Argument der parallelen Entwicklung zusammen: „(. . .) sie sind aus verschiedenem Stoff nach dem gleichen Plan, in gleichem Stil gebildet" (Schuchardt, 1914: VII).

Schuchardt zieht hier einerseits schon Verbindungen zwischen Kreolisierung und universellen Prozessen, weist andererseits aber immer wieder auf genetische Abhängigkeiten hin, auf „verwandte Probleme (. . .), die über das ganze negerkreolische Gebiet verstreut sind" (1914: XXVI). Als eines dieser verwandten Probleme behandelt er den Präsensmarkierer, den er im Negerkreolisch der amerikanischen Südstaaten und für Jamaika als *da* und für Surinam als *de* identifiziert. Dies ist eine der Stellen, an der Schuchardt eine klare Position bzgl. der Herleitung des späteren Black English bezieht, um die in den sechziger und siebziger Jahren eine scharfe Auseinandersetzung geführt wurde: Er zählt das spätere Black English zu den Kreolsprachen.

Als verbindendes strukturelles Element von Pidgin- und Kreol-sprachen stellt Schuchardt das Phänomen der syntaktischen Simplizität heraus. An Beispielen aus dem Beche-la-mar illustriert er folgende Beobachtung: „Die einfachsten grammatischen Unterscheidungen pflegen vernachlässigt zu werden" (Schuchardt, 1883: 157). Dies bezieht sich vor allem auf das Fehlen von Tempus-, Aspekt- und Numerusmarkierungen: vgl. die folgenden Sprachproben aus dem Beche-la-mar:

(1) Boat he capsize, water he kaikai him.
    Das Boot schlug um und versank.

---

[20] Vgl. die in Abschnitt 2.2. zitierten, inhaltlich übereinstimmenden Äußerungen Meillets von 1918.

(2) What for lamp you make him dead?
Warum haben Sie die Lampe ausgelöscht?
(3) Callaboos he no good! put hand and foot belong-a-me in ironclothes,
that no good! spose rat come kaikai me, I no fight him!
Das Gefängnis war nicht gut. Meine Hände und Füße in Fesseln zu legen,
das war nicht gut. Wenn Ratten gekommen wären, um mich zu fressen,
hätte ich sie nicht abwehren können.
(4) You savey where man him stop?
Wissen Sie, wo er ist?
(5) By and by he come.
Er wird gleich kommen.
(6) Him fellow all same man-a-bush.
Sie sind Narren gewesen.
(Vgl. Schuchardt, 1883: 155f.)

Zahlreiche Beobachtungen Schuchardts stimmen mit neuesten Analysen des in Papua-Neuguinea gesprochenen Tok Pisin überein, einer der englisch-orientierten Pidgin- bzw. Kreolvarietäten, die heute im Südpazifik gesprochen werden und die sich historisch alle auf Schuchardts Melaneso-Englisch beziehen lassen. Andere Varietäten sind: das *Neo-Melanesian* der Neuen Hebriden (das alte Beche-la-mar), das *Solomon Islands Pidgin English,* das *Papua Pidgin English* Nordaustraliens, das *New Caledonian Plantation Pidgin English* und das *Torres Straits Pidgin English* (vgl. Reinecke et al., 1975: 546ff.).

Auf das Phänomen der sprachlichen Variation weist Schuchardt implizit am Beispiel der Numerusmarkierung hin.[21] Neben der Nullmarkierung wie in (3) kommen Ausdrücke mit der Pluralpartikel *all* vor (6), deren verstärkter Gebrauch im heutigen Tok Pisin als Anzeichen eines fortschreitenden Kreolisierungsprozesses interpretiert wird. Sankoff (1979) charakterisiert den Gebrauch von *all* für eine frühe Phase (vermutlich der von Schuchardt dokumentierten)

---

[21] Auf mögliche Gebrauchsbedingungen referiert Schuchardt indirekt durch Hinweise auf die Existenz ländlicher und urbaner Varietäten; sprachliche Varianten erklärt er auch durch den „räumlichen Abstand zwischen Stadt und Plantagen. Die Sprache auf den letzteren pflegt altertümlicher zu sein" (Schuchardt, 1914: XXIII).

als optional; später ist in bestimmten Umgebungen (zunächst bei belebten, dann auch bei unbelebten konkreten wie abstrakten Nomina) von einer obligatorischen Markierung auszugehen:

(7) Sampela ol man ol i save.
    (Some [pl.] man they [predicate marker] know.)
    Some men know.
    (Sankoff, 1979: 27)

Schuchardt beschreibt weiter den pleonastischen Gebrauch des Personalpronomens, das häufig als Kopierung des Subjekts auftritt (vgl. (1), (3), (4)). Sankoff (1979: 28) führt ähnliche Beispiele an und verknüpft den frühen variablen Gebrauch mit Diskursstrategien, insbesondere Kontrastierung und Disambiguierung (z. B. bei syntaktisch komplexen Subjekten). Später wurde der Gebrauch der Partikel *i* beim nominalen Subjekt generalisiert und trat fakultativ sogar nach pronominalen Subjekten auf:

(8) Tupela (i) go.
    The two went.
    (Sankoff, 1979: 28)

Zu diesem Zeitpunkt, also etwa um 1930, wurde die Partikel von den Sprecherinnen und Sprechern des Tok Pisin offenbar nicht mehr als Pluralmarkierer aufgefaßt, sondern als Teil des Prädikats reinterpretiert. Heute ist die Partikel bereits redundant und unterliegt kontextabhängigen phonologischen Tilgungsregeln.

Weiter hat sich Schuchardt auch zur Tempus- und Aspektmarkierung geäußert. In (5) wird die aus dem Englischen stammende Adverbialphrase *by and by* schon abweichend vom Englischen zum Ausdruck zukünftiger Handlungen oder Ereignisse verwendet. Schuchardt (1881: 580) spekuliert bereits darüber, ob nicht „die adverbialen Wendungen, zu denen man seine Zuflucht [nimmt], um das Futurum auszudrücken, dazu dienen könnten mit der Zeit ein neues Futurum zu bilden". Tatsächlich beginnt sich hier die semantische Kategorie 'Irrealis' zu entwickeln, deren formale Ausprägung über die Ausdrücke *baimbai, bai* und schließlich [bə] verläuft (vgl. Kap. 8.2.2.). Der phonologischen Veränderung entspricht ein syntaktischer Wandel: Aus dem adverbialen Ausdruck wird ein Element der Auxiliarphrase, wie in folgendem Beispiel:

(9) Sapos yu no lusim mi, bai mi kikim yu nau.
   If you don't let me go, I'll kick you.
   (Sankoff, 1979: 29)

Sankoff interpretiert diesen Wandel als grammatische Elaboration, die sich während des letzten Jahrzehnts im Tok Pisin vollzogen hat. Erstaunlicherweise sind hier formale und funktionale Entwicklungen der Kreolisierung nicht parallel verlaufen, die formale Elaboration tritt schon bei Sprecherinnen und Sprechern auf, für die das Tok Pisin noch Zweitsprache ist. Neben der wachsenden Zahl von Sprechern, die das Tok Pisin als Muttersprache lernen bzw. entwickeln, gibt es ja immer noch andere, die das Tok Pisin als Zweitsprache sprechen.

In dem Vorbericht von 1914 beschäftigt sich Schuchardt mit den möglichen Lebenszyklen von Pidginsprachen:

Die meisten schwinden wieder mit der Gelegenheit die sie geboren hat. Manche dauern fort und festigen sich ohne sich wesentlich zu entwickeln. Dieses tun andre, aber nur indem sie die neben ihnen stehenden Muttersprachen verdrängen und ersetzen.
(Schuchardt, 1914: I)

Schuchardt skizziert hier genau das Modell, das wir heute bei Woolford (1983: 7) finden:

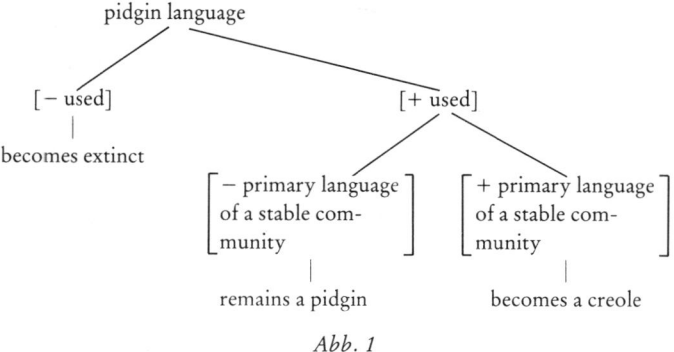

Abb. 1

37

Schuchardt erwähnt als weitere Entwicklungsstufe die Dekreolisierung, die dort auftritt, „wo das NE. (das Neger-Englisch – M.H.) im Schatten des europäischen Englisch fortlebt"; „es wird aus dem NE. schließlich ein Englisch der Neger" (Schuchardt, 1914: VIII). Damit ist gleichzeitig eine Antwort auf die Frage gegeben, ob eine Kreolsprache nicht lediglich als Dialekt der betreffenden europäischen Sprache zu beschreiben ist. Schuchardt lehnt eine solche Auffassung ab und vertritt vielmehr den Standpunkt, daß wir es bei Kreolsprachen mit eigenständigen sprachlichen Systemen zu tun haben.

Schließlich entwirft Schuchardt an dieser Stelle auch schon das Konzept des sprachlichen Kontinuums, das später von DeCamp (1971) zu einem expliziten linguistischen Modell weiterentwickelt wurde:

Wo das NE. im Schatten des europäischen Englisch fortlebt, bilden sich zwischen beiden eine Menge von Zwischenstufen.

(Schuchardt, 1914: VIII)

Immer stärker wird auch die Frage des Einflusses von Substratsprachen auf die Entwicklung von Pidgin- und Kreolsprachen diskutiert (vgl. Alleyne, 1980). Neben der Erforschung allgemeiner, eventuell universeller Prozesse bei sprachlicher Evolution und sprachlichem Wandel wird also auch die Rolle der am ursprünglichen Sprachkontakt beteiligten Einzelsprachen untersucht, die offenbar der Steuerung durch historische, kulturelle und sozialpsychologische Faktoren unterliegt. Dabei bedient man sich wieder der Methode des Sprachvergleichs, auf synchroner wie diachroner Ebene. Schuchardt hat sich mit dem Problem des Sprachkontakts, speziell der lexikalischen Entlehnung, wiederholt beschäftigt und vor allem die Übernahme afrikanischer Wörter in die Kreolsprachen betont. Wörter afrikanischer Herkunft finden wir insbesondere im Bereich religiöser Vorstellungen und kultureller Traditionen; Schuchardt nennt Pflanzen- und Tiernamen, Bezeichnungen für Verwandtschaftsbeziehungen und Körperteile (vgl. Schuchardt, 1914: VI). Dazu kommen – als Übernahme nichtlexikalischer Einheiten, sondern ganzer Texte – Sprichwörter und Märchen (vgl. Kap. 9.3).[22]

---

[22] Schuchardt erwähnt *adjanassi* (Anansi) und *takuma,* beides im westafrikanischen und westindischen Raum bekannte Märchengestalten.

4. ANMERKUNGEN ZUR REZEPTION SCHUCHARDTS DURCH HESSELING, JESPERSEN UND BLOOMFIELD

Die kreolistischen Arbeiten des Holländers Dirk Christiaan Hesseling (1859–1941) können in gewisser Weise als Fortführung Schuchardts angesehen werden (vgl. Muysken & Meijer, 1979; Meijer & Muysken, 1977). Hesselings Hauptinteresse galt der Erforschung des Griechischen, von 1907–1929 bekleidete er den Lehrstuhl für Byzantinistik und Neugriechisch an der Universität Leiden. Er beschäftigte sich eingehend mit Fragen der Sprachmischung, die ja später auch Thema der Kontroverse zwischen Schuchardt und Meillet in den Jahren von 1914 bis 1921 war.[23] Dieses Problem führte Hesseling zur Beschäftigung mit dem Afrikaans, dessen einflußreiche Beschreibung 1899 erschien. Er entwickelte eine Theorie von Kreolisierung, bei der sowohl Elemente der historischen Verwandtschaft wie des Kontakts nichtverwandter Sprachen berücksichtigt wurden.

Das Afrikaans beschreibt Hesseling als Ergebnis des Kontakts zwischen dem Holländischen und anderen Sprachen, insbesondere aber einer bereits pidginisierten Varietät des Portugiesischen, die Schuchardt als Malayo-Portugiesisch bezeichnete.

Hesseling geht von der Beobachtung aus, daß das Afrikaans dem „Holländisch" der ostasiatischen Kolonien sehr ähnlich ist. Beide

---

[23] Vgl. Meillet (1914); Weinreich (1958). Meillet entwickelt eine Theorie sprachgenetischer Beziehungen, bei der das Prinzip der Sprachmischung sogar für Kreolsprachen als Erklärung abgelehnt wird. Schuchardt antwortet darauf mit seinem Konzept der Mischsprachen. Dabei unterscheidet er eine innere (grammatische) und eine äußere (lexikalische) Form, die aus jeweils verschiedenen Sprachen abgeleitet sein können. Im Falle des Malayo-Portugiesischen wäre die innere Form auf asiatische Sprachen bezogen, die äußere auf das Romanische (vgl. Meijer & Muysken, 1977: 42).

leitet er aus dem Malayo-Portugiesischen ab, das bereits im südost-
asiatischen Raum die Funktion einer Lingua Franca hatte.

In general, Afrikaans often reminds one of the Dutch spoken in Indonesia by
blacks as it is known to every Dutchman from novels set in Indonesia.
(Hesseling 1897, in Markey & Roberge, 1979: 11)

Historische Zusammenhänge erhellen die Bezüge zwischen beiden
Regionen. Die Gründung einer holländischen Kolonie in Südafrika
war notwendig geworden, um Schiffe auf dem Weg von und nach
Indonesien und Ceylon versorgen zu können. Im 17. Jahrhundert
wurden größere Gruppen von Sklaven aus Angola, Madagaskar und
Ceylon in die Kapregion gebracht, von denen es schon in einem von
Hesseling zitierten Reisebericht von 1727 heißt, daß alle das Ma-
layo-Portugiesische (bzw. eine diesem ähnliche westafrikanische
Pidginvarietät des Portugiesischen) sprechen. Mit diesem ist das
Afrikaans genetisch verbunden.[24]

Hesseling bezeichnet das Afrikaans nicht explizit als Kreolsprache, aber nur deshalb, weil nach seiner Auffassung der Kreolisierungsprozeß nicht zum Abschluß gekommen ist: "the Dutch on the
Cape was on the way of becoming a sort of creole" (Hesseling 1897,
in Markey & Roberge, 1979: 12). Die starke Präsenz des Holländischen, später des Englischen als offizieller Sprache sowie veränderte
soziale Bedingungen haben eine solche Entwicklung verhindert.
Andererseits möchte Hesseling das Afrikaans auch nicht einfach als
regionale Varietät des Holländischen verstanden wissen; vielmehr
betrachtet er es als eigenständiges Sprachsystem, dessen Sprecherinnen und Sprecher das Holländische als Fremdsprache lernen müssen,
Hesseling diskutiert sogar Fragen der Standardisierung des Afrikaans,
einschließlich der Möglichkeit der literarischen Produktion.

Hesseling hat sich noch 1933 (im Erscheinungsjahr von Bloom-

---

[24] Meijer & Muysken (1977: 38) halten es nicht für berechtigt, Hesseling
aufgrund dieser Überlegungen die Urheberschaft der monogenetischen
Theorie zuzuschreiben. Aus folgender Äußerung Hesselings schließe ich
sogar eher auf eine Affinität zur polygenetischen Theorie: "Similar causes in
Indonesia and on the Cape produced convergent results" (1897, in Markey &
Roberge, 1979: 11).

40

fields ›Language‹) zu Pidginisierungs- und Kreolisierungsproblemen geäußert. Er betont dabei immer wieder die Rolle der Substratsprecher; ihnen schreibt er eine zentrale Funktion zu, im Gegensatz (vielleicht eher: in Ergänzung) zu Schuchardt, der vor allem die Rolle der Sprecher der dominanten Sprache hervorhob (vgl. Hesseling, 1933a, 1933b).

Ebenfalls noch Zeitgenosse von Schuchardt war Otto Jespersen. 1922 erscheint sein Buch ›Language‹, in dem er sich im 12. Kapitel auch mit Pidgin- und Kreolsprachen beschäftigt. Ich halte Jespersens Darstellung insbesondere deshalb für wichtig, weil sie – ähnlich wie Schuchardt – Ansätze moderner Forschungspositionen erkennen läßt, hinter die zahlreiche spätere Analysen, unter ihnen gerade auch Bloomfield (1933), zurückfallen. Jespersen beschäftigt sich im Rahmen seiner allgemeinen Sprachbeschreibung mit vier geographisch weit auseinanderliegenden Pidgin- bzw. Kreolvarietäten: dem Beach-la-mar, dem Chinese Pidgin English, dem französisch-orientierten Mauritius Creole und dem Chinook Jargon, das auf einer nordamerikanischen Indianersprache basiert. Jespersen stimmt mit Schuchardt überein, was Entstehung und sprachliche Charakterisierung dieser Sprachen betrifft. Voraussetzung für ihre Entstehung ist der Kontakt zwischen einer dominanten (meist europäischen Kolonial-)Sprache und mehreren untereinander nicht verständlichen und von der dominanten Sprache formal deutlich verschiedenen Sprachen. Das Vokabular stammt überwiegend (fast ausschließlich) aus der dominanten Sprache; dies wird auch von solchen Wörtern behauptet, die etymologisch Teil einer der Substratsprachen sind. Diese Wörter seien bereits vor dem Entstehen der Pidginvarietät in die dominante Sprache entlehnt und erst von dort weiter ins Pidgin übernommen worden. Hauptcharakteristikum dieser Sprachen ist lexikalische und syntaktische Einfachheit: Nomen, Adjektiv und Verb sind generell unmarkiert, Präpositionen sind multifunktional.

Jespersen erwähnt allerdings die fakultative Markierung von Numerus, Kasus, Tempus und Aspekt durch bestimmte Partikel. Im Beach-la-mar lauten diese für das Progressiv *by and by*, für das Perfekt *been* oder *finish*:

(1) Brother belong-a-me by and by he dead.
    My brother is dying.
(2) I been look round before.
    I have looked around before.
(3) He kaikai all finish.
    He has eaten it all up.

Als einen weiteren Schritt zur Ausbildung eines komplexen syntaktischen Systems betrachtet Jespersen die Kombination derartiger Partikel, wie sie bereits im Mauritius Creole beobachtet worden war. Diese komplexen Ausdrücke haben keine syntaktische Parallele in den beteiligten Ausgangssprachen:

(4) Mo va fine manzé.
    (*va* = Futurmarker; *fine* = Perfektmarker)
    I shall have eaten.
(5) Mo té va fék manzé.
    (*té* markiert die Vergangenheit, *fék* die unmittelbare Vergangenheit)
    I should have eaten a moment ago.

Hier hat bereits eine Kreolisierung stattgefunden (über funktionale und soziale Aspekte äußert sich Jespersen dabei nicht), die Jespersen so kommentiert:

(. . .) the language has really succeeded in building up a very fine and rich verbal system with the simplest possible means and with perfect regularity. (Jespersen, 1922: 227)

Jespersen formuliert dann eine Theorie von Pidginisierung aufgrund der Beobachtung, daß alle vier von ihm untersuchten Sprachen trotz individueller Züge auffällige Gemeinsamkeiten zeigen, ja, er bezeichnet ihre grammatischen Systeme sogar als identisch (1922: 228).

Bei der Erklärung dieser Ähnlichkeiten schließt Jespersen einen Einfluß der Substratsprachen aus; ein solcher hätte vielmehr eine größere Diversifikation bewirken müssen. Für die Übereinstimmungen macht Jespersen allgemeine Sprachentwicklungsmechanismen verantwortlich, wie sie im Erst- und Zweitsprachenerwerb aktiviert werden. Sprecher und Sprecherinnen aller am Pidginisierungsprozeß beteiligten Sprachen rekurrieren auf diese Mechanismen "as if their minds were just as innocent of grammar as those of very small babies (. . .)" (1922: 228).

Jespersen versteht den Prozeß der Pidginisierung damit ausdrücklich als Teil einer Theorie des Spracherwerbs (vgl. Kap. 7): Ein sprachliches System wie das Beach-la-mar oder das Chinese Pidgin English beschreibt er danach als Ergebnis von Zweitsprachenerwerb unter schwierigen Bedingungen:

My view, then, is that Beach-la-mar as well as Pidgin is English, only English learnt imperfectly, in consequence partly of the difficulties always inherent in learning a totally different language, partly of the obstacles put in the way of learning by the linguistic behaviour of the English-speaking people themselves.
(Jespersen, 1922: 225)

Nach dieser Äußerung sind das Beach-la-mar und das Chinese Pidgin English offenbar im Grad ihrer Komplexität vom Mauritius Creole zu unterscheiden. Die beiden erstgenannten scheinen eine frühere Stufe im Lebenszyklus von Pidgin- und Kreolsprachen zu repräsentieren.

Ohne Jespersens Werk überinterpretieren zu wollen, erscheint es mir doch gerechtfertigt, bei ihm Ansätze für verschiedene, heute noch vertretene Forschungspositionen zu sehen:
– den Bezug von Pidginisierung zu Theorien des Erst- und Zweitsprachenerwerbs (vgl. z. B. Schumann, 1978a)
– den Bezug zu universellen Prozessen von Simplifizierung (vgl. z. B. Ferguson & DeBose, 1977)
– das Verständnis von Kreolisierung als allgemeinem Prozeß von sprachlicher Evolution (bspw. Bickerton, 1977), wie es in folgendem Beleg anklingt:

(. . .) in all these seemingly so different cases the same mental factor is at work, namely, imperfect mastery of a language (. . .)
(Jespersen, 1922: 233 f.)

Im Jahr der Veröffentlichung zweier wichtiger Aufsätze von Hesseling (1933a, 1933b) erschien auch Leonard Bloomfields klassisches Buch ›Language‹, dessen wesentliche behavioristische bzw. mechanistische Positionen aber bereits in dem Aufsatz ›A Set of Postulates for the Science of Language‹ vorlagen (vgl. Bloomfield, 1926). Im 26. Kapitel von ›Language‹ (›Intimate Borrowing‹) befaßt sich Bloomfield auch mit Pidgin- und Kreolsprachen.

Unter *intimate borrowing* versteht Bloomfield einen einseitigen Entlehnungsprozeß, bei dem eine dominante Sprache *(upper language)* "spoken by the conquering or otherwise more privileged group" (1933: 461) lexikalische Elemente aus einer subordinierten Sprache *(lower language)* entlehnt. Bei diesem Prozeß bleibt die dominante Sprache in ihrer Struktur unberührt.

In diesem Zusammenhang sieht Bloomfield auch zahlreiche Möglichkeiten "for an eccentric outcome" (1933: 468) und erwähnt dann verschiedene Fälle von "aberrant mixture". Das Beach-la-mar betrachtet er als Ergebnis erfolglosen Zweitsprachenerwerbs durch Sprecher einer "lower language", das überhaupt nur deshalb zustande kommt, weil die Herren *(masters)* mit ihnen in einer als *baby-talk* bezeichneten Varietät ihrer eigenen Muttersprache kommunizieren.[25] Bloomfield entwickelt dann eine behavioristische Theorie von Simplifizierung, die in zwei Schritten zur Ausbildung eines Pidgin führt. Der erste Schritt ist der erfolglose Versuch der Fremden, die dominante Sprache zu lernen ("the foreigner's desperate attempt at English", 1933: 473). Die resultierenden inkorrekten Äußerungen werden im zweiten Schritt von den dominanten Sprechern imitiert ("the English-speaker's contemptuous imitation of this"), in der Hoffnung, daß so eine Verständigung möglich wird:

Speakers of a lower language may make so little progress in learning the dominant speech, that the masters, in communication with them resort to "baby-talk". This "baby-talk" is the masters' imitation of the subjects' incorrect speech.
(Bloomfield, 1933: 472)

Grundsätzlich versteht Bloomfield das Konzept der Simplifizierung nicht im Sinne Schuchardts oder Jespersens, d. h. als durch all-

---

[25] Die von Bloomfield angeführten sprachlichen Belege sind übrigens wörtlich von Schuchardt (1883) übernommen, ohne daß darauf hingewiesen wird.

gemeine, auch kreative Aspekte umfassende Prinzipien gesteuerte Sprachveränderung. Er stellt ausschließlich den Begriff der Imitation in den Vordergrund. Dies läßt sich in folgendem Modell darstellen:

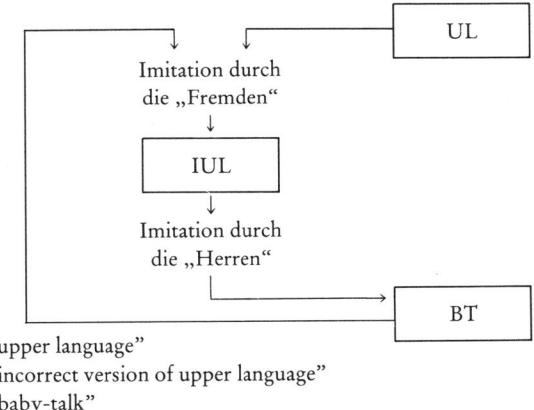

UL   "upper language"
IUL "incorrect version of upper language"
BT   "baby-talk"

Abb. 2

Über die theoretische Einseitigkeit dieses Modells hinaus ist Bloomfield vorzuwerfen, daß er aus einer geradezu rassistischen Perspektive heraus argumentiert, die vorher weder bei Schuchardt noch bei Jespersen zu finden ist.[26] Bloomfield dürfte in diesem Sinne zu der Radikalisierung der Kontroverse um das Black English beigetragen haben; er selbst hat das Black English als "inferior dialect of the master's speech" bezeichnet (Bloomfield, 1933: 474).

Man kann sagen, daß sich mit Bloomfields Darstellung der Schwerpunkt der wissenschaftlichen Beschäftigung mit Pidgin- und Kreolsprachen von Europa nach Nordamerika verlagert.[27] 1937

[26] Dies ist auch deshalb erstaunlich, weil Bloomfield sich in seinen Schriften keineswegs ausschließlich mit europäischen Sprachen befaßt hat. So sind gerade seine Untersuchungen zu nordamerikanischen Indianersprachen bedeutsam.

[27] Für die Zeit nach Jespersen verdienen noch die Schriften des Dänen

schreibt Reinecke seine monumentale (aber bis heute unveröffentlichte) Dissertation über ›Marginal languages: A sociological survey of the creole languages and trade jargons‹. Die Arbeit war Teil seiner Promotion in Yale im Bereich *race relations*. 1942 beginnt Robert A. Hall seine einflußreiche Arbeit über Pidgin- und Kreolsprachen, (vgl. Hall, 1943), zunächst über das Neomelanesische, dann über das Haitische Kreol, schließlich über allgemeine Probleme. 1949 erscheint Lorenzo D. Turners *Africanisms in the Gullah Dialect*. Damit ist nun auch eine explizite Verbindung zwischen Kreolstudien und der Erforschung des nordamerikanischen Black English geknüpft.

Louis Hjelmslev Beachtung. Er setzte sich 1939 mit der Kontroverse zwischen Schuchardt und Meillet auseinander und entwickelte sein Konzept der „optimalen Grammatik" für Kreolsprachen (vgl. Reinecke et al., 1975: 37).

5. DIE LINGUA FRANCA

Als Übergang zum Kapitel über Entstehungstheorien von Pidgin-
und Kreolsprachen soll hier ein Abschnitt über die (historische) Lingua Franca folgen. Whinnom (1965) sah in der Lingua Franca die
potentielle Ursprache für alle europäisch-orientierten Pidgin- und
Kreolsprachen. Auch zehn Jahre später vertritt er noch die schwache
Version der sog. monogenetischen Theorie:

> (. . .) it (d. h. die Lingua Franca) may well be the basis, whether by imitation
> or direct relexification, of many modern European-based pidgins and
> creoles.
> (Whinnom, 1977: 295)

Die Bedeutung der Lingua Franca für die Kreolistik liegt weiter in
der Tatsache, daß in ihr die ältesten uns bekannten Sprachproben
einer Pidginvarietät vorliegen. Die Verknüpfung mit dem vorausge-
gangenen Kapitel besteht in der Person Schuchardts: Von ihm
stammt eine noch heute klassische Darstellung der Lingua Franca.

5.1. Der Begriff 'Lingua Franca'

Im Mittelalter, zur Zeit der Kreuzzüge, waren die Europäer den
Arabern allgemein als 'Franken' bekannt. Gleichzeitig begegnet uns
auch der Terminus 'Frankensprache' – so nannten die Araber die
Sprache der Europäer, mit denen sie in Berührung kamen. Insbesondere war wohl das Italienische gemeint, da die wichtigsten Han-
delsbeziehungen zwischen Europa und dem Orient über die italienischen Häfen verliefen (Genua, Venedig, Pisa, Florenz). Als *Lingua
Franca* haben die Europäer ihrerseits „das trümmerhafte Roma-
nisch" bezeichnet (Schuchardt, 1909: 448), das sie von den Orienta-
len hörten. Später wurde der Terminus 'Lingua Franca' generell für

Vermittlungssprachen zwischen Sprechern verschiedener Sprachen verwendet (vgl. Samarin, 1962).

Eine Lingua Franca im weiteren Sinn muß keineswegs eine Pidginsprache sein. Das Suaheli in Ostafrika, Lingala im Kongo, Hausa im mittleren Westafrika oder die verschiedenen Missionssprachen in Papua-Neuguinea sind Beispiele dafür, daß natürlich auch voll ausgebildete Sprachsysteme die Funktion von Vermittlungssprachen übernehmen können. In Papua-Neuguinea, das mit ca. 760 verschiedenen Sprachen auf Vermittlungssprachen geradezu angewiesen ist (vgl. Wurm, 1982: 3)[28], finden wir vier Typen von Lingue Franche: zum einen Regionalsprachen, die in den Missionsstationen benutzt wurden und oft über regionale Sprachgrenzen hinaus Verbreitung fanden; zum anderen Pidginsprachen, die auf Regionalsprachen basieren, z. B. das Hiri Motu (Police Motu); weiter das englisch-orientierte Tok Pisin, das auch als New Guinea Pidgin und Neomelanesisch bekannt ist, und schließlich das Englische. Das Tok Pisin leitet sich aus einem stabilisierten Plantagen-Pidgin in Samoa ab, mit sekundärer Beeinflussung durch das Queensland Plantation English (vgl. Wurm, 1977: 340). Es hat in jüngster Zeit eine bemerkenswerte funktionale und strukturelle Erweiterung erfahren; heute wird das Tok Pisin als offizielle Sprache im Parlament von Papua-Neuguinea verwendet, und es hat in den Medien und im schulischen Bildungsprozeß Eingang gefunden.

5.2. Die historische Lingua Franca

Die historische Lingua Franca ist ein Beispiel für den dritten Typus von Vermittlungssprachen. Es handelt sich um ein europäisch-orientiertes Pidgin, dessen Entstehung, Geschichte und Struktur Schuchardt in seiner berühmten Abhandlung von 1909 beschrieben hat. Durch Schuchardt haben wir Kenntnis von zahlrei-

---

[28] Die geographische Region Neuguinea bezeichnet Wurm als "the linguistically most varied and complex of any comparably small part of the world" (Ibid.).

chen Quellen und Dokumenten über die Lingua Franca, die uns sonst vielleicht verborgen geblieben wären.

Die Lingua Franca ist die älteste Pidginsprache überhaupt, von der wir etwas wissen. Der erste gesicherte Beleg stammt von 1353. Es handelt sich dabei um ein Spottgedicht, das 1891 von Giusto Grion im ›Archivo Glottologico Italiano‹ veröffentlicht wurde. Die Entstehung des Textes bzw. des ersten Manuskripts liegt wohl noch ein halbes Jahrhundert früher:

(. . .) the MS was written shortly after 1353, but the naming of places that were or were not in Christian hands would seem to place the date of composition of the poem between 1284 and 1304.
(Whinnom, 1977: 306, Fußnote 5)

Von einigen Kreolisten wird die Entstehung der Lingua Franca bis in die Zeit der Kreuzzüge, d. h. ins 11. Jahrhundert, verlegt (vgl. Collier, 1977: 283), ja sogar noch um weitere 1000 Jahre zurück bis ins erste Jahrhundert nach Christus (vgl. Hancock, 1977b: 283). Dies sind aber bisher Spekulationen. Ebenso hypothetisch dürften Überlegungen sein, nach denen Reste der Lingua Franca noch heute in der britisch-englischen Theatersprache zu finden sind (vgl. Hancock, 1973). Fahrende Schauspieler sollen die Lingua Franca aus dem Mittelmeerraum mit nach England gebracht haben. Eine weitere Verbindung wird zur homosexuellen Theaterszene gezogen:

Since gays make the claim that (gay) Polari (Polari = British theatrical slang, M. H.) is a cross between theatrical jargon and sailor slang acquired through a network of sea ports, some of the words could have developed back when Lingua Franca did serve as a commercial link between merchant and sailor/slave and master.
(Collier, 1977: 285)

Wir können jedenfalls davon ausgehen, daß sich die Geschichte der Lingua Franca über fast 700 Jahre verfolgen läßt, ein Zeitraum, der in der Geschichte der englischen Sprache die Spanne von Chaucer über Shakespeare bis zu Doris Lessing umfaßt.

5.3. Zur Verbreitung der Lingua Franca

Von den sprachlichen und sozialen Bedingungen, die zur Entstehung der Lingua Franca geführt haben, können wir uns aufgrund der Verhältnisse in Algier im frühen 17. Jahrhundert ein gutes Bild machen. Als Quelle dient das fundamentale Werk von Fray Diego de Haedo über die Geschichte von Algier (›Topographia e historia general de Argel‹), das um 1610 erschien. In Algier muß um diese Zeit sozusagen ein multilinguales Chaos geherrscht haben:

The population of the Barbary coast in the early seventeenth century consisted (. . .) of Turks, Arabs, Berbers, Western Europeans, whether renegades or captives, of all nationalities (Spaniards, Portuguese, Italians, Catalans, Englishmen, Provençaux), as well as ubiquitous Greeks, Armenians, and Jews.
(Vgl. Whinnom, 1977: 300 ff.)

Über die Verbreitung der Lingua Franca im ganzen Mittelmeerraum liegen uns zahlreiche Zeugnisse in Reiseberichten vor. So schreibt Haedo auch über den Gebrauch der Lingua Franca in Algier um 1600:

Lingua Franca is in such general use that one cannot find a house in which it is not spoken. Turks, Arabs, Berbers, great and small, men and women, and even the children, all use it to some extent, but the majority speak it very fluently indeed.
(Vgl. Whinnom, 1977: 301)

Für die Zeit um 1800 zitiert Schuchardt aus Rehbinders ›Nachrichten und Bemerkungen über den algerischen Staat‹:

So werden Handwerker und Künstler theurer als andere bezahlt, und diess noch um soviel mehr, wenn sie spanisch, italienisch oder gar die Lingua Franca sprechen.
(Vgl. Schuchardt, 1909: 454)

Als um 1760 ein algerisches oder marokkanisches Schiff in der Nähe von Penzance vor der Küste von Cornwall in Seenot gerät, kann sich die Besatzung an Land retten. In Penzance findet sich ein gewisser

Mr. Mitchell, der als Händler im Orient gewesen war und dort die Lingua Franca gelernt hatte. Er kann als Dolmetscher zwischen den Schiffbrüchigen und den Engländern vermitteln (vgl. Whinnom, 1977: 306; Collier, 1977: 284).

Die Gründe für die spätere Bedeutungslosigkeit der Lingua Franca sind vor allem in folgenden Entwicklungen zu sehen: dem Verfall des Handels im Mittelmeerraum, dem Zusammenbruch des türkischen Reiches und der Kolonialisierung Nordafrikas durch europäische Mächte. Das Prestige und der Einfluß der europäischen Sprachen (insbesondere des Französischen) wachsen, und damit verbessern sich auch die Bedingungen für verschiedene Formen von Zweitsprachenerwerb bzw. Bilingualismus.

So ist schließlich die unmittelbare Notwendigkeit für eine den ganzen Mittelmeerraum umfassende Vermittlungssprache nicht mehr gegeben.

5.4. *Die Entstehung der Lingua Franca*

Die Entstehung der Lingua Franca dürfte laut Schuchardt ähnlich verlaufen sein wie die des oben erwähnten Walfischfängerjargons (vgl. Schuchardt, 1883 und 1889). Die Lingua Franca entstand im Kontakt zwischen westeuropäischen (romanischen) Christen und arabischen und türkischen Moslems.

Dabei ist aber auf eine Besonderheit hinzuweisen. In der Regel – und das finden wir in den meisten uns bekannten Pidgin- und Kreolsprachen bestätigt – orientiert sich das Pidgin lexikalisch an der politisch dominanten Sprache, also vor allem der Sprache der europäischen Eroberer oder Kolonialherren. Die italienische Basis der Lingua Franca müßte deshalb darauf schließen lassen, daß die Italiener die dominante Gruppe im Kontakt mit den Moslems waren. Dies läßt sich aber nicht eindeutig belegen. Vielmehr besteht die Möglichkeit, daß die Lingua Franca in einer historischen Situation entstanden ist, in der Sprecher derjenigen Sprache, an der sie sich lexikalisch orientiert, gerade in einer politisch untergeordneten Position waren und von arabischsprechenden Gruppen beherrscht wurden (vgl. Collier, 1977: 283). Eine ähnliche Entwicklung können wir im Fall des normannischen Französisch beobachten, das sich gegen die Sprache der unterlegenen britischen Bevölkerung nicht durchsetzen konnte.

Schuchardt weist auf die eingeschränkten kommunikativen Funktionen der Lingua Franca hin:

> Die Not ist die Bildnerin solcher Sprachen, die man deshalb auch Notsprachen nennen könnte; sie haben zwar wichtige, aber keine mannigfachen Aufgaben zu erfüllen; es sind vor allem Handelssprachen.
> (Schuchardt, 1909: 442)

Schuchardt zieht dann einen interessanten Vergleich zwischen der Lingua Franca und anderen 'Notsprachen', nämlich den 'Sklavensprachen' Amerikas. Diese haben aufgrund einer substantiellen Funktionserweiterung ihren Status als Pidginsprachen aufgegeben und erfüllen nun muttersprachliche Funktionen:

> Aber diese (d. h. die Sklavensprachen ; M. H.) haben sich aus Vermittlungssprachen – die ja beiderseits Muttersprachen neben sich haben – selbst zu Muttersprachen fortentwickelt, indem die Sklaven auch unter sich, wegen der großen Verschiedenheit der ererbten Sprachen, eines allgemeinen Verständigungsmittels bedurften.
> (Schuchardt, 1909: 442)

Schuchardt bezeichnet diese Sklavensprachen als 'kreolisch', während er für Handelssprachen allgemein eine Bezeichnung als 'kreolisch' ablehnt (1909: 443). Dies ist ein deutlicher Beleg dafür, daß Schuchardt sehr wohl zwischen Pidgin- und Kreolsprachen unterscheidet, und widerlegt Bickertons Behauptung (1979b: IX), Schuchardt treffe keine klare Unterscheidung zwischen "native creole and nonnative pidgin". Schuchardt läßt vielmehr anklingen, daß es sich hier um verschiedene Stadien *eines* Sprachentwicklungsprozesses handelt. Die Handels- oder Vermittlungssprache ist unter denselben äußeren Bedingungen entstanden wie die 'Sklavensprache', beide weisen dieselben Grundmuster auf. Die Handelssprache ist dann aber „auf niederer Stufe" stehengeblieben (Schuchardt, 1909: 443), während sich die kreolischen Sprachen zu selbständigen Sprachsystemen weiterentwickelt haben.

Schuchardt beschäftigt sich dann mit der Entstehung der Lingua Franca auf der Ebene des Individuums. Hier ist anfangs von einer rudimentären Form von Zweisprachigkeit auszugehen, die Schuchardt (jedenfalls noch 1909) vorwiegend auf dem Prinzip der Imitation angelegt sieht. Die Sprecher der dominanten Sprache scheinen über allgemeine Simplifizierungsregeln zu verfügen, aufgrund derer sie die eigene Sprache von Flexionskennzeichnungen, Tempus- und Aspektmarkierungen usw. befreien, wenn sie mit Sprechern der subordinierten Sprachen kommunizieren. Diesen kommt dabei eine primär rezipierende Funktion zu:

Oder wenn ich ein Bild gebrauchen darf, nicht die Fremden brechen sich aus einem schönen festgefügten Gebäude einzelne Steine heraus um sich damit dürftige Hütten zu bauen, sondern die Eigentümer selbst reichen sie ihnen zu solchem Zwecke.

(Schuchardt, 1909: 443)

Im Vorbericht zur Sprache der Saramakkaneger in Surinam schreibt Schuchardt über die Entstehung der kreolischen Mundarten:

Dem Herrn wie dem Sklaven kam es einzig und allein darauf an sich dem andern verständlich zu machen; jener streifte von der europäischen Sprache alles Besondere ab, dieser hielt alles Besondere von ihr zurück: Man traf sich auf einer mittleren Linie.

(Schuchardt, 1914: IV)

Hier liegt eine gewisse Einschränkung des in früheren Schriften, insbesondere in der Abhandlung über die Lingua Franca betonten Prinzips der Imitation vor. Allerdings möchte Schuchardt seine Äußerung von der „mittleren Linie" primär auf den Prozeß der Kreolisierung bezogen wissen, bei dem der lexikalische (aber auch der syntaktisch-morphologische und phonologische) Einfluß der Substratsprachen bzw. die sprachkreativen Fähigkeiten der Substratsprecher deutlicher hervortreten (vgl. Markey, 1979: 117).

Die Frage der 'Urheberschaft' simplifizierter Formen erhält durch die obigen Bemerkungen zur frühen Geschichte der Lingua Franca eine neue Perspektive. Die Rollen von 'Herr' und 'Sklave' sind hier offenbar nicht im üblichen eurozentrischen Verständnis verteilt. Genauere Analysen der historischen Bedingungen müssen Aufschluß darüber bringen, ob und aus welchen Gründen sich bei der

Lingua Franca auf der lexikalischen Ebene nicht die Sprache der dominanten Gruppe durchgesetzt hat.

5.5. *Die linguistische Beschreibung der Lingua Franca*

Die Beschreibung der Lingua Franca unterliegt besonderen Schwierigkeiten. Trotz der etwa siebenhundertjährigen Geschichte können wir uns nur auf wenige Dokumente stützen. Dabei ist es erstaunlich genug, daß überhaupt schriftliche Quellen vorliegen, denn Pidginsprachen haben in einer multilingualen Gesellschaft generell einen geringen sozialen Status und kommen deshalb für eine schriftliche Fixierung eigentlich nicht in Frage.

Die historischen Belege können nun ihrerseits nur einen eingeschränkten Anspruch auf sprachliche Authentizität erheben. Zum einen kann bei denjenigen, die die Lingua Franca beschreiben oder zitieren, grundsätzlich nicht davon ausgegangen werden, daß sie eine spezifisch linguistische Vertrautheit mit der Lingua Franca besitzen. Es ist zudem möglich, daß die (meist romanische) Muttersprache der Autoren bzw. die Kenntnis anderer romanischer Sprachen die Wiedergabe der Lingua Franca beeinflußt und verzerrt. So finden wir beispielsweise im Bereich der Morphologie bei Grion (1891) neben den für die Lingua Franca typischen unmarkierten Formen auch italienische Flexionsmarkierungen. Derselbe Text zeigt weiter gelegentlichen Artikelgebrauch sowie sporadische Fälle von Kongruenz zwischen Adjektiv und Nomen, beides Erscheinungen, die für ein Pidgin nicht charakteristisch sind. Interferenzen aus der Muttersprache des Autors könnten sich hier mit einer generellen Instabilität der Lingua Franca verknüpft haben.

Weiter ist damit zu rechnen, daß die linguistische Zuverlässigkeit auch durch die Rolle beeinträchtigt wird, die die Lingua Franca beispielsweise in literarischen Texten spielt: Bei Molière dient sie der Charakterisierung des Sprechers als sozial schwach, wenig gebildet, abweichend von der bürgerlichen Norm; sie soll darüber hinaus komische Wirkungen erzielen.

Anhand von fünf ausgewählten Textstellen sollen nun die wesentlichen strukturellen Merkmale der Lingua Franca beschrieben werden.

Wie erwähnt, stammt der erste uns bekannte Beleg aus dem Jahre 1353 *(Text 1)*. Es handelt sich um ein 28zeiliges Spottgedicht oder Lied, das einer muslimischen Sklavin in den Mund gelegt ist. Das Manuskript stammt aus Djerba, Tunesien, das damals von Sizilien besetzt war; es wurde 1891 von Grion veröffentlicht (vgl. Collier, 1977: 295):

Text 1
. . . come ti voler parlare?
se per li capelli prendoto,
come to voler conciare?
(. . . wie würde es dir gefallen zu sprechen,
wenn ich dich an den Haaren hielte?
Wie würde ich dich dann schlagen)

Das zweite Beispiel *(Text 2)* stammt aus einem ›Villancico‹, d. h. einer Farce des spanischen Dichters Encina, die wohl unmittelbar nach Encinas Rückkehr von einer Pilgerfahrt nach Jerusalem um 1520 entstanden ist (vgl. Harvey & Jones & Whinnom, 1967). Das Stück findet sich in einer Edition von 1606, die ursprüngliche Ausgabe von 1521 ist nicht erhalten. Encina beschreibt in dieser Farce die aufdringlichen Kamel- und Eseltreiber und Händler, die den christlichen Pilgern das Leben schwermachen. Die Verwendung der Lingua Franca dient der Vermittlung einer gewissen historischen und atmosphärischen Authentizität und gleichzeitig der Erzielung komischer Effekte.

Text 2
Peregrin taybo cristian
si querer andar Jordan
pilla per tis jornis pan
que no trobar pan ne vin.
(Pilger, guter Christ, wenn Du zum Jordan gehen willst, dann nimm Brot mit auf Deine Reise, denn Du wirst weder Brot noch Wein finden.)

Wir können nun erste Beobachtungen bzgl. der Struktur der Lingua Franca machen. Artikel kommen allenfalls sporadisch vor;

Genus, Kasus und Numerus beim Nomen und Adjektiv werden generell nicht markiert. *Tis jornis* bei Encina ist ungeklärt, formal könnte es sich um einen Plural handeln. Die Personalpronomina sind jeweils auf eine invariante Form reduziert (*ti* bei Grion), die – wie bei modernen romanisch-orientierten Kreolsprachen auch – aus einer ursprünglich flektierten Form abgeleitet sind. Verben treten nur im Infinitiv auf: Person, Numerus, Tempus und Aspekt werden nicht markiert. *Text 1* verhält sich hier allerdings inkonsistent, es kommen einige italienische flektierte Verbformen vor, z. B. das zweite Partizip *prendoto*.

Solche Formen müssen wohl als Interferenzen aus anderen dem Schreiber vertrauten romanischen Standardsprachen interpretiert werden, und nicht etwa als Anfänge einer strukturellen Expansion.

Was den Wortschatz betrifft, so ist die Basis der Lingua Franca offenbar das Italienische; das ist in *Text 1* sehr deutlich zu sehen (vgl. die Endung des Infinitivs *parlare, conciare*). Bei Encina sind dagegen Einflüsse aus dem Spanischen nachweisbar (vgl. *querer, andar*). Solche dialektalen Besonderheiten treten im 18. und 19. Jahrhundert noch stärker hervor, so daß sich regionale Varietäten der Lingua Franca unterscheiden lassen, nämlich eine italienisch-orientierte Varietät, die im östlichen und mittleren Mittelmeerraum verbreitet war, und eine spanisch-orientierte Varietät, die im Westen gesprochen wurde. Auch eine Varietät mit stärkeren französischen Einflüssen, das Petit Mauresque von Algier, läßt sich im 19. Jahrhundert identifizieren (vgl. Coates, 1971).

Bei *Text 3* handelt es sich um einen Beleg aus Haedos Geschichte von Algier von 1612. Dies ist die beste Quelle für die westliche, hispanisierte Varietät der Lingua Franca, die zwischen türkischen Herren und europäischen Sklaven in Algier gesprochen wurde. Whinnom (1965) nimmt an, daß diese spanisch-orientierte Lingua Franca der Ursprung für das westafrikanische portugiesisch-orientierte Pidgin des 15. Jahrhunderts gewesen ist.

Text 3
Mirar Iafer, que esto estar gran pecado:
como andar aqui carta por terra?
pillar y meter en aquel forado, guarda diablo . . .

(Sieh, Iafer, daß dies eine große Sünde ist. Wie kam diese Karte hier auf den Boden? Nimm sie und wirf sie in dieses Loch, hüte Dich vor dem Teufel . . .)

Wir finden die Beobachtungen bzgl. des multifunktionalen Infinitivs bestätigt, aber auch wieder eine Abweichung: *guarda* ist offensichtlich ein Imperativ. Sonst übernimmt der Infinitiv auch die Funktion des Imperativs, beispielsweise *mirar*. Interessant ist das Auftreten von *estar* in Zeile 1, das der Erwartung widerspricht, daß von der Simplifizierung romanischer Sprachmuster auch die Kopula betroffen ist. Tilgung der Kopula (*Dio grande* 'God is great', *mundo cosi cosi* 'the world is very changeable') ist sogar eher die Ausnahme.

Text 4 stammt aus Molières Komödie ›Le Bourgeois Gentilhomme‹ von 1671 (vgl. Wood, 1971). Wir finden im 16. und 17. Jahrhundert eine ganze Reihe von Belegen für die Lingua Franca in literarischen Texten, z. B. bei Goldoni, Lope de Vega und Calderon. In der zentralen Szene im vierten Akt des Lustspiels, der berühmten ›cérémonie turque‹, läßt Molière einen Türken auftreten, der die Lingua Franca verwendet. Eine gewisse Authentizität gewinnt die sprachliche Darstellung durch die Tatsache, daß sich Molière bei der Gestaltung der türkischen Kostüme, der Bühnenbilder usw. auf einen französischen Informanten stützen konnte, einen gewissen Chevalier Laurent d'Arvieux, der während seines jahrelangen Aufenthaltes im Orient wohl auch die Lingua Franca kennengelernt hatte.

Text 4
Se ti sabir, Ti respondir;
se non sabir, tazir, tazir.
Mi star Mufti; Ti qui star qui?
Non intendir: tazir, tazir.
(Wenn Du weißt, dann antworte; wenn Du nicht weißt, dann schweige, schweige. Ich bin Mufti; Du, wer bist Du? (Du) verstehst nicht; sei still, sei still.)

Über die an den anderen Texten gemachten Beobachtungen hinaus ist hier noch die Reduplikation zu erwähnen *(tazir, tazir)*, deren Funktion eine Verstärkung des verbalen Inhalts ist. Die Negationspartikel *non* (vgl. *Text 2,* der *no* zeigt) weist auf die lexikalische Nähe zum Italienischen hin. Auch hier begegnen uns die aus ursprünglichen Objektformen abgeleiteten Pronomina, wobei – wie in romanisch-orientierten Kreolsprachen – die Höflichkeitsformen (ital. *lei*, span. *usted*) nicht vorkommen.

Weitere Phänomene, die in den zitierten Textstellen nicht auftauchen, sind noch: der Gebrauch von Adjektiven in adverbialer Funktion (*y ora correr bono* 'und jetzt läuft er gut'), die fehlende Kongruenz zwischen Artikel (sofern dieser auftaucht) und Genus des Nomens (sofern es markiert ist) und die fehlende Kongruenz zwischen Adjektiv und Nomen (*moro namorada* 'arabische Geliebte').

Schließlich soll noch ein Wörterbuch von 1830 erwähnt werden, das ›Dictionnaire de la langue franque ou petit mauresque‹, das für französische Soldaten geschrieben wurde, die an der Eroberung von Algier beteiligt waren.

Text 5

bon dgiorno Signor.	Guten Tag, Monsieur.
comme ti star?	Wie geht es Ihnen?
mi star bonou, e ti.	Gut, und Ihnen?
mi star contento mirar per ti.	Ich freue mich, Sie zu sehen.
gratzia.	Danke.
mi poudir servir per ti qualke cosa?	Kann ich etwas für Sie tun?

Hier finden wir Sätze, die für den alltäglichen Gebrauch bestimmt sind. Sie erinnern ein wenig an die ersten Stufen eines kommunikativ angelegten Fremdsprachenunterrichts: Funktionen wie Affirmation und Negation werden vermittelt; weitere Inhalte betreffen Begrüßung, Fragenstellen; die Uhrzeit, Essen und Trinken. Interessanterweise werden auch lexikalische Dubletten aufgelistet, die wieder auf die Existenz einer östlichen und einer westlichen Varietät der Lingua Franca hinweisen. Wir finden nebeneinander *parlar / hablar, molto / mucho, figlio / muchachio, parola / palabra.*

Auf der Grundlage des Lexikons von 1830 stellt Schuchardt ein dreiwertiges Tempus- und Aspektsystem für die Lingua Franca auf, und zwar mit einem Infinitiv, der zur Bezeichnung von Präsens und Imperfekt dient, einem zweiten Partizip, das perfektive Handlungen bezeichnet, und einem Futur, das durch das italienische *bisogno* ausgedrückt wird.

Zusammenfassend läßt sich sagen, daß die Lingua Franca in den frühen Texten wesentliche Merkmale einer Pidginsprache zeigt, die aber nicht immer konsistent verwendet werden. Später, insbesondere im Lexikon von 1830, läßt sich eine gewisse strukturelle Stabilisierung feststellen, die aber aufgrund der Präsenz der dominanten Sprache (des Französischen) nicht zu einem Kreolisierungsprozeß geführt hat.

6. THEORIEN ÜBER DIE ENTSTEHUNG VON PIDGIN- UND KREOLSPRACHEN: DIE HISTORISCHE PERSPEKTIVE

In diesem Kapitel werde ich die historische Herleitung von Pidgin- und Kreolsprachen diskutieren, dies aber von der spracherwerbstheoretischen Perspektive trennen. Beide Ebenen werden häufig vermischt, so daß der erforderliche Bezug auf jeweils unterschiedliche theoretische Positionen nicht immer deutlich wird (vgl. Todd, 1974, Kap. 3). Fragen der genetischen Abhängigkeit und die Suche nach (einer) protopidginsprachlichen Varietät(en) gehören in den Rahmen historischer Betrachtungen, während die Frage der generellen linguistischen Ausprägung von Pidgin- und Kreolsprachen im Rahmen von Theorien des Spracherwerbs diskutiert werden muß. Beide Perspektiven finden eine Verknüpfung im Phänomen des Sprachkontakts, das sowohl eine sprachhistorische (diachronische) wie eine spracherwerbstheoretische (synchronische) Komponente aufweist.

Im folgenden werde ich die sprachhistorische Entwicklung der europäisch-, insbesondere der englisch-orientierten Pidgin- und Kreolsprachen beschreiben. Dabei werde ich auf zwei Entstehungshypothesen eingehen, die monogenetische Theorie in ihrer schwachen Version und die polygenetische Theorie (die ihrerseits mehrere Ansätze zusammenfaßt).

6.1. *Probleme der sprachlichen Verwandtschaft*

In Kap. 5 habe ich angedeutet, daß die historische Lingua Franca in der Kreolistik der sechziger Jahre eine besondere Bedeutung als potentielles Protopidgin gewonnen hatte. Diese Annahme hat die

Diskussion um Entstehungstheorien von Pidgin- und Kreolsprachen lange dominiert.

Ausgangspunkt für die Suche nach einer historischen Quelle für viele – oder alle – europäisch-orientierten Pidgin- und Kreolsprachen war die Beobachtung, daß auch geographisch weit auseinanderliegende Pidgin- und Kreolsprachen mit unterschiedlicher lexikalischer Orientierung auffällige strukturelle Gemeinsamkeiten zeigen. Von vornherein wurde die Beschränkung auf europäisch-orientierte Pidgin- und Kreolsprachen vorgenommen (vgl. den Titel von Whinnom, 1965), da natürlich nur dort nach sprachhistorischen Beziehungen gesucht werden kann, wo die Annahme eines sozialen Kontakts von Mitgliedern der betreffenden Sprachgemeinschaften, d. h. z. B. zwischen Europäern und Afrikanern, plausibel ist. Damit wird gleichzeitig die starke Version der monogenetischen Theorie ausgeklammert, die *alle* Pidgin- und Kreolsprachen aus einem Protopidgin ableiten würde. Diese Hypothese läßt sich leicht mit dem Hinweis auf solche Pidgin- und Kreolsprachen widerlegen, bei deren Entstehung nachweislich keine europäische Sprache beteiligt war. Als Beispiele wären etwa zu nennen das Ewondo Populaire, eine bantu-orientierte Vermittlungssprache im Osten Kameruns; das Sango [29], die Lingua Franca (bzw. Nationalsprache) der Zentralafrikanischen Republik, die auf dem Ngbandi basiert; oder pidginisierte Formen des Swahili in Ostafrika (vgl. Todd, 1974: 39 ff.).

Die monogenetische Theorie ist für uns also nur in ihrer schwachen Version von Interesse, nämlich in der Begrenzung entweder auf geographische Räume (z. B. atlantische Pidgin- und Kreolsprachen) oder auf lexikalische Orientierungen (z. B. alle englisch-orientierten Pidgin- und Kreolsprachen oder – so die weitgehendste Form der schwachen Version der monogenetischen Theorie – alle europäisch-orientierten Pidgin- und Kreolsprachen).

---

[29] Tonkin (1971: 132) weist darauf hin, daß – im Gegensatz zu der sonst üblichen Verknüpfung von Pidginsprachen mit geringem Prestige – das Sango durchaus mit positiven Einstellungen verbunden ist. Es dient der (Selbst)Identifikation von Sprechern, die aus dem Busch in die Städte abgewandert sind.

Betrachten wir zunächst einige lexikalische Gemeinsamkeiten zwischen englisch-orientierten Kreolsprachen, die geographisch weit auseinanderliegen. Hancock hat für 570 Wörter der Alltagssprache (Bezeichnungen für Tiere, Pflanzen, Gebrauchsgegenstände, Körperteile, Tätigkeiten usw.) enge Korrespondenzen in acht englisch-orientierten Kreolsprachen festgestellt, vgl. die folgende Tabelle (die Beispiele sind Hancocks Comparative Word-Lists [Hancock, 1969: 36–67] entnommen):

Tab. 1

Krio	Sranan/ Djuka	Sara- maccan Creole	Came- roons Pidgin	Guya- nese Creole	Jamai- can Creole	Gullah
mɔt	mɔ́fo	mɔ́fu/ búka	mɔf	mɔwt	mowt	mawt
tit	tífi	tánda	tik	tiːt	tiːt	tut, tiːt
úman	úma	mujéɛ	wúman	úman	húman	úmə
ol	ɔ́ri/ɔli	hói	hol	hol	huol	hol
kratʃ	krási	kaási	kras	kratʃ	kratʃ	krac
slip	sríbi/ siibi	duúmi	silíp	sliːp/ dódo	sliːp	sliːp

Im Englischen korrespondieren die Ausdrücke *mouth, tooth, woman, hold, scratch, sleep*.

Es ist unproblematisch, aus solchen Beispielen verwandtschaftliche Verhältnisse abzuleiten. Zum einen bestehen diese unter den aufgeführten Sprachen selbst (wobei an anderer Stelle die Besonderheiten des Saramakkanischen behandelt werden müssen), zum anderen ist die Beziehung zum Englischen offensichtlich.

Die einzelnen Kreolsprachen zeigen auf der phonologischen Ebene regelmäßige Abweichungen vom Englischen. So manifestiert sich in allen Varietäten die Regel 'Simplifizierung auslautender Konsonantenverbindungen' *(hold)*; interdentale Frikative erscheinen als Verschlußlaute oder labiodentale Frikative *(mouth; tooth)*; wortanlautende Verbindungen von *s* × Konsonant werden aufgebrochen, entweder durch Tilgung des ersten Elements *(scratch)*, durch Tilgung des zweiten Elements (SR für *sleep*) oder durch Einfügung eines Vokals (CP für *sleep*); schließlich finden wir im Sranan, Djuka und im Saramakkanischen die Regel, daß Wörter generell auf Vokal enden.[30]

Auch in der folgenden Tabelle lassen sich die beiden Stränge sprachverwandtschaftlicher Beziehungen belegen (vgl. Johnson, 1974: 119 und 124):

Tab. 2

Krio	mɛn	bigaj	trowé	wãwán
Cameroons P.	majn	bigáj	trowé	wanwán
Sranan/Djuka	méni	bigaj	trowé/tówe	wãwán/wanwán
Jamaican C.	majn	bigáj	trowíɛ	wanwán
Gullah	majn	bigáj	cʌré	ßãßan
Saramaccan C.	–	–	túɛ̀	wãwán

Gegenüber den englischen Etyma haben sich die kreolsprachlichen Wörter nicht nur auf der phonologischen, sondern auch auf der semantischen Ebene vom Englischen entfernt. Die phonologische Nähe zu engl. *mind, big eye, throw away* und *one one* täuscht zunächst über die semantische Individualisierung der kreolsprachlichen Ausdrücke hinweg, denen im Englischen etwa die folgenden Übersetzungsäquivalente entsprechen: *look after, greedy, spill* und *occasional*. Es wäre im einzelnen zu überprüfen, welche formalen und funktionalen Ähnlichkeiten zwischen den englischen und kreolsprachlichen Ausdrücken (noch) bestehen und welche Prozesse jeweils zu den neuen Bedeutungen geführt haben. Solchen Prozessen begegnen wir allgemein bei der Ausdifferenzierung sprachlicher Systeme in regionale oder soziolektale Varietäten. Andererseits sind

---

[30] Vgl. dazu den interessanten Versuch von Johnson (1964), aus derartigen Korrespondenzen Aussagen über den phonologischen Sprachwandel zu machen und die Rekonstruktion eines englisch-orientierten Protopidgin des 16. Jahrhunderts vorzunehmen.

formale und funktionale Veränderungen gegenüber einem konventionellen System auch typisch für den Spracherwerb. Hier führen sie aber nur zu Zwischenstufen auf dem Wege zum Erwerb der jeweiligen Zielsprache (der Erwachsenen- oder einer Zweitsprache), die je nach den Bedingungen des Erwerbsprozesses für eine längere oder kürzere Zeitspanne die Intersprache (das lernersprachliche System) charakterisieren. Eine gewisse Stabilität gewinnen die Resultate derartiger Individualisierung dann, wenn die Zielsprache für einen kontinuierlichen und differenzierten Gebrauch nicht (mehr) zur Verfügung steht, also aufgrund räumlicher, sozialer und/oder psychologischer Distanz.

Eine Beeinträchtigung der gegenseitigen Verständlichkeit, wie sie hier schon angelegt ist, verstärkt sich, wenn wir die Beispiele der folgenden Tabelle berücksichtigen (vgl. Alleyne, 1980: 111).

Tab. 3

Krio	doti	nyam	unu	–	tšuk
Sranan	doti	ñan	un(u)	tatá	tjuku
Jamaican C.	doti	nyam	unu	taata	džuk
Gullah	dáti	nyam	un	–	džuk

Den kreolsprachlichen Ausdrücken stehen keine verwandten englischen gegenüber. Vielmehr handelt es sich um Wörter, die aus afrikanischen Substratsprachen abgeleitet sind. Für *doti* 'earth' ist eine Herleitung aus dem Twi vorgeschlagen worden; *nyam* 'eat' und *tatá* 'father' stammen aus dem Niger-Congo, *unu* 'we' aus dem Igbo, *tšuk* 'stab, pierce' aus dem Fula (vgl. auch Kap. 9).

Belege dieses Typs sprechen allerdings nicht gegen eine sprachgenetische Beziehung der aufgeführten Kreolsprachen zum Englischen, wenn sie als Resultat von Entlehnungsvorgängen *(borrowing)* erklärt werden, die ja ein generelles Phänomen von Sprachkontakt darstellen. Das Ausmaß der lexikalischen Entlehnungen hängt ab von Art, Dauer und Intensität des zugrundeliegenden sprachlichen Kontaktes. Dabei spielen verschiedene psychologische Faktoren eine besondere Rolle (vgl. Weinreich, 1963: 56ff.).

Andererseits gerät man mit der Hypothese der engen sprachlichen Verwandtschaft mit der englischen Sprache dann in Schwierigkeiten, wenn die afrikanischen Wörter als Reste einer generellen westafrikanischen Basis interpretiert werden, die aufgrund eines massiven Relexifizierungsprozesses zum Englischen hin aber kaum noch in Erscheinung tritt (vgl. dazu Kap. 7).

Zusammenfassend läßt sich sagen, daß die Korrespondenzen zwischen einzelnen Kreolsprachen und dem Englischen auf der lexikalischen Ebene ausreichen, um sprachhistorische Beziehungen herzustellen. Über die Sonderstellung des Saramakkanischen wird noch zu sprechen sein. Beobachtungen wie die bisher getroffenen erlauben allerdings noch keine Aussagen darüber, welche der synchron kontrastierten Systeme einen älteren Sprachzustand repräsentieren und ob sich Abhängigkeiten in Form von Stammbäumen darstellen lassen.

6.2. Die schwache Version der monogenetischen Theorie

Argumente für die monogenetische Theorie stützen sich nicht primär auf lexikalische, sondern vor allem auf syntaktische Gemeinsamkeiten, die Pidgin- und Kreolsprachen unabhängig von ihrer jeweiligen lexikalischen Orientierung zeigen.

1959 veröffentlichte Douglas Taylor eine Arbeit, in der er auf wenigen Seiten zeigte, daß in einem zentralen Bereich der Syntax, nämlich dem Verbalsystem, enge funktionale Korrespondenzen zwischen Kreolsprachen mit unterschiedlicher lexikalischer Orientierung nachzuweisen sind, die nicht aus den zugehörigen europäischen Sprachen abgeleitet werden können; vgl. die folgende Tabelle, in der für drei Kreolsprachen die separaten Partikel angegeben sind, die zur Verbalisierung temporaler (Realis und Irrealis) und aspektualer Beziehungen verwendet werden (das Sranan hat eine englische, das Dominikanische Kreol und das Haitische Kreol eine französische lexikalische Orientierung) – vgl. Tab. 4, S. 66.

Taylor zeigt weiter am Beispiel des Sranan, daß auch Kombinatio-

Tab. 4

	Sranan	Dominican C.	Haitian Creole
Realis (Vergangenheit)	ben	te	te-
Irrealis (Futur)	sa	ke	av(a)-, (v)a-
Progressiv/Habituell	e, de	ka	ap-

nen dieser Partikel möglich sind, die die Bildung komplexer temporaler und aspektualer Ausdrücke ermöglichen.

Es ist vorgeschlagen worden, die Sranan-Formen *ben, sa, e* aus engl. *been, shall* und *am/are* [31] abzuleiten (vgl. Taylor, 1959: 487) und die dominikanischen bzw. haitischen Formen *te-, ke, ka, ava-, ap-* aus frz. *été/était, qui alqu'à, avoir* und *après* (vgl. Weinreich, 1958: 377). Dagegen sprechen aber schwerwiegende funktionale Gründe: Die kreolischen Formen haben in den europäischen Sprachen keine funktionalen Äquivalente. Zudem bietet sich als zweite Erklärungsmöglichkeit die Ableitung aus verschiedenen westafrikanischen Substratsprachen an. Im Igbo finden wir die verbalen Partikel *na-* und *ga-*, die funktional viel eher den kreolischen Formen *e/ka/ap-* bzw. *sa/ke/ava-* entsprechen als die französischen Elemente. Die genannten Verbalpartikel lassen sich nicht über Stufen gradueller phonetischer und semantischer Veränderungen aus den europäischen Sprachen ableiten. Anders als bei der lexikalischen Ebene liegt hier eine so gravierende syntaktisch-funktionale Diskontinuität gegenüber der jeweiligen europäischen Sprache vor, daß die Klassifizierung von Kreolsprachen als eigenständige Sprachsysteme gerechtfertigt erscheint. Zugleich verstärken sich die Zweifel an der Hypothese, die auch die syntaktische Basis von Kreolsprachen auf die europäischen Sprachen zurückführt. Bezogen auf die genannten Verbalpartikel heißt es bei Taylor:

The verbal systems belong to the most basic and complex part of these Creole languages' grammar; yet in none of them do the morphemes (and combina-

[31] Möglich wäre eine Korrespondenz zu archaischen Formen wie *times are a-changing* (vgl. Taylor, 1960: 158; sowie Bickerton, 1981: 29f.).

tions thereof) employed in their construction show such "similarity in expression (form) and in meaning or function" with forms of the 'mother language' as would justify us in calling them undoubted cognates of the latter. (Taylor, 1960: 159)

Robert W. Thompson schließt sich den Überlegungen Taylors an und verknüpft diese mit einem sprachhistorischen Argument, das als vorsichtige Formulierung der monogenetischen Theorie angesehen werden kann (1961: 113). Er stellt fest, daß die beschriebenen syntaktischen Ähnlichkeiten in weit auseinanderliegenden geographischen Räumen zu finden sind:

(. . .) extending from the Cap Verde islands round the coasts of Africa, the Indian sub-continent, Malaya and the East Indian islands, to Macao, Hongkong and Shanghai.
(Thompson, 1961: 107)

Thompson führt die europäisch-orientierten Kreolsprachen dieser Regionen auf ein westafrikanisches portugiesisches Pidgin des 15. Jahrhunderts zurück.[32] Folgender Stammbaum läßt sich aus Thompsons Äußerungen rekonstruieren (vgl. Abb. 3, S. 68).

Problematisch sind in diesem Stammbaum die Beziehungen zwischen dem 'West African slavers' jargon' und 'all other West Indian creoles' einerseits, und zwischen den 'Pacific Portuguese dialects' und dem China Coast Pidgin English bzw. Neo-Melanesian andererseits, weil hier Pidgin- und Kreolvarietäten mit unterschiedlicher lexikalischer Orientierung in einem direkten sprachhistorischen Abhängigkeitsverhältnis verknüpft werden. Als Erklärung sind dafür Prozesse von Relexifizierung vorgeschlagen worden.

Wie in der Karibik, so finden wir auch im pazifischen und indischen Raum Pidgin- bzw. Kreolvarietäten, die eben die beschriebe-

---

[32] Vgl. dazu schon Schuchardt (1881: 580): „So hat denn überhaupt auf jener langen Linie, welche von Portugal aus um das Cap der guten Hoffnung bis nach Japan den einstigen Triumphzug der Portugiesen bezeichnet, die Sprache derselben überall zum mindesten einzelne Spuren hinterlassen (z. B. gilt *sabi* oder *savi* 'Wissen' in dem Negerenglischen der Westküste Afrika's, wie im Pidginenglischen [d. h. dem chinesischen Pidginenglisch – M. H.]).“

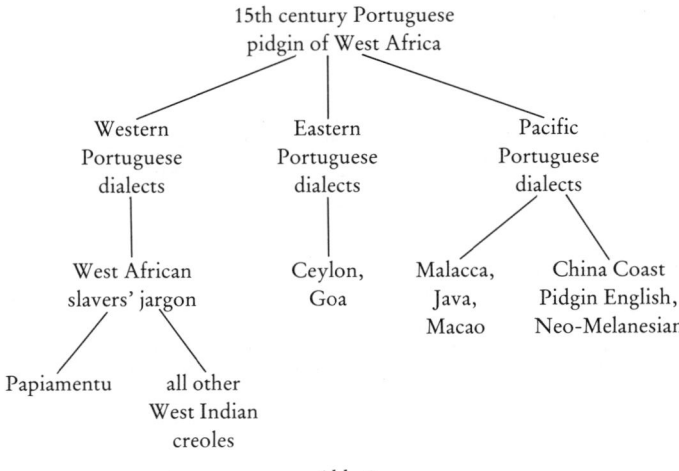

Abb. 3

nen systematischen Korrespondenzen im Verbalsystem aufweisen. Whinnom (1965) hat vier philippinische spanisch-orientierte Kontaktsprachen beschrieben, die zusammen auch als Chabacano bekannt sind (Caviteño, Ermiteño, Ternateño, Zamboangueño). Das Chabacano ist heute die Muttersprache von mehr als 10 000 Menschen in der Region von Manila und von mehr als 100 000 Menschen in Zamboanga City und Basilan Island (vgl. Frake, 1971: 224).

Der Wortschatz aller vier Varietäten leitet sich zu ca. 95 % vom Spanischen ab; in einigen Bereichen, z. B. bei Pflanzen- und Tiernamen, sind Entlehnungen aus philippinischen Sprachen (Tagalog, Cebuano) vorhanden; nur wenige Wörter stammen aus dem Englischen.

Unterschiede zum Spanischen bestehen natürlich auf der phonologischen, morphologischen und syntaktischen Ebene. Für unseren Zusammenhang ist das Verbalsystem von größtem Interesse, das funktionale (nicht formale) Übereinstimmung mit den Beispielen aus Tabelle 4 zeigt: Im Chabacano finden wir die Partikel *ya* zur Bezeichnung der Vergangenheit (Realis), *da* für den Irrealis, und *ta* markiert den progressiven bzw. habituellen Aspekt. Auch das Taga-

Karte 4
Das geographische Umfeld des Chabacano

log verfügt konzeptionell über ein ähnliches System, was eine Stützung der Verhältnisse im Chabacano bewirkt haben mag, ohne daß unmittelbare Interferenz angenommen werden muß.

Whinnom konnte zeigen, daß alle vier Varietäten des Chabacano historisch verwandt sind. Sie lassen sich aus einem spanisch-orientierten Pidgin ableiten, das in der Mitte des 17. Jahrhunderts von Ternate, der Hauptinsel der Molukken, nach Manila gelangt ist. Die Spanier hatten Ternate 1606 erobert, das vorher von den Portugiesen, dann von den Holländern besetzt war. Bei ihrer Ankunft fanden die Spanier eine portugiesisch-orientierte Verkehrssprache vor, deren Entstehung auf die portugiesische Besetzung der Molukken im frühen 16. Jahrhundert zurückweist. 1663 verließen die Spanier die Insel wieder, ebenso ihren Stützpunkt in Zamboanga, und zogen ihre militärischen Kräfte in Manila zusammen, das von den Chinesen bedroht wurde. Die Spanier nahmen eine Gruppe eingeborener Christen mit nach Manila, denen sie die Gründung eigener Siedlungen in der Manila Bay erlaubten, in der Nähe tagalogsprachiger Siedlungen.

Whinnom geht davon aus, daß während der Besetzung von Ternate durch die Spanier das Lexikon der dort vorhandenen portugiesischen Pidginvarietät einen tiefgreifenden Wandel erfahren hat, während die syntaktische Ebene relativ unberührt geblieben ist. Das Phänomen der radikalen lexikalischen Rekonstruktion, bei der die ursprünglich portugiesische Komponente durch eine spanische ersetzt wird, nennt Whinnom *Relexifizierung*. Reste des portugiesischen Lexikons sind auch im Chabacano erhalten geblieben, wobei zu berücksichtigen ist, daß nicht in jedem Fall eine Ableitung entweder aus dem Portugiesischen oder dem Spanischen eindeutig vorgenommen werden kann, was in der engen Verwandtschaft der beiden romanischen Sprachen begründet liegt (vgl. Taylor, 1960: 156).

Weitere sprachliche Beziehungen ergeben sich zum indischen Raum. In den portugiesisch-orientierten Pidginvarietäten von Goa und Ceylon finden wir nämlich dieselben Verbalpartikel wie im Chabacano:

Tab. 5

	Chabacano	Norteiro (Goa)	Ceylon
Realis	ya	ja	ja
Irrealis	da	di/queri	di/lo
Progressiv/Habituell	ta	ta	ta

So läßt sich das Chabacano sprachhistorisch über das philippinische portugiesisch-orientierte Pidgin mit den indo-portugiesischen Varietäten verknüpfen. Whinnom verfolgt diese historische Linie noch weiter zurück bis nach Westafrika. Noch heute finden wir im portugiesischen Cap Verde Creole die Partikel *ja, lo* und *ta* (vgl. Thompson, 1961: 110), was eine genetische Beziehung mit den indischen und pazifischen Varietäten plausibel erscheinen läßt.

Wie Thompson setzt auch Whinnom für die Zeit um 1500 die Existenz eines westafrikanischen portugiesisch-orientierten Pidgin an, das er schließlich aus der historischen Lingua Franca ableitet. Dafür wäre erneut ein Relexifizierungsprozeß zu postulieren, nämlich von der italienischen bzw. spanischen lexikalischen Basis zur portugiesischen Orientierung:

> (. . .) it occurred to me that Portuguese pidgin might itself be the product of a process similar to that which had produced the Philippine vernaculars, and I threw off the notion (loc. cit., pp. 9–10) that it might have been specifically "a kind of imitation of Sabir, the Lingua Franca of the Mediterranean". (Whinnom, 1965: 515)

Damit war die Hypothese des monogenetischen Ursprungs der europäisch-orientierten Pidgin- und Kreolsprachen formuliert. In dieser Theorie spielt die historische Kontinuität eine große Rolle, die dort, wo unterschiedliche lexikalische Komponenten einen individuellen Ursprung nahelegen, mit dem Rekurs auf das Prinzip der Relexifizierung gestützt wurde.

6.3. Die historischen Voraussetzungen für die monogenetische Theorie

Für Whinnoms Hypothese, daß die historische Lingua Franca die Quelle ist, aus der die europäisch-orientierten Pidgin- und Kreolsprachen über verschiedene Relexifizierungsprozesse abgeleitet werden können, lassen sich letztlich keine überzeugenden Argumente finden.[33] Auch hier befinden wir uns wieder in der Situation, daß uns über die frühen Stadien der betreffenden Pidginsprachen keine oder allenfalls vereinzelte Zeugnisse vorliegen. Die fragmentarischen und nicht selten widersprüchlichen Hinweise in zeitgenössischen Chroniken, Reiseberichten oder literarischen Dokumenten reichen nicht aus, um die sprachgeschichtliche Entwicklung einer Pidgin- bzw. Kreolsprache zu rekonstruieren. Die Authentizität vorhandener Belegstellen erhält auch dadurch nicht mehr Gewicht, daß sie häufig von Personen dokumentiert und kommentiert wur-

---

[33] Vgl. auch Tonkin (1971: 133): "(. . .) the Portuguese may have attempted to talk in a language already 'pidginized', the Sabir or Lingua Franca of the Mediterranean."

71

den, die nicht Sprecher der am Pidginisierungsprozeß beteiligten dominanten europäischen Sprache waren:

Dutch speakers were (. . .) the first to record Java Creole Portuguese, long before the Portuguese themselves acknowledged it in print. The earliest records of China Coast Pidgin English and China Coast Creole Portuguese were made by the Chinese, not the Europeans.

(Hancock, 1977b: 277)

Während eine Rückführung der europäisch-orientierten Pidgin- und Kreolsprachen auf die Lingua Franca problematisch bleibt, erscheint andererseits ihre Herleitung aus einer westafrikanischen portugiesischen Pidginvarietät plausibel, da hier eine Reihe interessanter historischer Zusammenhänge bestehen. Wir sind also darauf angewiesen, nicht-linguistische Fakten heranzuziehen, um Aussagen über sprachliche Abhängigkeiten machen zu können.

6.3.1. Zur Entstehung
des westafrikanischen portugiesisch-orientierten Pidgin

Im folgenden soll die Entstehung und Verbreitung des westafrikanischen portugiesisch-orientierten Pidgin beschrieben werden. Dazu ist es notwendig, den Weg Portugals zur Weltmacht kurz zu skizzieren.

In der ersten Hälfte des 15. Jahrhunderts begannen die Portugiesen, die Welt südlich des europäischen Festlandes zu erforschen und zu erobern. Heinrich der Seefahrer, portugiesischer Kronprinz und seit 1415 Gouverneur der nordafrikanischen Festung Ceuta, schuf dafür die mathematischen und technischen Voraussetzungen, zuerst mit der Errichtung einer Sternwarte in Sagres, dann mit der Gründung seiner berühmten Seefahrtsschule. Von dort leitete Heinrich die Entdeckung der westafrikanischen Küste ein. In einer Chronik des frühen 15. Jahrhunderts heißt es:

Prinz Heinrich ordnete an, daß seine Karavellen, bewaffnet für den Frieden und für den Krieg nach dem Land Guinea fahren sollten, in dem die Menschen vollkommen schwarz sind.

(Ki-Zerbo, 1981: 214)

Um 1425 werden Madeira und die Azoren (wieder)entdeckt, es folgen die Kapverdischen Inseln. 1450 erreicht der venezianische Kapitän Cadamosto, der in portugiesischen Diensten steht, die Mündungen des Senegal- und des Gambiaflusses. Beim Tod Heinrichs (1460) ist die westafrikanische Küste von Guinea bis Sierra Leone erkundet. 1481 errichten die Portugiesen an der ghanaischen Küste das Fort Elmina, und Johann II., seit 1481 König von Portugal, nennt sich mit Einverständnis des Papstes „Herr von Guinea".[34] Schon 1452 hatte Papst Nikolaus V. dem portugiesischen König Alfons V. Vollmacht über die heidnische Welt erteilt und zugleich Sklaverei und Sklavenhandel legitimiert (vgl. Loth, 1981: 69).

Es folgt die Entdeckung der Kongomündung, und 1487 umsegelt Bartholomeo Diaz das Kap der Guten Hoffnung. Schließlich entdeckt Vasco da Gama 1498 den Seeweg nach Indien. 1505 wird Francisco de Almeida Vizekönig von Indien, Alfonso de Albuquerque erobert 1510 Goa, und auch Ceylon wird portugiesischer Besitz. Zu Beginn des 16. Jahrhunderts werden auch in Südostasien die ersten portugiesischen Kolonien gegründet: 1512 erreichen die Portugiesen die als Gewürzinseln bekannten Molukken. Auf der Hauptinsel Ternate finden sie islamische Sultanate vor, die zugleich wichtige Handelszentren der Region sind. Der Portugiese Magalhães, der während der ersten Weltumsegelung (1519–1522) den Nachweis geführt hatte, daß die Erde rund ist, entdeckt 1521 die Philippinen und nimmt die nach Philipp II. von Spanien benannte Inselgruppe für Spanien in Besitz.

Damit sind die wichtigsten Stationen beschrieben, die nach Whinnom auch das westafrikanische portugiesisch-orientierte Pidgin auf seinem Weg nach Südostasien genommen haben muß.

Bei der Suche nach einem Seeweg nach Indien verbanden sich zwei Motivationsstränge in geradezu idealer Weise, ein missionarischer und ein wirtschaftlicher. Vasco da Gama notierte: „Wir suchen Christen und Gewürze" (vgl. Ki-Zerbo, 1981: 214). Vorausgegan-

---

[34] "Guinea" bezeichnet hier eine Region, die weit über die Grenzen des heutigen Staates gleichen Namens hinausreicht. Es umfaßt die westafrikanische Küste von Senegal bis Kamerun.

gen war die Eroberung Konstantinopels (1453) und der Balkanhalb-
insel – und damit die Blockierung der Mittelmeerwege und der alten
Karawanenstraßen, was eine empfindliche Störung des Handels
zwischen dem Abendland und dem Orient zur Folge hatte.

Auch unter dem Aspekt der Wirtschaftlichkeit schien die Suche
nach alternativen Transportwegen für die begehrten Handelsgüter
aus Asien (Pfeffer, Piment, Zimt, Ingwer, Seide) geboten. Auf dem
Weg nach Europa, insbesondere nach Italien, passierten diese Güter
zahlreiche Zwischenstationen, und alle Zwischenhändler (chinesische, persische, arabische, ägyptische und genuesische) verdienten
daran. So trafen die Gewürze zu völlig überhöhten Preisen in den
europäischen Apotheken und Küchen ein. Eine direkte Handelsver-
bindung nach Indien ließ also eine erhebliche Verbilligung dieser
Importgüter erwarten.

Gleichzeitig wurden die portugiesischen Unternehmungen auch
von einem starken missionarischen Interesse getragen, das gleichsam
die Idee der Kreuzzüge wiederaufleben ließ. Von Heinrich dem Seefahrer wissen wir, daß er den Islam sozusagen von der Flanke her
einkreisen und angreifen wollte. Die Mission folgte den Spuren der
portugiesischen und spanischen Entdecker und Eroberer und er-
schloß der Kirche große Einflußgebiete in Mittel- und Südamerika,
in Vorderindien, China und Japan.

Auf diese Weise vermählte sich die große christliche Absicht vortrefflich mit
der Begehrlichkeit des Handels.
(Ki-Zerbo, 1981: 215)

Portugal war neben Spanien zur Weltmacht aufgestiegen; Lissabon
lief den italienischen Häfen den Rang als führendes europäisches
Handelszentrum ab, und Anfang des 16. Jahrhunderts reichte das
portugiesische Handelsmonopol von Westafrika über das Arabische
Meer bis nach China.

Um 1500 wird die außereuropäische Welt vertraglich in eine östliche portugiesische und eine westliche spanische Hälfte geteilt.
Grenzregion sind die Kapverdischen Inseln.

Diese Grenzziehung der kolonialen Einflußsphären bestimmte in beträcht-
lichem Maße die Richtung der weiteren Expansion beider Länder und die

74

Funktion Portugals als Sklavenlieferant und Spaniens als Sklavenaufkäufer. Amerika und die Westindischen Inseln – die Gebiete der künftigen Verwendung von Afrikanern zu Sklavenarbeit – lagen mit Ausnahme Brasiliens in der spanischen Zone, Afrika – die Quelle, aus der die Sklaven kamen – und Brasilien in der Zone der Portugiesen.
(Loth, 1981: 71)

Nach Entdeckung und Eroberung folgt die Zeit der Besiedlung und Kolonialisierung. Damit wird ein unglaubliches Wettrennen um die koloniale Vorherrschaft eingeleitet, das erst 400 Jahre später mit der Aufteilung der Welt unter die europäischen Mächte beendet war.

Whinnom vermutete, daß im 15. Jahrhundert ein portugiesisch-orientiertes Pidgin im Kontakt zwischen Portugiesen und Afrikanern in den Stützpunkten, Garnisonen und Faktoreien an der westafrikanischen Küste entstand, dort also, wo sich der Austausch und Umschlag von Gold, Elfenbein, Gewürzen und Sklaven abspielte.

6.3.2. Die sog. *reconnaissance language*

Naro (1978) hat aufgrund historischer und literarischer Quellen nachgewiesen, daß ein direkter Kontakt zwischen Portugiesen und Afrikanern in Afrika nicht vor dem letzten Viertel des 15. Jahrhunderts stattgefunden hat.

Auf den von Heinrich dem Seefahrer ausgerüsteten Schiffen wurden nämlich immer auch Dolmetscher mitgeführt, die zwischen den Portugiesen und den Afrikanern vermittelten. Dabei handelte es sich auf den ersten Reisen um Araber oder arabischsprechende Europäer. Südlich der Sahara erwiesen sich Arabischkenntnisse aber als nutzlos, und so wurde nach neuen Kommunikationsmöglichkeiten gesucht. In der jeweiligen Region wurden Afrikaner gefangengenommen und nach Portugal gebracht. Dort erhielten die Gefangenen portugiesischen (oder spanischen) Sprachunterricht und wurden dann auf späteren Reisen als Dolmetscher eingesetzt. Schon 1435 soll Heinrich der Seefahrer den Kapitänen seiner Schiffe Order gegeben haben, potentielle eingeborene Dolmetscher (auch mit Gewalt) aufzugreifen.

Der Venezianer Cadamosto, der im Auftrag Heinrichs Entdeckungsfahrten nach Gambia unternahm, berichtet folgendes:

... each of our ships had negro interpreters aboard brought from Portugal ... These slaves had been made Christian in Portugal and knew Spanish well.
(Vgl. Naro, 1978: 317)

In einer anderen Quelle finden wir dies bestätigt:

And the Portuguese made peace with them through their negro interpreters, whom they had captured earlier and taught their language.
(Vgl. Naro, 1978: 317f.)

Dazu kommt die Überlegung, daß eine rudimentäre Kommunikation in der Situation des Kaufens, Tauschens und Handelns auch mit Hilfe von Zeichensprache möglich ist.

Aus solchen Befunden schließt Naro, daß ein portugiesisch-orientiertes Pidgin nicht auf afrikanischem Boden, sondern um 1440 in Portugal selbst entstanden sein muß. Dieses Pidgin nennt er *reconnaissance language* [35].

Aufgrund literarischer Belege können wir uns ein Bild von diesem sprachlichen System machen. Naro zitiert einen Text von 1570, der einen Dialog zwischen einer schwarzen Sklavin und einem Weißen enthält. Beide Personen verwenden die *reconnaissance language*. Der Portugiese stellt der Sklavin z. B. folgende Fragen:

Quanto ano Portugal?
(How much year Portugal?)
Quanto ano? Não tender?
(How much year? No understand?)
Como chamar terra vosso?
(How call your land?)

Die Sklavin erwidert folgendes:

---

[35] *Reconnoitre* "go to or near (a place or area occupied by enemy forces) to learn about their position, strength etc."; *reconnaissance* "survey of any kind of work before it is started" (Oxford Advanced Learner's Dictionary of Current English, 1974).

Terra meu nunca saber.
Pera que bosso perguntà?
Esse cousa nunca ouvir.
(My land not know.
Why you ask?
This thing I never hear.)
(Vgl. Naro, 1978: 321 f.)

Dieser Text zeigt eine Reihe von Merkmalen, die uns schon von der
historischen Lingua Franca her bekannt sind: Der Plural bei *quanto
ano* wird nicht markiert; die Kopula fehlt; ebenso die lokale Präposition; *(en)tender* erscheint im Infinitiv, ebenso *chamar; vosso* (masc.)
korrespondiert nicht mit *terra* (fem.); *nunca* 'niemals' fungiert als
einfache Negationspartikel; *saber* und *ouvir* erscheinen wieder im
Infinitiv; *esse* (Demonstrativum) korrespondiert nicht mit *cousa*.
Aus anderen Texten kommt noch die Beobachtung hinzu, daß
Tempus- und Aspektverhältnisse mit Hilfe separater Partikel ausgedrückt werden (*logo* 'sofort' – Futur; *ja* 'schon' – Vergangenheit).
Die *reconnaissance language* zeigt also viele derjenigen strukturellen Merkmale, die generell für Pidginsprachen charakteristisch sind.
Damit ist allerdings der Pidginstatus dieses sprachlichen Systems
noch nicht etabliert. Wie bei der Lingua Franca bleibt noch offen, ob
die Distanz von der lexikalisch verwandten romanischen Sprache so
gravierend ist, daß von einer strukturellen und funktionalen Eigenständigkeit gesprochen werden kann, oder ob nicht doch eher eine
lernersprachliche Varietät des Portugiesischen vorliegt.
Die in Portugal entstandene Pidginvarietät wurde dann um 1500
von seßhaften portugiesischen Händlern und Siedlern auf den Kapverdischen Inseln verwendet und von dort in den Stützpunkten und
Faktoreien an der westafrikanischen Küste, über Südafrika und
Indien bis nach Südostasien verbreitet.
Die Hypothese der Ableitung dieses Pidgin aus der historischen
Lingua Franca – für die gleichzeitig ein Prozeß der Relexifizierung
postuliert werden muß – lehnt Naro nicht völlig ab, hält sie aber
letztlich nicht für verifizierbar. Voraussetzung für eine solche Abhängigkeit wäre ein direkter Kontakt zwischen Sprechern der Lingua Franca und Sprechern des portugiesisch-orientierten Pidgin, für

den es aber nur wenige Anhaltspunkte gibt. Allenfalls könnten in Nordafrika derartige Begegnungen stattgefunden haben, die aber kaum so intensiv gewesen sein können, daß sich daraus ein Relexifizierungsprozeß ableiten ließe.

Immerhin besteht die Möglichkeit, daß die östliche, also die italienische Varietät der Lingua Franca das portugiesisch-orientierte Pidgin in gewisser Weise beeinflußt hat. In Lissabon hat es nämlich schon um 1350 eine einflußreiche italienische Kolonie gegeben, die enge Beziehungen zum portugiesischen Hof unterhielt:

This presence in court circles of Italians who undoubtedly had had previous contact with the eastern Mediterranean provided a direct route for the introduction of Eastern Sabir into Portugal.
(Naro, 1978: 339)

Abschließend bleibt festzuhalten, daß die Position der historischen Lingua Franca in dem Netz genetischer Beziehungen zwischen den europäisch-orientierten Pidgin- und Kreolsprachen nicht eindeutig zu bestimmen ist.

6.4. *Die polygenetische Theorie*

Die bisherigen Überlegungen haben gezeigt, daß wir generell davon ausgehen müssen, daß Pidgin- und Kreolsprachen auch zeitlich und räumlich unabhängig voneinander entstehen, wenn vergleichbare linguistische und soziale Kontaktbedingungen gegeben sind. Dies deckt sich mit der Annahme, daß Pidginisierungsprozesse wesentlich von universellen Sprachentwicklungsmechanismen gesteuert werden, auf die das Individuum in Situationen mit spezifischen kommunikativen Voraussetzungen zurückgreifen kann. Auf diese spracherwerbstheoretische Perspektive werde ich in Kap. 7 ausführlicher eingehen.

Als allgemeines historisches Erklärungsprinzip für die Entstehung von Pidgin- und Kreolsprachen kann also nur ein polygenetischer Ansatz in Frage kommen. Innerhalb dieses generellen Rahmens muß dann jeweils untersucht werden, inwieweit einzelne

Sprachen ein Netz sprachhistorischer Bezüge konstituieren. So wird man auch einer Trennung sprachhistorischer und spracherwerbstheoretischer Faktoren näherkommen.

Im folgenden soll daher die Herleitung der karibischen englisch-orientierten Pidgin- und Kreolsprachen weiterverfolgt werden, für die zwei Vorschläge gemacht worden sind: Der eine lehnt sich stärker an die monogenetische Perspektive an, indem er eine Herleitung aus dem in Kap. 6.3. beschriebenen westafrikanischen portugiesisch-orientierten Pidgin annimmt, der andere betont die polygenetische Perspektive, indem er davon ausgeht, daß die karibischen englisch-orientierten Pidgin- und Kreolsprachen aus einem westafrikanischen englisch-orientierten Pidgin abgeleitet werden können, das neben dem portugiesisch-orientierten existiert hat.

6.4.1. Zur Geschichte des Sranan und des Saramaccan Creole

Die Suche nach dem ältesten englisch-orientierten Pidgin im karibischen Raum führt über Barbados nach Surinam. Auch hier ist es unerläßlich, zunächst wenigstens einen groben Abriß der relevanten historischen Zusammenhänge zu entwickeln.

Die Engländer erschienen erst um 1625 in der Karibik, also lange nach Eroberung und Ausbeutung der Region durch die spanische Conquista. Sie ließen sich 1623 auf St. Kitts (Leeward Islands) nieder, 1627 auf Barbados. Drei Jahre später dehnten sie ihren Einflußbereich weiter nach Süden aus und siedelten mit ihren Sklaven in Surinam, das 1651 britische Kolonie wurde. Surinam blieb nur 16 Jahre in britischem Besitz, 1667 wurde es im Tausch gegen Neu Amsterdam (New York) an die Holländer abgetreten. 1655 schließlich wurde auch Jamaica britische Kolonie, nachdem die Spanier von der Insel vertrieben worden waren. Für die Entstehung und Verbreitung englisch-orientierter Pidgin- und Kreolvarietäten in der Karibik sind neben den großen Kolonien weiter auch kleinere Siedlungen von Interesse, wie wir sie beispielsweise an der Küste Nicaraguas, auf den kolumbianischen Inseln San Andrès und Providencia, oder auch in Belize vorfinden (vgl. Holm, 1983a).

Zunächst wird in den britischen Kolonien der Anbau von Tabak betrieben, bald kommen auch Zuckerrohrpflanzungen hinzu. Und mit dem Aufblühen der Plantagenwirtschaft wächst sprunghaft der Bedarf an Arbeitskräften, der seit Mitte des 17. Jahrhunderts durch den ständig steigenden Import westafrikanischer Sklaven gedeckt wird. Bis 1700 werden bereits mehr als 260 000 Afrikaner in britische Kolonien verschleppt[36], die Hälfte davon nach Barbados, das im ganzen 17. Jahrhundert Zentrum des westindischen Sklavenhandels war. Im 18. Jahrhundert[37], für das der Import von insgesamt fast zwei Millionen Sklaven in die britischen Territorien (einschließlich Nordamerikas) angesetzt wird, übernimmt Jamaica die führende Rolle.

Ursprünglich wurde der Anbau von Zuckerrohr auf Madeira betrieben, und von dort nahmen die Portugiesen das System mit nach Brasilien, wo seit 1530 Plantagen bewirtschaftet wurden (vgl. Loth, 1981: 76). Schon ab Mitte des 16. Jahrhunderts kommt es zu ersten Massendeportationen afrikanischer Sklaven nach Brasilien, also ein ganzes Jahrhundert vor dem Transfer von Sklaven in die britische Karibik. Von Brasilien gelangte der Anbau von Zuckerrohr mit den Holländern nach Surinam, und schließlich entwickelten Engländer und Franzosen, vor allem auf Jamaica und Santo Domingo, das System zur Perfektion; es entstand eine extrem auf Zuckerrohr spezialisierte Agrarwirtschaft, die auf den Prinzipien von Großgrundbesitz und Sklavenarbeit basierte.

Mit Sicherheit hat sich bis 1667 in Surinam ein englisch-orientiertes Pidgin (evtl. auch schon in kreolisierter Form) etabliert, eben zu dem Zeitpunkt also, als viele englische Pflanzer mit ihren Sklaven das Land verließen und sich nach West-Jamaica zurückzogen. Noch heute werden im multiethnischen Surinam drei englisch-orientierte Kreolsprachen gesprochen[38], deren Entstehung auf diese frühe Pid-

[36] Das ist allerdings nicht einmal die Hälfte der Summe, die für denselben Zeitraum für Brasilien veranschlagt wird (vgl. Curtin, 1969: 119).

[37] Genauer: von 1701–1810 (vgl. Curtin, 1969: 140).

[38] Nach der Volkszählung von 1971 waren 37 % der Einwohner Surinams indischer Abstammung, 31 % waren Kreolen (Nachkommen ehemaliger Negersklaven), 16 % Indonesier (Javaner), 10 % Buschneger, 3 % Indianer,

ginvarietät des 17. Jahrhunderts zurückgeführt wird (vgl. Voorhoeve, 1973). Es handelt sich (1) um das Sranan, das im nördlichen Küstenbereich, in Paramaribo und den umgebenden Distrikten von Schwarzen, Javanesen und Chinesen gesprochen wird; (2) das Saramakkanische (vgl. schon Schuchardt, 1914), das von den *Central bush negroes* im Landesinneren, besonders an den Ufern der großen Flüsse, gesprochen wird; diese Varietät entstand noch im 17. Jahrhundert, als Gruppen von Sklaven von den holländischen Plantagen ins Landesinnere flohen, wo sie eigene Siedlungen gründeten und in relativer Isolation lebten; und schließlich (3) das Djuka, eine spätere Varietät des Sranan, die im Osten des Landes von den *Eastern bush negroes* gesprochen wird.

Das Datum 1667 sollte allerdings nicht überbewertet werden. Auch nach Übernahme der Kolonie durch die Holländer verschwand das Englische nicht ganz aus Surinam. Nicht alle englischen Pflanzer flohen aus Surinam, und es wird berichtet, daß die Holländer das Pidgin der Schwarzen tolerierten und zum Teil auch selbst benutzten (vgl. Rens, 1953; Cassidy, 1964: 270). Aus der Blütezeit der holländischen Kolonialmacht im 17. Jahrhundert wird folgendes berichtet:

(. . .) the Dutch were said to be 'more interested in spreading Dutch trade than the Dutch language or culture' (. . .), and to use the Pidgin Portuguese already established. This also happened in Surinam with Negro-English, and with Portuese at the Cape (. . .). Portuguese was used to servants, slaves, and townspeople at Elmina (. . .)
(Tonkin, 1971: 142)

Von 1799 bis 1802 und 1804 bis 1811 war Surinam noch einmal in englischem Besitz, danach blieb es endgültig holländische Kolonie, und der Einfluß des Niederländischen, insbesondere auf die Varietät der Küstenregion, nahm zu.

An die Ereignisse des Jahres 1667 knüpft sich auch die Theorie, nach der das Jamaican Creole seinen Ursprung in Surinam hat. Ein Vergleich zwischen dem Sranan und dem Jamaican Creole zeigt, daß

1 % Europäer, 2 % Sonstige (vgl. Der Große Brockhaus, 1977–1981: Stichwort ›Surinam‹).

beide weitgehende strukturelle Übereinstimmungen aufweisen, daß aber das Sranan deutlich einen älteren Sprachzustand repräsentiert, während im Jamaican Creole aufgrund des ständigen Kontakts mit dem Englischen ein Dekreolisierungsprozeß eingesetzt hat, bei dem ältere Formen durch modellähnlichere ersetzt werden.

Auf der morphophonologischen Ebene z. B. zeigt das Surinam Creole (mit diesem Ausdruck faßt Cassidy [1964] die drei genannten Varietäten zusammen) noch deutlich afrikanische Einflüsse: es hat eine Regel bewahrt, nach der generell alle Wörter auf Vokal enden, vgl. z. B. *fési* 'face', *bikássi* 'because', *brakka* 'black'; im unbetonten Auslaut, der im Englischen einen Schwa-Laut enthält, finden wir volle Vokalqualität, z. B. in *botro* 'butter', *sisa* 'sister', *hebi* 'heavy'. Im Jamaican Creole, wie auch in den anderen verwandten Kreolvarietäten, sind nur noch isolierte Formen dieses Typs erhalten, z. B. *yeri* 'hear', *mosi* 'must', *wara* 'what' (vgl. Cassidy, 1964: 271).

Auf der lexikalischen Ebene weist das Surinam Creole ebenfalls konservativere Züge als das Jamaican Creole auf, was sich insbesondere in einem höheren Anteil von Wörtern nachweislich portugiesischen Ursprungs zeigt (vgl. Cassidy, 1964: 274f.; Cassidy, 1971). Während für Wörter des Surinam Creole wie *dobru* 'double', *pinà* 'be in pain', *karta* 'card(s)', oder *ouru* 'hour' eindeutig ein portugiesischer Ursprung angenommen werden kann *(dobro, penar, carta* und *hora),* ist dies für die Äquivalente im Jamaican Creole keineswegs sicher; *dobl, pien, kyaad* und *auwa* könnten auch direkt aus dem Englischen übernommen worden sein bzw. auf ein zugrundeliegendes englisch-orientiertes Pidgin verweisen.

Die portugiesische Komponente im Wortschatz des Jamaican Creole beschränkt sich heute auf wenige Wörter, die wir auch in Kreolsprachen mit anderer lexikalischer Orientierung finden. Wörter wie *savvy* 'to know', *pickaninny* 'small', *dobl* 'double', *candle* 'lamp, candle', *paen* 'garment worn by slave children', *sampata* 'rough sandal' bezeichnet Cassidy (1964) als Teil eines *common core,* der auf eine gemeinsame Vorstufe dieser Kreolsprachen zurückverweist. Drei Beispiele sollen hier etwas genauer beschrieben werden (vgl. Cassidy, 1971: 207–209):

(a) *savvy* 'to know'. Dieses Wort ist in den meisten europäisch-orientierten Pidgin- und Kreolsprachen zu finden. Seine Verbreitung in Afrika, Indien, China und Südostasien, also eben jenen Regionen, die zum Kolonialreich der Portugiesen gehörten, macht die etymologische Herleitung aus dem portugiesischen *saber* wahrscheinlicher als die aus dem spanischen Äquivalent. Die ältere *b*-Form taucht in der ersten Hälfte des 17. Jahrhunderts in der Karibik auf; sie ist noch im Sranan, in den Kreolvarietäten von St. Thomas, Principe & Annabon, im Krio, im Cameroons, im Beachla-mar u. a. erhalten. Im Jamaican Creole wurde sie durch die jüngere *v*-Form ersetzt. *Mi no sabi* ist längst archaischer Gebrauch, *mi no nuo* die heute übliche Form.

(b) *pickaninny* 'small'. Der erste Beleg des Oxford English Dictionary stammt aus Barbados von 1657 und referiert hier auf ein neugeborenes Kind. Das Wort bezieht sich aber nicht nur auf (schwarze) Kinder oder überhaupt belebte Referenten. Im Jamaican Creole finden wir *pikini*, später *pikni*. Das Sranan hat noch das romanische Akzentmuster bewahrt: *pikién*. Die geographische Verbreitung des Wortes läßt wiederum auf einen portugiesischen Ursprung schließen, entweder *pequeno* oder, wahrscheinlicher, die Diminutivform *pequenino*.

(c) *dobl* 'double'. Hier könnten mehrere Sprachen die Quelle sein: span. *doble*, frz. *double*, engl. *double*. Das Sranan hat aber mit *dóbru* eine Form bewahrt, die deutlich einen portugiesischen Ursprung reflektiert: *dobro*. Das *l* im Jamaican Creole läßt sich so als jüngere, vom Englischen beeinflußte Form erklären.

Beispiele dieser Art, die in ihrer Zahl ohnehin begrenzt sind, zeigen, mit wieviel Unsicherheitsfaktoren etymologische Überlegungen belastet sind. Aufgrund derartigen Materials läßt sich nicht entscheiden, ob diese Wörter direkt aus einem westafrikanischen portugiesisch-orientierten Pidgin oder indirekt über ein englisch-orientiertes Pidgin ins Jamaican Creole gekommen sind.

Im Vergleich mit dem Jamaican Creole erweist sich das Sranan also als dasjenige System, das noch einen älteren Sprachzustand repräsentiert, während das Jamaican Creole, das seit mehr als dreihundert Jahren in direktem Kontakt mit dem Englischen existiert, viele konservative Züge verloren hat.

Das Sranan stellt nun aber seinerseits eine jüngere Entwicklung dar, und zwar im Vergleich mit dem Saramaccan Creole. Das saramakkanische Lexikon enthält nämlich einen Anteil portugiesischer Wörter, der mit 37 % des gesamten Wortschatzes zu hoch ist, als daß er sich allein durch Entlehnung *(borrowing)* erklären ließe. Vielmehr werden hier Reste einer älteren portugiesischen Pidginvarietät vermutet, die im Sranan (und noch mehr im Jamaican Creole) fast ganz verschwunden sind. Vgl. dazu die folgende Tabelle, die auf Voorhoeve (1973: 138 f.) basiert:

Tab. 6

	Wörter englischer Herkunft	Wörter portugiesischer Herkunft	Wörter holländischer Herkunft
Sranan	76 %	5 %	16 % [39]
Djuka	81 %	3 %	14 %
Saramaccan Creole	54 %	37 %	4 %

Unterstützt wird die Theorie eines portugiesisch-orientierten Pidgin als Modell für das Surinam-Creole durch die Beobachtung, daß das Saramakkanische einige Synonymenpaare enthält, deren einer Bestandteil aus dem Portugiesischen, der andere aus dem Englischen stammt. So finden wir im Saramakkanischen *buúu|sangá* 'blood', *diíngi|bebé* 'drink', *hói|panjá* 'hold', *dé|a(l)lá* 'there' – im Sranan dagegen nur *brúdu, dríngi, óri, de* (vgl. Voorhoeve, 1973; 139).

Nach diesen Überlegungen sind das Sranan und das Saramakkanische aus einer gemeinsamen Vorstufe abzuleiten, nämlich dem westafrikanischen portugiesisch-orientierten Pidgin. Das Sranan hat einen sog. Relexifizierungsprozeß zum Englischen hin durchlaufen, der den Wortschatz, aber nicht die Struktur dieser Sprache entscheidend verändert hat. Dieser Relexifizierungsprozeß ist im Saramakkanischen unvollendet geblieben, bedingt durch die Isolation, in der

---

[39] Die verbleibenden Prozentzahlen (3 %, 2 %, 4 %) beziehen sich auf den minimalen Anteil von Wörtern afrikanischer Herkunft.

sich die Sprache nach der Trennung von der gemeinsamen Vorstufe weiterentwickelt hat. Aus der Dialektologie wissen wir, daß sich ältere Sprachzustände in der Distanz vom politischen und kulturellen Zentrum der jeweiligen Sprachgemeinschaft erhalten. Bezogen auf die Pidgin- und Kreolsprachen im karibischen Raum erweist sich danach diejenige Varietät als die ältere von zwei Varietäten,

– die mehr portugiesische Elemente enthält;
– die (mehr) Synonymenpaare mit Wörtern unterschiedlicher etymologischer Herkunft (hier unter Beteiligung des Portugiesischen) enthält;
– die mehr Wörter bzw. Bedeutungen enthält, die zwar etymologisch auf die verwandte europäische Standardsprache zurückgeführt werden können, in dieser aber als archaisch zu werten sind (auf diesen Punkt komme ich im Abschnitt 6.4.2. noch zurück).

Die Theorie, nach der das westafrikanische portugiesisch-orientierte Pidgin des 16. Jahrhunderts das Modell für die ersten karibischen englisch-orientierten Pidgin- und Kreolvarietäten war, erscheint auch historisch plausibel. 1621 wurde die Niederländische Westindische Kompanie gegründet, und seit 1624 beteiligten sich auch die Niederländer am westafrikanischen Sklavenhandel, über den sie zeitweise sogar das Monopol besaßen. Die Holländer besetzten eine Reihe portugiesischer Handelsstützpunkte in eben jenen westafrikanischen Regionen, nämlich Guinea und Angola, aus denen die Mehrzahl der Sklaven stammt, die für die britischen Territorien bestimmt waren. Diese Sklaven dürften die portugiesische Pidginvarietät gesprochen haben.

6.4.2. Die Herleitung der karibischen englisch-orientierten Pidgin- und Kreolsprachen aus dem westafrikanischen englisch-orientierten Pidgin

Es ist andererseits die Hypothese vertreten worden, nach der bereits auf westafrikanischem Boden ein englisch-orientiertes Pidgin existiert hat, das als Vorstufe für alle karibischen englisch-orientierten Pidgin- und Kreolsprachen angesehen werden kann. In ihrer stärksten Version wurde sie von Cassidy vertreten:

We propose that a pidgin language was formed for trade purposes in the late sixteenth and early seventeenth centuries between Englishmen in ships and Africans ashore, that this pidgin became the common medium of communication wherever English-speakers and African-speakers had dealings, and that ultimately it formed the basis, partly or wholly, of all the English-African pidgins and creoles that have since come into existence.
(Cassidy, 1964: 268)

Eine schwächere Form vertritt Hancock:

(. . .) with the coming of the English to West Africa in the sixteenth century an English-derived pidgin became established concurrently with the Portuguese and was almost certainly much influenced by it.
(Hancock, 1969: 12)

Die portugiesischen Elemente im Sranan und im Jamaican Creole werden in dieser Theorie durch Entlehnung aus dem älteren portugiesisch-orientierten Pidgin erklärt.

Eine erste Betrachtung der relevanten Fakten läßt diese Annahme durchaus plausibel erscheinen. Die Engländer traten zuerst 1553 an der westafrikanischen Küste in Erscheinung. Bis zu ihren ersten Aktivitäten in der Karibik vergingen 70 Jahre, mehr als genug also für die Ausbildung einer Pidginvarietät. Der erste konkrete Hinweis auf eine westafrikanische Varietät des Englischen stammt aber erst aus dem Jahre 1732 (vgl. auch Hancock, 1977b: 282). In seiner Schilderung der sprachlichen Situation an der westafrikanischen Küste gegen Ende des 17. Jahrhunderts schreibt Barbot über Sierra Leone:

Most of the Blacks about the bay speak either *Portuguese* or *Lingua Franca*, which is a great convenience to the Europeans who come hither, and some also understand a little *English* or *Dutch*.
(Tonkin, 1971: 133 f.)

Es ist keineswegs sicher, daß mit "a little English" eine pidginisierte Form gemeint ist; ebensowenig kann die Erwähnung der "Lingua Franca" unmittelbar auf die historische Lingua Franca bezogen werden. Nach wie vor müssen wir davon ausgehen, daß (pidginisierte) Varietäten des Portugiesischen das wichtigste sprachliche Vermittlungssystem an der ganzen westafrikanischen Küste darstellten.

Portuguese was the first European language used on the West African coast, and, as in the rest of the Portuguese empire, not only was it the language of communication between European and native but it remained, as a lingua franca, the accepted language which succeeding Europeans had to learn. (Tonkin, 1971: 132)

Von erheblichem Interesse ist in diesem Zusammenhang die Verbreitung des Englischen an der westafrikanischen Küste, über die wir einen gewissen Aufschluß aus der Verteilung englischer Siedlungen erhalten. Wie erwähnt, erschienen die Engländer 1553 in Westafrika; dabei handelte es sich um eine Fahrt in das alte Königreich Benin. Auf dieser Fahrt wurden die Engländer von portugiesischen Führern bzw. Dolmetschern begleitet.

Tonkin (1971) hat die Distribution europäischer Siedlungen an der Guinea-Küste von ca. 1450 bis 1750 untersucht, also vom Zeitpunkt der Verbreitung des ersten portugiesisch-orientierten Pidgin bis zur Erwähnung des Englischen durch Barbot. Eindeutig zeigt sich für den gesamten Zeitraum ein Übergewicht der Portugiesen.

Tonkin gliedert die 'Guinea-Küste' in elf Regionen: Senegal, Goree, Gambia, Cachau/Bissau, Sierra Leone/Sherbo, Grain Coast, Gold Coast, Whydah, Benin/Gatto, Bonny/Calabar/Cameroons und São Thomé/Principe (vgl. Tonkin, 1971: 140f.). Während von 1550 bis 1650 in acht der genannten Regionen portugiesische Siedlungen nachweisbar sind, gilt das für englische Siedlungen nur in vier Regionen (Gambia, Sierra Leone/Sherbo, Whydah, Benin/ Gatto). Nur in einem einzigen Fall (Whydah) hat es in diesem Zeitraum größere befestigte Anlagen gegeben ("castles and larger fortified posts"), während sonst nur kleinere Faktoreien nachweisbar sind ("smaller factories, lodges; independent traders"). In den folgenden einhundert Jahren (bis 1750) kommt nur eine weitere Region hinzu (Gold Coast) und für vier der nun insgesamt fünf Regionen werden größere Anlagen notiert.

Auch wenn wir berücksichtigen, daß auf den Schiffen, die ja überall in Westafrika anlegen konnten, auch ganz andere Nationalitäten vertreten gewesen sind als auf dem Festland,[40] so erscheint es doch eher unwahrscheinlich, daß schon in dem für den karibischen Zusammenhang relevanten Zeitraum bis 1650 ein englisch-orientiertes Pidgin in Westafrika eine weite Verbreitung gefunden hat.

Erst um 1700 erlangt auch das Englische bzw. pidginisierte Formen des Englischen neben dem Portugiesischen eine größere Bedeutung als Handelssprache an der Goldküste, so daß erst von diesem Zeitpunkt an mit einer direkten Beeinflussung der karibischen Pidgin-Varietäten gerechnet werden kann.

Von großem Interesse sind hier die strukturellen Übereinstimmungen zwischen den karibischen und westafrikanischen englisch-orientierten Pidgin- und Kreolsprachen, die als Hauptargument für eine direkte genetische Beziehung beider herangezogen werden. Hancock (1977b: 282) führt eine Reihe von englischen Wörtern bzw. Bedeutungen aus der Karibik und Westafrika an, die im Englischen seit etwa 1600 nicht mehr belegt sind; dazu gehören z. B. *customant* 'customer', *poork poynt* 'porcupine', *cheek* 'chin', *lighten* 'lightning', *even* 'evening', *peradventure* 'perhaps'. Ähnliches gilt für kreolische Betonungsmuster, die einen aus englischer Sicht archaischen Sprachzustand reflektieren: *charácter, propertý, penknífe*. Weiter werden Beispiele wie neuengl. *boy* [bɔɪ] angeführt, deren Aussprache im Kreolischen, z. B. [bwaɪ], die englische Aussprache des 16. und 17. Jahrhunderts reflektiert.

Aus solchen Beispielen wird geschlossen, daß die betreffenden Formen schon auf westafrikanischem Boden in eine Pidginvarietät Eingang gefunden haben müssen, da sie nach 1600, zur Zeit, als die Karibik von den Engländern erobert und kolonialisiert wurde, in der englischen Sprache schon nicht mehr vorhanden waren.

Immer wieder wird in diesem Zusammenhang auf die letzte Er-

---

[40] Auf diesem Argument basiert die sog. *nautical jargon theory* (vgl. Todd, 1974: 32 f.). In seiner Dissertation von 1938 beschreibt Reinecke, wie die multilinguale Mannschaft eines Schiffes innerhalb weniger Monate einen gemeinsamen Wortschatz von ca. 300 Wörtern entwickelt.

wähnung eines Wortes bzw. einer Bedeutung im ›Oxford English Dictionary‹ (OED) hingewiesen. Dies ist aber keineswegs ein überzeugendes Argument dafür, daß Phänomene der englischen Sprache nach 1600 für die Entstehung bzw. Fortentwicklung einer Pidginvarietät etwa nicht mehr von Bedeutung sind.

Das OED verarbeitet schriftliche, meist hochsprachliche und überdies literarische Quellen. Und gerade diese Varietäten des Englischen dürften am wenigsten an Pidginisierungsprozessen beteiligt gewesen sein. Es gibt zudem keine Hinweise darauf, daß etwa viele der ersten Kolonisten lesen und schreiben konnten. Dies führt zu der Vermutung, daß gerade englische Dialekte einen maßgeblichen Einfluß auf den Wortschatz englisch-orientierter Pidginsprachen gehabt haben. Aus der Dialektologie ist bekannt, daß sich in regionalen Varietäten eines Sprachsystems in vielen linguistischen Bereichen ältere Erscheinungen erhalten, die im Standard als archaisch gelten oder schon ganz verschwunden sind.

In der Tat gibt es Belege für die Hypothese, daß zahlreiche spezifisch kreolsprachliche Ausdrücke, die wir noch heute im karibischen und westafrikanischen Raum finden, aus britischen Dialekten abgeleitet werden können. In seiner Untersuchung des Miskito Coast Creole (einer englisch-orientierten Kreolsprache, die an der Karibikküste Nicaraguas gesprochen wird) hat John Holm für 160 Wörter Formen mit äquivalenten Bedeutungen in britischen Dialekten gefunden. Zu diesen Wörtern gehören z. B. die folgenden, die mir alle auch aus dem Belizean Creole bekannt sind: *back* 'carry on back', *bawl* 'shout, cry', *carry* 'take, escort', *evening* 'afternoon', *full* 'to fill', *goddy* 'godmother', *learn* 'teach', *lick* 'a blow', *mager* 'skinny', *man* 'term of address', *whe* 'that, which, who', *yerry* 'hear, understand' (vgl. Holm, 1981: 47ff.).

Drei Dialektgebiete treten in dieser Untersuchung als Quelle deutlich hervor: Schottland mit 21 % der analysierten Ausdrücke, die nördlichen Dialektgebiete (Northcountry) mit 20 % und Irland mit 15 %. Wir müssen also auch dann mit einer direkten Beeinflussung karibischer (und westafrikanischer) englisch-orientierter Pidgins rechnen, wenn die entsprechenden Ausdrücke um 1600 nicht mehr Bestandteil der englischen Standardsprache waren.

Zusammenfassend stellt sich die Geschichte der karibischen englisch-orientierten Pidgin- und Kreolsprachen als vielschichtiger Prozeß dar, in dem mehrere Entwicklungslinien und Einflußquellen zusammenwirken. In meiner Interpretation der fragmentarischen historischen und linguistischen Zusammenhänge hat die westafrikanische portugiesische Pidginvarietät als Modell für die erste englisch-orientierte Pidginvarietät in der Karibik gedient. Diese Annahme schließt für das Sranan und das Saramakkanische einen Relexifizierungsprozeß ein, wobei offenbar britische Dialekte eine entscheidende Rolle als Zielsprache gespielt haben. Nach der Entstehung englisch-orientierter Pidginvarietäten in Westafrika, bei der ebenfalls ein Einfluß des älteren portugiesisch-orientierten Pidgin wahrscheinlich ist, ohne daß eine Relexifizierung angenommen werden muß, und mit der Beteiligung der Engländer am atlantischen Sklavenhandel in der 2. Hälfte des 17. Jahrhunderts ist mit stärkeren direkten Einflüssen aus Westafrika zu rechnen.

Die Entstehung westafrikanischer portugiesisch-orientierter und englisch-orientierter Pidginvarietäten unabhängig voneinander steht nicht im Widerspruch zu syntaktischen und lexikalischen Gemeinsamkeiten – erstere lassen sich als Resultat allgemeiner Sprachentwicklungsmechanismen erklären, letztere durch Entlehnung. Aus diesen Überlegungen lassen sich die folgenden vorläufigen historischen Bezüge rekonstruieren:

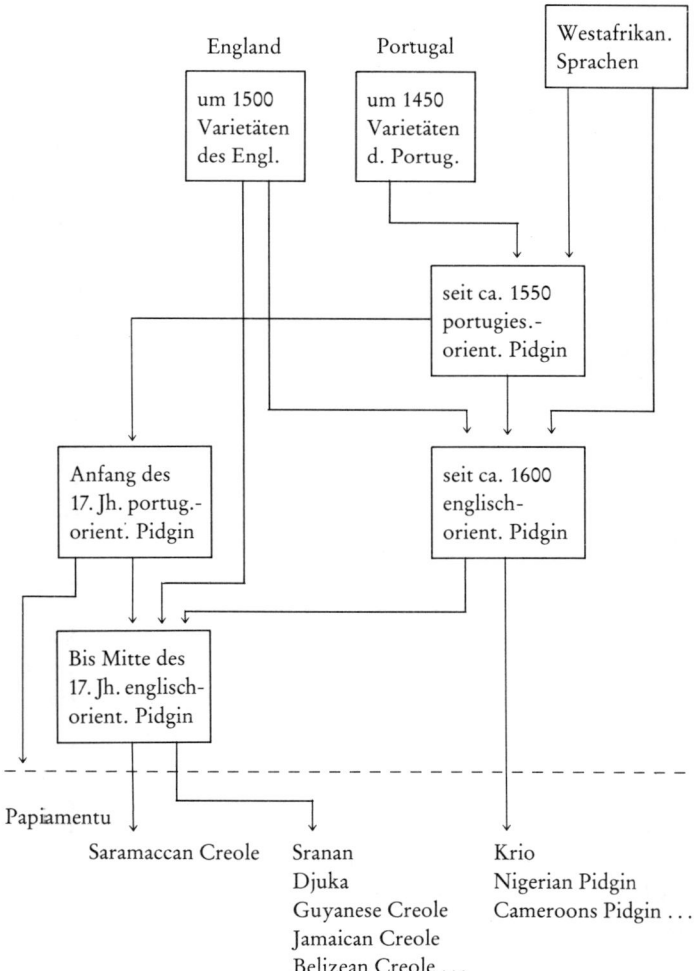

Karibik	Europa	Westafrika

England — um 1500 Varietäten des Engl.

Portugal — um 1450 Varietäten d. Portug.

Westafrikan. Sprachen

seit ca. 1550 portugies.-orient. Pidgin

Anfang des 17. Jh. portug.-orient. Pidgin

seit ca. 1600 englisch-orient. Pidgin

Bis Mitte des 17. Jh. englisch-orient. Pidgin

Papiamentu

Saramaccan Creole

Sranan
Djuka
Guyanese Creole
Jamaican Creole
Belizean Creole ...

Krio
Nigerian Pidgin
Cameroons Pidgin ...

Abb. 4

91

7. PIDGINISIERUNG UND KREOLISIERUNG: DIE SPRACHERWERBSTHEORETISCHE PERSPEKTIVE

Nachdem in Kap. 6 die historische Herleitung von Pidgin- und Kreolsprachen behandelt wurde, geht es nun um die Frage, in welcher Weise sie sich als Ergebnis von Spracherwerbsprozessen darstellen lassen. Wie generell bei Untersuchungen zum Spracherwerb werden auch hier unterschiedliche theoretische Positionen zu berücksichtigen sein: Zum einen werden mentalistische Elemente in die Beschreibung einfließen, d. h. solche, die die sprachliche Kreativität der Lernenden hervorheben, zum anderen sind aber auch behavioristische Elemente zu berücksichtigen, die eher die Anpassung an bestehende sprachliche (und kulturelle) Normen betonen. Beide Perspektiven lassen sich nicht voneinander trennen, wenn auch ihre Funktion bei der Pidginisierung bzw. Kreolisierung jeweils unterschiedlich zu gewichten ist.

Im ersten Teil dieses Kapitels werde ich die wichtigsten Kriterien für die Definition von Pidgin- und Kreolsprachen zusammenstellen und dann zwei Phänomene behandeln, die auch zur Erklärung von Pidginisierungsprozessen herangezogen worden sind: Ausländerregister *(foreigner talk)* und Lernersprache *(interlanguage)*.

Zur Illustration werde ich auch Sprachbeispiele aus dem Erwerb des Deutschen durch ausländische Arbeiter/innen heranziehen.

Im zweiten Teil des Kapitels beschäftige ich mich mit der Theorie, nach der alle natürlichen Formen von Zweitsprachenerwerb immer auch eine Stufe von Pidginisierung einschließen, und mit der Auffassung, daß zwischen dem Erstsprachenerwerb und (De)Kreolisierungsprozessen Parallelen bestehen.

7.1. Kriterien für die Beschreibung von Pidgin- und Kreolsprachen [41]

(1) Das historische Kriterium. Pidginsprachen entstehen in einer spezifischen historischen Situation, die durch den Kontakt von mehr als zwei Sprachen gekennzeichnet ist. Die am Kontakt beteiligten Sprechergruppen sind in dieser Situation nicht gleichberechtigt; soziale, politische und ökonomische Asymmetrien prägen auch das Verhältnis der Sprachen zueinander. Der Wandel historisch-gesellschaftlicher Bedingungen kann einen Kreolisierungsprozeß einleiten.

(2) Das funktionale Kriterium. Pidginsprachen sind Zweitsprachen, die in jeweils multilingualen (meist auch multiethnischen) Interaktionen spezifische und wesentlich eingeschränkte kommunikative Funktionen ausüben, für die der Gebrauch der Muttersprachen ungeeignet ist. Kreolsprachen sind die Muttersprachen ihrer Sprecher und erfüllen über referentielle und direktive Funktionen hinaus auch integrative und expressive sowie schließlich poetische Funktionen (vgl. Smith, 1972; Mühlhäusler, 1980: 47).

(3) Das linguistische Kriterium. Die sozial dominierende Superstratsprache ist generell nicht mit den übrigen am Sprachkontakt beteiligten Sprachen (den Substratsprachen) verwandt. Die strukturelle Distanz zwischen beiden ist offenbar eine der Voraussetzungen für die Ausbildung eines potentiell stabilen dritten Systems (einer Pidginsprache), dessen auffälligstes Merkmal seine Simplizität ist. In fortgeschrittenen Stadien von Pidginisierung, vor allem bei der Kreolisierung, sind expansive Vorgänge auf der syntaktischen und lexikalischen Ebene zu beobachten, die dazu führen, daß eine gegenseitige Verständlichkeit auch mit der lexikalisch verwandten Superstratsprache nicht mehr gegeben ist. Kreolsprachen, aber auch elaborierte Pidginsprachen können somit nicht als Varietäten einer der

---

[41] Diese Kriterien treten in unterschiedlicher Betonung und Kombination in vielen Definitionen auf, vgl. bspw. Schuchardt (1909: 442); Samarin (1971: 127); Todd (1974: 4); Meisel (1975: 13); Ferguson & DeBose (1977: 111); Naro (1978: 314); Schumann (1978b: 268f.); Sankoff (1980: 140).

am ursprünglichen Sprachkontakt beteiligten Sprachen beschrieben werden.

(4) Das sozialpsychologische Kriterium. Aufgrund der in (3) angedeuteten strukturellen Diskontinuität gegenüber den Ausgangssprachen müssen elaborierte Pidginsprachen und Kreolsprachen als autonome sprachliche Systeme betrachtet werden. Insbesondere in solchen Sprachgemeinschaften, in denen auch die lexikalisch verwandte europäische Sprache noch gesprochen wird, werden Pidgin- und Kreolsprachen weiterhin mit negativen Einstellungen verknüpft und auch von vielen ihrer Sprecher/innen als nichtstandardsprachliche Varietäten der europäischen Prestigesprache angesehen. Andererseits steht diesem Muster von äußerem Prestige *(overt prestige)* ein diametral entgegengesetztes Muster von innerem Prestige *(covert prestige)* gegenüber. Dies bezieht sich auf die in (2) genannten integrativen und expressiven Funktionen von Kreolsprachen, die für das Individuum mit innerem Prestige besetzt sind. Aus diesem Konflikt zwischen einer inneren und einer äußeren Prestigeebene ergeben sich schwerwiegende Konsequenzen für die Planung und Gestaltung der formalen Bildung in kreolsprachlichen Gesellschaften (vgl. Kap. 12).

7.2. Das simplifizierte Register

In ihre Definition von Pidginisierung verknüpfen Ferguson & DeBose zwei Aspekte, auf die ich im folgenden näher eingehen werde:

We see pidginization as a process that accepts normal language as input and produces a reduced, hybridized, and unstable variety of language as output identified as broken language when used by non-native speakers and foreigner talk when used by native speakers, and identified as a pidgin when viewed as the linguistic output of verbal interaction between native speakers and foreigners in some particular contact situation.
(Ferguson & DeBose, 1977: 117)

Hier wird angenommen, daß frühe Stadien von Pidginisierung strukturelle Gemeinsamkeiten mit anderen simplifizierten Varietä-

ten eines Sprachsystems aufweisen, und zwar zum einen mit lerner-
sprachlichen Varietäten einer Zielsprache, wie wir sie aus dem (nicht
gesteuerten) Zweitsprachenerwerb kennen, und zum anderen mit
Modifikationen muttersprachlicher Systeme, deren Verwendung
von situativen Bedingungen abhängt. Beide Phänomene werden als
simplifiziertes Register *(simplified register)* zusammengefaßt (vgl.
Ferguson, 1977).

7.2.1. Foreigner Talk

Es gibt vermutlich in jeder Sprachgemeinschaft konventionalisierte Formen von simplifizierter Sprache, die von kompetenten erwachsenen Sprecher/innen dann verwendet werden, wenn eine ausgebildete muttersprachliche Kompetenz bei den Gesprächspartnern
nicht vorausgesetzt werden kann (vgl. Ferguson, 1971). Zu diesem
Personenkreis gehören Säuglinge und Kleinkinder, Schwerhörige,
geistig Behinderte, Krankenhauspatienten, sehr alte Menschen und
Ausländer. Alle Varietäten lassen sich als simplifizierte Register charakterisieren, zeigen aber jeweils auch individuelle Ausprägungen.
So haben DePaulo & Coleman (1981) festgestellt, daß Versuchsper-
sonen die als *baby talk* bekannte Varietät des Englischen von anderen Formen simplifizierter Sprache unterscheiden konnten. Diese
Fähigkeit wird von den Autorinnen auf eine generelle soziolinguistische Sensitivität zurückgeführt, die als Bestandteil der muttersprachlichen Kompetenz angesehen wird. Der Gebrauch simplifizierter Register oder Varietäten vermittelt vor allem nichtreferen-
tielle Informationen, die beispielsweise Einstellungen von Sprechern
gegenüber den angesprochenen Personen betreffen:

(. . .) the use of these registers can convey information relevant to sociologi-
cally and psychologically significant dimensions such as status, competence,
and respect.
(DePaulo & Coleman, 1981: 230)

In seiner Analyse des englischen Ausländerregisters geht Ferguson (1975) davon aus, daß Sprecher/innen des Englischen ein Wissen

darüber besitzen, welche linguistischen Eigenschaften diejenige Varietät des Englischen konstituieren, die für die Kommunikation mit "apparently uneducated non-Europeans" (Ferguson, 1975: 3) als angemessen betrachtet wird. Die Einschränkung auf Ausländer einer niedrigen sozialen Schicht und nichteuropäischer Herkunft verweist darauf, daß der Gebrauch des Ausländerregisters an die Bedingung sozialer Distanz zwischen den Kommunikationspartnern geknüpft ist, auf die – bei fehlendem Vorwissen – aufgrund äußerer Erscheinungsmerkmale geschlossen wird. Für entsprechende Situationen in der Bundesrepublik Deutschland wäre „nichteuropäisch" primär durch „südeuropäisch und afrikanisch" zu ersetzen.

Das Wissen über das Ausländerregister schließt eine sprachkreative und eine konventionelle Komponente ein. Die sprachkreative Komponente steuert die spontane strukturelle Modifikation, während die konventionelle Komponente dafür verantwortlich ist, daß verschiedene, insbesondere lexikalische Phänomene durch Erfahrung (z. B. auch durch Medien und literarische Schriften) vermittelt werden, so daß nicht das gesamte Register jedesmal individuell „erfunden" werden muß.

Ferguson (1975) führte seine Untersuchung an schriftlich erhobenen Daten und einer literarischen Quelle durch. Er legte amerikanischen Studierenden (mit Englisch als Muttersprache) zehn Sätze vor, die ins Ausländerregister übersetzt werden sollten. Diese Methode der Datengewinnung hat den Vorteil, daß über Sprecherintuitionen nicht spekuliert werden muß und daß bestimmte sprachliche Phänomene, über die man eine Aussage machen möchte, in den Daten auch wirklich auftauchen. Andererseits hat dieses Verfahren natürlich auch Nachteile: Die Äußerungen sind nicht spontan, sie werden in einer künstlichen (Labor-)Situation von einer eng umschriebenen Informantengruppe produziert. Dies schränkt die Generalisierbarkeit der Ergebnisse erheblich ein.

Als wichtigste Ergebnisse der Studie sind die folgenden zu nennen: Die Artikulation ist überdeutlich, die Stimme laut, das Sprechtempo langsam; emphatische Betonungen und Pausen treten häufig auf (dies ergibt sich aus Kommentaren der Befragten). Die syntaktische Ebene ist durch zahlreiche Tilgungsvorgänge gekennzeichnet:

Der definite Artikel wird getilgt, ebenso alle Formen von *to be* (vor allem in equativen und progressiven Konstruktionen); Nomina und Verben zeigen in den verschiedenen syntaktischen Funktionen keine morphologischen Veränderungen; koordinierende und subordinierende Konjunktionen werden ebenfalls nicht realisiert. Es kommt andererseits auch zu (meist) redundanten Ergänzungen und der Ersetzung eines syntaktischen Musters durch ein anderes. So wird in imperativen Sätzen das tiefenstrukturelle Subjekt *(you)* ergänzt; es tritt multiple Negation auf, wobei ein invariantes Negationselement *(no)* verwendet wird; pronominale Kontraste werden reduziert, so daß Objektformen *(me, him)* auch subjektivische Funktionen übernehmen.

Auf der lexikalischen Ebene ist eine deutliche Tendenz zur analytischen Paraphrasierung festzustellen: Ausdrücke wie *yesterday, tomorrow, forever, where, gun, leader* werden beispielsweise ersetzt durch *day before this / one day gone, next day, all the time, which place, firestick, big head.*

Schließlich kommen einige Reduplikationen vor (z. B. *bang-bang* "gun") sowie verschiedene Wörter nichtenglischer Herkunft (z. B. *savvy* 'to know'), die offenbar als Bestandteil des allgemeinsprachlichen Wortschatzes bereits mit einem Gebrauchsmerkmal (+ foreigner talk) versehen sind.

Die meisten der eben beschriebenen Charakteristika finden wir auch im sog. *baby talk* (vgl. Ferguson, 1977). *Baby talk* (das Kleinkindregister) bezeichnet hier nicht die Sprache von Kindern, sondern die Varietät, die von (manchen) Erwachsenen im Umgang mit Kleinkindern verwendet wird. Beide Erscheinungsformen simplifizierter Sprache, das Ausländerregister und das Kleinkindregister, haben eine allgemeine Bedeutung für Spracherwerbsprozesse:

(. . .) the study of baby talk may be of value for understanding the processes of child language development (. . .) and the study of foreigner talk seems of value in analyzing the process of pidginization (. . .)
(Ferguson, 1975: 1)

Über die Fähigkeit von Sprechern, simplifizierte Varietäten ihrer Muttersprache zu produzieren, hatte bereits Schuchardt in seiner

Arbeit über die historische Lingua Franca Vermutungen angestellt (vgl. Kap. 5.4.):

Alles Radebrechen einer Sprache geht von deren Erbbesitzern aus, ganz ähnlich wie die Kindersprache auf der Ammensprache beruht.
(Schuchardt, 1909: 443)

Schuchardt betonte die Rolle der Superstratsprecher bei Pidginisierungsprozessen (vgl. auch das Zitat oben S. 53), während er die Leistung der Substratsprecher zwar nicht ignoriert („man traf sich auf einer mittleren Linie", Schuchardt, 1914: IV), ihr aber keine gleichwertige Funktion einräumt.

Das zweite Beispiel für ein Ausländerregister stammt aus Papua-Neuguinea. Mühlhäusler (1981) hat dort im Rahmen seiner Untersuchungen zum Tok Pisin (das sich zur Zeit noch in einem Kreolisierungsprozeß befindet) eine als *Tok Masta* bezeichnete Varietät des Tok Pisin beschrieben. Interessanterweise bezeichnet Mühlhäusler das Tok Masta nicht als Varietät des Englischen (der Superstratsprache des Tok Pisin), sondern als marginale, soziale Varietät des Tok Pisin. Er betont damit diejenigen Charakteristika des Tok Masta, die gerade nicht aufgrund universeller Simplifizierungsprozesse erklärt werden können, sondern auf den Kontakt mit bereits stabilisierten Formen des Tok Pisin zurückgeführt werden müssen.

Das Tok Masta wurde von europäischen *expatriates* gesprochen und galt in der frühen Pidginisierungsphase des Tok Pisin noch als Prestigevarietät. Bereits um 1930 hatte das Tok Pisin aber ein eigenständiges, stabiles strukturelles System ausgebildet, dessen Unterschiede zum Tok Masta immer deutlicher hervortraten. Nach dieser Zeit spielte das Ausländerregister für die weitere Entwicklung des Tok Pisin praktisch keine Rolle mehr. Zugleich war eine gegenseitige Verständlichkeit der beiden Varietäten nicht mehr gegeben; Sprecher des Tok Masta verfügten keineswegs gleichzeitig über eine rezeptive oder gar produktive Kompetenz im Tok Pisin. Das Tok Masta blieb als konventionalisierte und fossilisierte Varietät noch eine Zeitlang erhalten und wurde in speziellen, von kolonialem Überlegenheitsdenken geprägten Situationen von Weißen benutzt:

The use of Tok Masta thus constituted a compromise which allowed Europeans to remain socially distant from the 'native' at a minimal cost to themselves.
(Mühlhäusler, 1981: 111)

Als Reaktion auf das wachsende nationale Selbstbewußtsein und mit der Entwicklung zur politischen Unabhängigkeit Papua-Neuguineas wurde das Tok Masta immer weniger akzeptiert und ist heute fast ganz verschwunden, während das Tok Pisin neben referentiellen und direktiven auch integrative und expressive Funktionen ausgebildet hat, ein Prozeß, der von substantiellen strukturellen Veränderungen begleitet wurde (vgl. Kap. 8).

Als auffälligstes Merkmal des Wortschatzes des Tok Masta beschreibt Mühlhäusler (1981: 101 ff.) die Übernahme zahlreicher stereotyper Ausdrücke aus anderen Pidginvarietäten der Region. Aus dem Beach-la-mar stammen z. B. *mary* 'woman', *walk about* 'any kind of action', *sing out* 'call, holler, talk', *close up* 'near', *long way li'l bit* 'far', *long way big bit* 'very far'. Aus dem Tok Pisin kommen die folgenden Wörter: *bikhet* 'proud, stubborn', *didiman* 'agricultural officer', *kiap* 'patrol officer', *mankimaster* 'domestic servant', *raus* 'throw out, dismiss'.

Typisch für das Tok Masta sind weiter analytische Paraphrasen, wo das Tok Pisin schon einfache oder abgeleitete Wörter verwendet, z. B. *bikpela pusi bilong Afrika* 'lion', *trausis bilong leta* 'envelope', *but bilong hos* 'horseshoe', *lam bilong Jisas* 'moon'. Mühlhäusler (1981: 104) bemerkt dazu:

These and many similar circumlocutions are easily identified as European fabrications, not only because they contain such items as *leta* 'letter' instead of Tok Pisin *pas,* or *but* 'boot' instead of *su* 'shoe', 'boot', but also because of their cultural bias.

Die morphologische Ebene des Tok Masta ist einerseits durch Simplifizierungen im verbalen und nominalen Bereich gekennzeichnet (wie sie auch von Ferguson beschrieben wurden), andererseits von der Stereotypisierung bzw. Übergeneralisierung bestimmter Markierungen oder Derivationsmuster, die im Tok Pisin regelmäßigen Beschränkungen unterliegen: So wird beispielsweise die nominale Markierung -*fela* im Tok Pisin nur bei Personen verwendet, im Tok Masta aber beliebig auch mit unbelebten Nomina kombiniert; ebenso werden beliebige Verben mit dem Transitivierungssuffix -*im* versehen.

Zwischen dem *foreigner talk* und einer verwandten Pidginsprache bestehen Gemeinsamkeiten, aber keine Identität. Die Intuitionen 'dominanter' Sprecher darüber, wie ihre Muttersprache von Ausländern bzw. Pidginsprechern modifiziert wird, gehen oft an der Sprachwirklichkeit vorbei, weil sie die eigenständigen Entwicklungstendenzen von Pidginsprachen nicht berücksichtigen (können). Gerade im Bereich des Wortschatzes führt die (falsche) Annahme, daß jedes Wort der eigenen Muttersprache potentiell auch ein Wort gleicher Bedeutung in der Pidginsprache ist, zu Mißverständnissen.

7.2.2. Interlanguage

Den Begriff *broken language* in Fergusons & DeBoses Definition von Pidginisierung möchte ich durch *interlanguage* (Lernersprache) ersetzen, um schon in der Terminologie einen expliziten Bezug zu vorliegenden Beschreibungen von Spracherwerb herzustellen: Der Terminus *interlanguage* ist zuerst im Zusammenhang mit dem Zweitsprachenerwerb verwendet worden (vgl. Selinker, 1972).

Spracherwerb kann als graduelle Annäherung an eine Zielsprache beschrieben werden. Der/Die Lernende durchläuft dabei eine theoretisch unendliche Menge von Lernstadien, ausgehend von einer Kompetenz Null bis hin zur voll ausgebildeten mutter- oder fremdsprachlichen Kompetenz. Die Stadien zwischen diesen Extrempunkten werden als Inter- oder Lernersprache zusammengefaßt. Andere Bezeichnungen, die jeweils unterschiedliche Aspekte hervorheben, sind z. B. *approximative system, compromise system* und *idiosyncratic dialect* (vgl. Hellinger, 1977: 17). Die Annäherung an die Zielsprache verläuft nicht ungeordnet, sondern läßt eine Progression erkennen, d. h., sie läßt sich mit Hilfe linguistischer Kriterien beschreiben.

Als allgemeine Merkmale von Lernersprachen gelten insbesondere Vereinfachung und Übergeneralisierung morphologischer und syntaktischer Muster sowie der Gebrauch multifunktionaler und mehrdeutiger lexikalischer Elemente. Vgl. dazu das folgende Beispiel aus dem frühen Erstsprachenerwerb: Ein Wort (z. B. *qua*), das bisher nur zur Referenz auf einen bestimmten Gegenstand verwendet wurde (z. B. eine Ente, die auf einem Teich schwimmt), kann auch auf andere Gegenstände bezogen werden (z. B. auf Milch in einem Becher, auf das Bild eines Adlers auf einer Münze, auf die runden Augen eines Teddybärs). In einem Erklärungsmuster dieses Typs von Übergeneralisierung wird angenommen, daß das Kind spezifische semantische Ähnlichkeiten zwischen jeweils zwei Referenten wahrnimmt (z. B. die Eigenschaften „flüssig", „wie ein Vogel" und „rund") und auf diese Weise eine Art Kettenreaktion stattfindet, die den Gebrauchsrahmen immer mehr erweitert (vgl. Aitchison, 1976: 106). Bzgl. der Interpretation derartiger Einwortäußerungen wird angenommen, daß schon jeweils konzeptuell unterschiedliche Vorstellungen zugrunde liegen.

Dies läßt sich überzeugend für die sog. Zweiwortphase begründen. Hier kann davon ausgegangen werden, daß bereits so differenzierte Beziehungen wie Lokalisierung *(there book)*, Negation *(no wash)*, Possessivrelation *(my shoe)*, Fragen *(where ball)*, Modifikation *(pretty dress)* und Deskription *(Bambi go)* ausgedrückt werden. Dieses Stadium im Erwerb der Muttersprache läßt sich in vielen (vielleicht allen) Sprachen nachweisen.

Hier deuten sich Parallelen zur Pidginisierung an, die am mutterund fremdsprachlichen Erwerb der Negation vertieft werden sollen. Die Sprachbeispiele stammen aus der englischen und deutschen Sprache.

Beim muttersprachlichen Erwerb der Negation lassen sich verschiedene Stufen unterscheiden (vgl. Aitchison, 1976: 118ff.; Felix, 1978: 189ff.). In den ersten Entwicklungsstufen zeigen verschiedene Sprachen dabei so auffällige Übereinstimmungen, daß die Hypothese universeller Tendenzen plausibel erscheint. Erst auf späteren Entwicklungsstufen prägen sich einzelsprachliche Besonderheiten aus.

Erste negierte Äußerungen werden bereits in der Einwortphase produziert, als isolierte Negationselemente: *no; nein.* Danach tritt die Kombination von satzexterner Negationspartikel mit anderen Elementen auf: *no wash; nein helfen.*

Diese Regel (Plazierung der Negationspartikel an der Satzspitze) wird auch nach Überwindung der Zweiwortphase noch befolgt: *no want stand head; no Fraser drink all tea.* Beispiele dieses Typs finden wir in zahlreichen Sprachen, unabhängig davon, an welcher Position die Negationspartikel in der jeweiligen Erwachsenensprache auftritt.

In Sätzen wie *no want stand head* oder *no drink milk* ließe sich die satzexterne Position der Negationspartikel allerdings auch durch die Regel 'Tilgung des pronominalen Subjekts' erklären, die wir ebenfalls im frühen Zweitspracherwerb finden.

Es folgt dann eine Entwicklungsstufe, auf der die Negationspartikel satzintern, und zwar meist an zweiter Position nach dem Subjekt gebraucht wird: *he no bite you; Fraser no can go; that no Mummy; hier nicht Tee; Heiko nicht; ich nein essen.* In dieser Zeit tauchen beim Erwerb des Englischen auch sporadische Verwendungen von *don't* und *can't* auf, während *do* und *can* bzw. *do not* und *cannot* noch nicht vorkommen. *Don't* und *can't* werden vom Kind offenbar noch nicht als komplexe morphologische Einheiten analysiert, sondern als Varianten zu *no, not* aufgefaßt. Dies stimmt mit der allgemeinen Beobachtung überein, daß im frühen Spracherwerb neue Formen aus der Zielsprache zunächst in Variation mit bereits erworbenen gebraucht werden und erst allmählich eine funktionale Differenzierung vorgenommen wird.

Erst nach dem Auftreten von *do, did* und *can* in affirmativen Sätzen werden dann *don't, didn't* und *can't* als komplexe Einheiten, bestehend aus Auxiliarelement und Negationspartikel, analysiert und entsprechend erwachsenensprachlicher Normen gebraucht: *you don't want some supper; I didn't spilled it.* Im Deutschen tritt zunächst die postverbale Stellung der Negationspartikel auf: *Henning brauch nicht Uni.*

Auf der nächsten Stufe wird dann die Übereinstimmung mit der Erwachsenensprache erreicht.

Ähnliche Entwicklungstendenzen lassen sich auch beim natürlichen Zweitsprachenerwerb feststellen. Dies belegt eine Langzeituntersuchung von Schumann (1978a), der den Erwerb der englischen Sprache bei sechs erwachsenen Sprechern des Spanischen über den Zeitraum von zehn Monaten verfolgt hat. Während die Stufe der satzexternen Negation nicht wiederholt wird, findet sich die Parallele zur nächsten Entwicklungsstufe, in der die Negationspartikel nach dem Subjekt bzw. vor dem Verb erscheint: *I no can see; I no use television*. Wie im Erstsprachenerwerb tritt als Alternative zu *no* auch unanalysiertes *don't* auf: *I don't can explain*. Schließlich wird die Negationspartikel hinter das Auxiliarelement gestellt und entsprechend zielsprachlicher Normen verwendet: *he doesn't laugh like us*.

Die Übereinstimmungen in der Ausbildung der Negation im Erstsprachenerwerb und im natürlichen Zweitsprachenerwerb haben zu der Hypothese geführt, daß möglicherweise in allen Typen von Spracherwerb dieselben kognitiven Strategien verwendet werden (vgl. McLaughlin, 1978: 206). Trotzdem verlaufen Erst- und Zweitsprachenerwerb nicht identisch; für die Ausbildung verschiedener Satzmuster etwa lassen sich keine parallelen Entwicklungsstufen nachweisen.

Die Unterschiede zwischen Erst- und Zweitsprachenerwerb werden darauf zurückgeführt, daß ein Zweitsprachenlerner aufgrund seiner Muttersprache ein linguistisches Vorwissen besitzt, das ihm die Formulierung effizienterer Hypothesen über die Zielsprache erlaubt.

Die zielsprachliche Norm wird keineswegs von allen Lernenden erreicht. Schumann beschreibt die sprachliche Entwicklung von Alberto, einem 33jährigen Immigranten aus Costa Rica, der auch bez. der Negation während des gesamten Untersuchungszeitraums nur geringe Fortschritte macht. Er kommt über die Phase der verbexternen Position der Negationspartikel nicht hinaus, d. h., er verharrt auf einer Stufe, die deutlich durch Interferenzerscheinungen aus seiner spanischen Muttersprache gekennzeichnet ist.

Daß die Rolle der Interferenz nicht überbewertet werden sollte, zeigt ein Beispiel aus dem Erwerb des Englischen durch norwegische

Sprecher. Die Negationspartikel *ikke* folgt im Norwegischen dem Verb. Trotzdem finden wir in den folgenden Lerneräußerungen die satzexterne bzw. präverbale Stellung: *no, no like it; not I have a butterfly; I no like that.* Felix bemerkt dazu (1978: 196):

(. . .) trotz möglicher Interferenzen aus dem Norwegischen in einigen Fällen (weist) die Mehrzahl der Äußerungen die gleichen oder ähnlichen Strukturen (auf), die bei englischen L1 Erwerbern zu beobachten sind.

Als Begründung für die Fossilisierung von Albertos Lernersprache führt Schumann vor allem die soziale Distanz zur dominanten Zielsprache an: Generell haben ja lateinamerikanische Arbeiterimmigranten in den USA einen niedrigeren sozioökonomischen Status als amerikanische Bürger vergleichbarer Herkunft und/oder Ausbildung. Diese soziale Distanz verknüpft Schumann (1978b: 266) mit dem Begriff der psychologischen Distanz, die sich aus der plötzlichen Begegnung mit einer anderen Sprache und Kultur ergibt. Durch diesen *language* und *culture shock* ist die Motivation, die dominante Sprache mehr als unbedingt erforderlich zu erwerben, wesentlich beeinträchtigt (vgl. auch Manke, 1983).

Der muttersprachliche Erwerb der Negation zeigt auffällige Parallelen zu Kreolsprachen. Über negierte pidginsprachliche Ausdrücke können wir in vielen Fällen nur spekulieren, weil uns die sprachlichen Daten fehlen. Die angedeuteten Ergebnisse aus dem ungesteuerten Zweitspracherwerb lassen jedoch vermuten, daß die Stufe der satzexternen Negation nicht durchlaufen werden muß, sondern daß vielmehr die Stufe der verbexternen Position unmittelbar nach dem Subjekt auch für Pidginsprachen generell zu erwarten ist. Diese Konstruktion hat sich in basilektalen Varietäten aller hier behandelter englisch-orientierter Kreolsprachen erhalten; vgl. dazu die folgenden Beispiele aus dem Guyanese Creole, dem Miskito Coast Creole, dem Jamaican Creole und dem Belizean Creole (vgl. Bickerton, 1975: 43, Holm, 1978: 24ff.; Bailey, 1966: 54):

GC yu *na* taak tu di man neks de?
    "Didn't you talk to the man next day?"
    noobadi *na* bina sliip a dem haus
    "Nobody used to sleep at home."

MCC hi *no* did eniting
"He didn't do anything."
yu *nat* iivn bring wan faiv sins
"You didn't even bring me one five-centavo piece."
di waata *duon* pulin it eni muor
"The water isn't pulling it any more."
die *kyaan* mek a res
"They don't let me rest."
JC tiicha *no* kom yet
"teacher has not yet come"
mi *neba* nuo se Jan gaan
"I didn't know that John has left."
im *duon* wier shuuz nontaal
"He doesn't wear shoes at anytime."
BC den *no* midi dans
"They weren't dancing."
a *no* mi wan di laaf
"I wouldn't have been laughing."
i *neva* kil di foul
"He didn't kill the chicken."

Neben der generalisierten Negationspartikel *no, na* werden in gleicher oder ähnlicher Funktion als Varianten noch *nat, neba/neva, kyaan* und *duon* verwendet. Dies entspricht ebenfalls muttersprachlichen Erwerbsstufen. Auch *kyaan* und *duon* tauchen auf, bevor *can* und *do* verwendet werden, ein Hinweis darauf, daß sie ebenfalls als nichtkomplexe Negationselemente aufgefaßt werden und deshalb mit dem Englischen nur formale, aber nicht funktionale Merkmale teilen; letztere werden erst in mesolektalen Varietäten erworben und müssen dann als Resultat eines Dekreolisierungsprozesses interpretiert werden (vgl. Bickerton, 1975: 91 ff.).

7.2.3. Ausländerdeutsch
und Deutsch ausländischer Arbeiter/innen

Strukturelle Ähnlichkeiten zwischen dem *foreigner talk* und der *interlanguage* sind auch für das Deutsche festgestellt worden. Auch hier sind aber beide Varietäten, die Meisel (1975) als 'Ausländerdeutsch' und 'Deutsch ausländischer Arbeiter' bezeichnet, voneinander zu unterscheiden. Das Ausländerdeutsch ist auch als 'Pseudo-Pidgin' bezeichnet worden (vgl. Bodemann & Ostow, 1975). Es wird im Umgang mit nicht-assimilierten ausländischen Arbeiter/innen verwendet; wir finden es aber auch in überseeischen Gebieten, die zeitweilig deutscher Kolonialbesitz waren (vgl. Mühlhäusler, 1977). Mühlhäusler (o. J.) weist zudem auf zahlreiche literarische Quellen hin, in denen das (Pseudo-)Pidgin-Deutsch zur Charakterisierung von Personen und Situationen verwendet wird. Meisels Analyse des Ausländerdeutsch stützt sich auf Material, das erhoben wurde, indem z. B. Deutsche auf der Straße nach dem Weg gefragt wurden, wobei die fragenden Personen als südeuropäische Ausländer auftraten. Sie erhielten typische Auskünfte wie die folgende:

Da durch. Da durch. Rechts. Du bist hier. So rum. Da ist die Post. Ja? Verstehen? So rum. Da kommste zur Post.
(Meisel, 1975: 36)

Das Ausländerdeutsch (AD) und das Deutsch ausländischer Arbeiter (DAA) haben nach Meisel die folgenden gemeinsamen Merkmale:

(1) Den Gebrauch multifunktionaler und gegenüber der Standardsprache in ihrer Bedeutung erweiterter Wörter, z. B. *nix, egal.* So übernimmt *nix* die Funktion einer generalisierten Negationspartikel:

DAA Du nix Urlaub.
Zwei Monat niks Arbeit.
AD Du sprechen türkisch, wenn nix Deutscher dabei.
Hauswirtin nix gut, aber unterschreiben.
Viele Ausländerfamilien, aber wir nix hingehen.

(2) Den Gebrauch analytischer Paraphrasen anstelle lexikalisierter Einheiten:

DAA	mehr Geld	"Lohnerhöhung"
	viel Arbeit	"fleißig"
	andere Platz	"anderswo"
	tot machen	"töten"

106

AD   rotes, grünes,   "Ampel"
      gelbes Licht

(3) Die Tilgung von Verb, Artikel und Präposition:

DAA Nachher Griechenland.
AD   Frau drei Jahre in Deutschland.
DAA Ich verstehe Teil, net alles.
AD   Hier ist Verkehrsamt.
DAA Jetzt gehen alle deutsche Familie, aber wir gehe sehr selte.
DA   Ampel stehen bleiben.

Als weitere Merkmale beider simplifizierter Register des Deutschen nennt Meisel die Tilgung morphologischer Markierungen und des Personalpronomens, sowie Abweichungen von der Standardsprache bez. der Wortstellung.

Die Frage, ob es sich bei dem Deutsch ausländischer Arbeiter/innen um Pidginvarietäten des Deutschen handelt, läßt sich negativ beantworten. Wir finden eine erste pidginisierte Phase (im Sinne Schumanns), an die sich weitere Lernvarietäten anschließen (vgl. Heidelberger Forschungsprojekt 1975; 1977). Die Präsenz der deutschen Sprache verhindert die Expansion und die Stabilisierung der Anfangsphasen; eine Stabilisierung im Sinne einer Fossilisierung läßt sich allenfalls dort beobachten, wo ausländische Arbeiter unterschiedlicher Nationalitäten das Deutsche als Vermittlungssprache benutzen. Diese Kontakte (insbesondere unter Frauen) sind vergleichsweise gering.

Die Situation in der Bundesrepublik Deutschland ist vielmehr durch Formen von Zweisprachigkeit geprägt. Die Tendenz zum Bilingualismus und zugleich Bikulturalismus wird in jüngster Zeit bewußt gefördert, z. B. durch die Verwendung der ausländischen Muttersprachen im schulischen Bildungsprozeß. Hinter dieser Tendenz steht ein Konzept von Integration, dessen Ziel nicht Assimilation, sondern Annäherung bei Bewahrung sprachlicher und kultureller Verschiedenheit ist.

7.3. Die Pidginisierungshypothese

Die vorangegangenen Abschnitte haben gezeigt, daß zwischen Pidginisierung und dem Erwerb der Muttersprache sowie dem natürlichen Erwerb einer zweiten Sprache Übereinstimmungen bestehen, die Herausbildung und Abfolge sprachlicher Entwicklungsstufen betreffen. Schumann hat aufgrund dieser Beobachtungen die Hypothese formuliert, daß sich der frühe Zweitsprachenerwerb als Pidginisierungsprozeß beschreiben läßt (vgl. auch Stauble, 1978). In beiden Fällen werden soziale und psychologische Distanz dafür verantwortlich gemacht, daß die Motivation eines Lernerindividuums nicht ausreicht, um über kommunikative (referentielle und direktive) Funktionen hinaus auch integrative Funktionen der Zielsprache zu erwerben. In beiden Fällen greift das Lernerindividuum auf (offenbar universelle) Simplifizierungsstrategien zurück, indem es diejenigen Merkmale der Zielsprache, die als redundant empfunden werden, nicht produziert.

Thus the pidginization hypothesis predicts that where social and psychological distance prevail, we will find pidginization persisting in the speech of second language learners.
(Schumann, 1978a: 115)

In einem zweiten Schritt verknüpft Schumann den fortgeschrittenen Zweitsprachenerwerb mit dem Prozeß der Dekreolisierung[42]. Als gemeinsames Erklärungsprinzip wird hier die allmähliche Annäherung an eine Zielsprache gesehen, die von einer Akkulturation an die Kultur der fremden Sprachgemeinschaft begleitet wird.

Die Pidginisierungshypothese steht und fällt mit der Definition des Begriffs *Pidgin*. Sie kann sich nur auf die ersten Formationsstufen eines Pidgin beziehen, etwa die Phase des (von ideolektalen Merkmalen geprägten) Jargons oder des stabilisierten Pidgin im

---

[42] Die zunächst (1974) vertretene Position, nach welcher der spätere Zweitsprachenerwerb der Kreolisierung entspricht, hat Schumann (1978a) aufgegeben. Für eine solche Hypothese lassen sich in der Tat weder linguistische noch psychologische Argumente finden.

108

Sinne von Mühlhäusler (1980: 37). Nach diesen Phasen setzt ja (unter gegebenen sozialen Bedingungen) eine funktionale und strukturelle Elaboration ein, die zur Ausbildung eigenständiger Sprachmuster führt.

Die Lernersprache kann nach der 'Pidginisierungsphase' in einen Prozeß der Annäherung an die Zielsprache eintreten. Auch hier können sprachkreative Fähigkeiten zur Ausbildung von Phänomenen führen, die in der Zielsprache kein Modell haben. Typisch ist die Übergeneralisierung zielsprachlicher Regeln, die aber in Pidginsprachen keine Parallele hat.

Welchen Weg das Lernerindividuum einschlägt, den der Annäherung an die Zielsprache oder den der Fossilisierung, hängt von außersprachlichen Faktoren ab. Zu diesen gehört mit Sicherheit der Grad der Integration in die zielsprachliche Gesellschaft. Von großer Bedeutung für die Bestimmung des Integrationsgrades sind Faktoren wie Dauer des Aufenthaltes in der fremden Gesellschaft, der Kontakt mit Sprechern der Zielsprache (im Arbeits- und Freizeitbereich), die Distanz zwischen der mutter- und der zielsprachlichen Kultur (etwa bezogen auf Familienstruktur und Religion), die eigene soziale Schichtzugehörigkeit (im Mutterland; in der neuen Umgebung). Über die Gewichtung dieser Faktoren im konkreten Einzelfall lassen sich zur Zeit noch keine generellen Aussagen machen (vgl. beispielsweise Heidelberger Forschungsprojekt, 1975).

Daß sich der ungesteuerte Zweitsprachenerwerb als Pidginisierungsprozeß beschreiben läßt, ist eine plausible Hypothese, die sich mit Schumanns Material allerdings noch nicht überzeugend belegen läßt.[43] Schumann greift einige sprachliche Phänomene heraus (außer der Negation noch die Inversion bei Fragesätzen, das Fehlen verbaler und nominaler Markierungen, die Tilgung von pronominalen Subjekten, das Fehlen der Kopula), die für Pidginsprachen charakteristisch sind. Andere pidginsprachliche Phänomene (z. B. Reduplikation und die Multifunktionalität lexikalischer Elemente) tauchen in Albertos Sprache nicht auf. Es wäre deshalb

[43] Zur Kritik an Schumanns methodischem Vorgehen vgl. Hartford, 1981.

noch zu erklären, warum gerade die von Schumann beschriebenen Merkmale den Pidginstatus von Albertos Lernersprache belegen sollen.

Die Übereinstimmungen zwischen Pidginisierung und frühem Zweitsprachenerwerb (im Sinne der Untersuchungen Schumanns und Staubles) sind m. E. gerade deshalb bemerkenswert, weil sie sich aus unterschiedlichen soziolinguistischen Ausgangspositionen ergeben (vgl. auch Huebner, 1976).

Zwar finden wir in beiden Fällen eine Asymmetrie zwischen der (den) Muttersprache(n) und der jeweiligen Zielsprache vor – diese sind aber keineswegs identisch. Während bei der Pidginisierung am Sprachkontakt immer mehrere nicht verwandte Sprachen beteiligt sind, von denen eine, die im allgemeinen nur von einer kleinen Minderheit gesprochen wird, aufgrund politischer, sozialer und wirtschaftlicher Überlegenheit die dominante Rolle der Zielsprache übernimmt, treten in der von Schumann beschriebenen Form von Zweitsprachenerwerb nur zwei Sprachen in Kontakt, wobei die Zielsprache die Muttersprache einer ganzen Sprachgemeinschaft ist, in die das Lernerindividuum hineinkommt.

Weiter muß auf funktionale Unterschiede hingewiesen werden. Die Ausbildung einer Pidginsprache ergibt sich für die Substratsprecher aus der Notwendigkeit, untereinander und mit einzelnen Vertretern der dominanten Schicht zu kommunizieren; der Kontakt zu letzteren ist im allgemeinen marginal und verläuft oft über Mittelsleute. Im Zweitsprachenerwerb ist der Kontakt zur Zielsprache im allgemeinen enger, insbesondere dann, wenn die Kinder von Arbeiterimmigranten aufgrund der allgemeinen Schulpflicht in den formalen Bildungsprozeß des Gastlandes eintreten. Im letzteren Fall wird sich eine stabile Zweisprachigkeit entwickeln. Allerdings kann auch bei der Elterngeneration lediglich ein marginaler Kontakt zur Zielsprache vorhanden sein, z. B. gerade dort, wo etwa auch mit Behörden durch Dolmetscher kommuniziert wird. Dies trifft aber für die von Schumann beschriebenen Fälle nicht zu.

Daß ähnliche linguistische Resultate auch bei derartig unterschiedlichen sozialen Voraussetzungen zu beobachten sind, läßt sich als weiteres Argument für eine mentalistische Beschreibung von

Spracherwerbsprozessen interpretieren, die bei Schumann nur vage angedeutet wird:

(...) access to linguistic universals is possible in SLA (= second language acquisition – M. H.), pidginization, and creolization, but in each situation the degree of access varies.
(Schumann, 1979: 61)

Auch die Übereinstimmungen zwischen Pidginisierung (frühem Zweitsprachenerwerb) und dem kindlichen Erwerb der Muttersprache, die Schumann vernachlässigt, sprechen eher für einen mentalistischen Erklärungsansatz: Auch beim Erwerb einer zweiten Sprache unter natürlichen und erschwerten Bedingungen kann das Lernerindividuum auf kreative Mechanismen zurückgreifen, die es schon im kindlichen Spracherwerb eingesetzt hat.

Für problematisch halte ich die Betonung paralleler Erscheinungen im fortgeschrittenen Zweitsprachenerwerb und während der Kreolisierung, wenn nicht gleichzeitig auf bestehende Unterschiede hingewiesen wird.

Der fortgeschrittene Zweitsprachenerwerb läßt sich als unidirektionaler Prozeß beschreiben, der einer Progression folgt: In Abhängigkeit von den oben genannten außersprachlichen Faktoren findet eine Annäherung der individuellen Sprachproduktion an zielsprachliche Normen statt. Weiter wird Interferenz durch die Muttersprache zu beobachten sein und eine eingeschränkte sprachliche Kreativität, die im Rahmen bereits erworbener Regularitäten wirkt (z. B. als Übergeneralisierung).

Die Stufen dieser Annäherung lassen sich aber keineswegs im Sinne sprachlicher Varietäten in einem kreolsprachlichen Kontinuum interpretieren. Anders als diese besitzen die 'Lernerstadien' keine soziale Funktion; das Lernerindividuum kann auch nicht aus kommunikativen Gründen auf frühere Erwerbsstadien zurückgreifen. Die Varietäten eines kreolsprachlichen Kontinuums erfüllen dagegen spezifische soziale Funktionen. So werden etwa in Belize basilektale Kreolvarietäten für die Kommunikation in der *peer group* verwendet, mesolektale Varietäten für die interethnische Kommunikation und akrolektale Varietäten in formellen Kontexten (vgl.

111

Kap. 10). Kreolsprecher/innen verfügen über ein Spektrum sprachlicher Varietäten, das ihnen insgesamt natürliche, wenn auch nicht konfliktfreie muttersprachliche Identifikationsmöglichkeiten bietet.

Ausgangsbasis für einen Dekreolisierungsprozeß ist nicht ein lernersprachliches Stadium, sondern ein voll ausgebildetes sprachliches System, das sich als Ergebnis sprachkreativer Prozesse darstellt. Dekreolisierung meint gerade nicht die individuelle Annäherung an eine Zielsprache, sondern einen Sprachwandel, d. h. einen gesellschaftlichen Prozeß, bei dem sich unter bestimmten Bedingungen (hier: unter dem sozialen Druck, der von der neben der Kreolsprache existierenden europäischen Prestigesprache ausgeht) ein sprachliches System verändert.

Der Beginn dieses Sprachwandels liegt in der sprachlichen Variation, die nicht nur auf der individuellen Ebene, sondern in der Sprachgemeinschaft insgesamt zu beobachten ist. Der Sprachwandel betrifft das ganze Sprachsystem; beim Zweitspracherwerb wird neben der vorhandenen muttersprachlichen Kompetenz eine zusätzliche Kompetenz in der fremden Sprache erworben – das System der Muttersprache wie der fremden Sprache bleibt davon unberührt.

Diese fundamentalen Unterschiede treten auch bei Bickerton in den Hintergrund, wenn er den kindlichen Spracherwerb mit Kreolisierung und Dekreolisierung vergleicht:

(. . .) the child's actuation of the bioprogram is like creolization, and the child's modification of bioprogram specifications (d. h. die Annäherung an die Erwachsenensprache – M. H) is like decreolization.
(Bickerton, 1981: 193)

Andererseits wird hier das grundlegende Prinzip der angeborenen menschlichen Sprachfähigkeit hervorgehoben, die auch bei unterschiedlichen Bedingungen zu vergleichbaren sprachlichen Erscheinungen führt.

8. PROZESSE DER KREOLISIERUNG

Als Kreolisierung bezeichnen wir diejenigen strukturellen Veränderungen, die den Wandel einer Pidginsprache zur Muttersprache ihrer Sprecherinnen und Sprecher begleiten. Dieser Wandel hat seine Ursachen in einer extensiven Funktionserweiterung der ursprünglichen Verkehrssprache, die ja nur für spezialisierte und gleichzeitig restringierte kommunikative Zwecke benötigt wird. Der funktionale Wandel ist seinerseits an die Veränderung sozialer Bedingungen in der multilingualen Gesellschaft geknüpft: Der Bezug der Pidginsprecher zu ihren primären Sprachgemeinschaften ist wesentlich gestört, so daß die jeweilige Muttersprache dem Individuum keine ausreichenden Identifikationsmöglichkeiten mehr bietet. Gleichzeitig steht auch die sozial dominierende europäische Sprache nicht als Modell für einen kontinuierlichen Zweitspracherwerb zur Verfügung. Damit sind weder die Voraussetzungen für einen Sprachwechsel (*language shift*) noch für einen stabilen Bilingualismus gegeben; vielmehr wird unter diesen Bedingungen ein Prozeß der Kreolisierung einsetzen.

Kreolisierung stellt einen substantiellen Sprachwandel dar, der insbesondere Vorgänge von Expansion und Diversifikation umfaßt, die zum Ausgleich referentieller und nichtreferentieller Defizite des pidginsprachlichen Systems führen (vgl. Mühlhäusler, 1980: 21). Eine Vergrößerung des referentiellen Potentials wird vor allem durch die Erweiterung des Wortschatzes erreicht, etwa durch die Ausbildung produktiver Wortbildungsmuster, während eine Vergrößerung der nichtreferentiellen Kapazität einer Pidginsprache in der Entwicklung redundanter Markierungen und stilistischer Variation zu sehen ist.

In dem Maße, wie sich die Pidginsprache funktional und strukturell ausdifferenziert, erfahren die ursprünglichen Muttersprachen einen fortschreitenden Funktionsverlust, bis sie von nachfolgenden

Kreolsprechern entweder ganz aufgegeben oder nur noch in ritualisierten Zusammenhängen gebraucht werden.

Im folgenden sollen einige Phänomene von Kreolisierung im lexikalischen und syntaktischen Bereich dargestellt werden. Die sprachlichen Belege stammen überwiegend aus einer westafrikanischen und zwei pazifischen englisch-orientierten Pidgin- bzw. Kreolsprachen, dem Cameroons Pidgin, dem Tok Pisin und dem Hawaiian Creole English. Die Kreolisierung dieser Sprachen ist noch nicht abgeschlossen, so daß im Gegensatz zu vielen karibischen Kreolsprachen, die sich bereits in einem Dekreolisierungsprozeß befinden, hier die Möglichkeit besteht, Prozesse der Kreolisierung noch unmittelbar zu verfolgen bzw. mit einiger Sicherheit zu rekonstruieren, da auch pidginsprachliche Entwicklungsstufen noch zugänglich sind.

Von zentraler Bedeutung ist neben der linguistischen Beschreibung der Kreolisierungsvorgänge die Frage, welche psycholinguistischen Ursachen für die sprachlichen Veränderungen jeweils verantwortlich sind, ein Problem, das ausführlicher im Abschnitt über die afrikanische Basis der karibischen Kreolsprachen behandelt wird (Kap. 9). Es ist mit drei Erklärungsmöglichkeiten zu rechnen: Einflüssen aus den Substratsprachen, Einflüssen aus der Superstratsprache und der Wirkung universeller Sprachentwicklungsmechanismen.

Pidginsprachen sind keine invarianten Systeme und können sich bei gegebenem funktionalem Wandel quantitativ und qualitativ verändern, noch bevor sie ihren ausschließlichen Status als Zweitsprache verlieren. Dies wiederum bedeutet, daß sprachkreative Prozesse, die wir ja als entscheidendes Merkmal von Kreolisierung betrachten, bereits von erwachsenen Sprecherinnen und Sprechern eingeleitet werden können. Wir erhalten kein adäquates Bild sprachlicher Vorgänge, wenn Kreolisierung überwiegend als kindlicher Spracherwerb unter extremen Bedingungen gesehen, die Rolle erwachsener Sprecher aber vernachlässigt wird.

Nach dem Grad ihrer strukturellen Differenzierung lassen sich Pidginsprachen verschiedenen Entwicklungsstufen zuordnen. Todd (1974: 53) setzt für die Phase des ersten marginalen Sprachkontakts ein restringiertes Pidgin an *(restricted pidgin)*; dieser Stufe entspricht in Mühlhäuslers Beschreibung des Tok Pisin der Jargon *(jargon)*, der auf der syntaktischen Ebene durch Ein- oder Zweiwortsätze, auf der lexikalischen Ebene durch unmarkierte einfache und multifunktionale Elemente gekennzeichnet ist (vgl. Mühlhäusler, 1980: 37). Eine zweite Entwicklungsstufe bezeichnet Todd als elaboriertes Pidgin *(elaborated pidgin)*; dieser Stufe entsprechen bei Mühlhäusler das stabilisierte Pidgin *(stabilized pidgin)* und das expandierte Pidgin *(expanded pidgin)*. Ersteres zeigt die Ausbildung einfacher Satzmuster, während das expandierte Pidgin bereits komplexe Sätze und vor allem produktive Wortbildungsmuster aufweist.

Die von Mühlhäusler beschriebenen Stadien sind am Beispiel des Tok Pisin entwickelt worden, stellen aber ein allgemeines Modell für Stufen von Kreolisierung dar. Jede Stufe kann Ausgangspunkt für die Kreolisierung sein. So setzt Mühlhäusler (1980: 32) den Beginn der Kreolisierung der karibischen englisch-orientierten Kreolsprachen schon für die Jargon-Phase an. Welche Entwicklungsstufen – ausgehend vom ersten marginalen Sprachkontakt – jeweils durchlaufen werden, hängt von nichtlinguistischen Faktoren ab.

Schließlich folgt als letzte Stufe des pidginsprachlichen Entwicklungskontinuums die Kreolsprache, die sich in ihrem Ausdruckspotential von anderen Muttersprachen weder auf der referentiellen noch auf der nichtreferentiellen Ebene unterscheidet.

8.1. *Kreolisierung auf der lexikalischen Ebene*

Der Wortschatz einer Pidginsprache ist durch referentielle Lükken und semantische Vagheit gekennzeichnet (vgl. Mühlhäusler, 1977: 1163). Zum einen fehlen Ausdrücke für bestimmte Phänomene, insbesondere abstrakte Vorstellungen, zum anderen decken zahlreiche pidginsprachliche Wörter einen breiten semantischen Raum ab, der etwa im Englischen lexikalisch weiter ausdifferenziert ist. Auf das Problem der Verwendung von englischem Wortmaterial, das aber mit afrikanischen Inhalten besetzt ist, habe ich ja bereits hingewiesen.

Für das Cameroons Pidgin stellt Todd fest:

Physical appearance and behaviour are fully represented in the vocabulary, though, on superficial acquaintance, CP seems to lack the terminology necessary to deal with abstractions, emotions, mental processes.
(Todd & Mühlhäusler, 1977: 4)

Es bestehen verschiedene linguistische Möglichkeiten, den minimalen Wortschatz einer Pidginsprache zu erweitern und zu präzisieren; dies kann insbesondere durch Komposition und Derivation geschehen, durch Übernahme von Wörtern aus den am Sprachkontakt beteiligten Sprachen sowie durch Veränderung der syntaktischen Funktion und/oder der semantischen Struktur schon vorhandener Wörter.

Ich werde im folgenden auf Beispiele aus dem Bereich von Konversion, Reduplikation, Komposition und Derivation eingehen.

8.1.1. Konversion

Zu den typischen Merkmalen eines kreolsprachlichen Lexikons gehört die große Zahl von Wörtern, die ohne morphologische Veränderung in verschiedenen syntaktischen Funktionen verwendet werden können. Das Prinzip der *Konversion* oder *Null-Ableitung* mit oder ohne Bedeutungsveränderung kennen wir auch aus dem Englischen, es tritt aber in den Kreolsprachen deutlicher hervor, weil es auch Fälle umfaßt, für die im Englischen morphologische Differenzierungen nötig sind. Ich will hier nur ein Beispiel aus dem Cameroons Pidgin nennen, das aber in anderen englisch-orientierten Kreolsprachen ebenfalls vorkommt.[44] Das multifunktionale Lexem *trohng* tritt im Cameroons Pidgin in folgenden syntaktischen Funktionen auf (vgl. Todd & Mühlhäusler, 1977: 16): als attributi-

---

[44] Das Cameroons Pidgin wird einerseits als Lingua Franca, d. h. als Zweitsprache, verwendet, aber auch schon als Erstsprache erworben; es befindet sich also noch in einem Prozeß der Kreolisierung. Vgl. zum folgenden auch Todd (1977).

ves und prädikatives Adjektiv (*sohm trohng pikin* 'a strong child'; *di pikin trohng* 'the child is strong'), als Adverb, in diesem Fall in reduplizierter emphatischer Form (*pulam trohng-trohng* 'pull it very strongly') und schließlich auch als Nomen (*trohng go du yu* 'strength will be your down-fall').

8.1.2. Reduplikation

Ein weiteres, formal ebenfalls wenig aufwendiges Mittel zur Erweiterung des Wortschatzes ist die *Reduplikation*. Auch dieses Wortbildungsmuster begegnet uns im Englischen, allerdings nur in wenigen isolierten Ausdrücken, die überdies meist noch starke Assoziationen zur Kindersprache zeigen; vgl. etwa *hush-hush, goody-gooáy, choochoo*. Häufiger finden wir im Englischen ablautende Ausdrücke, z. B. *ding-dong, mishmash,* oder reduplizierte Wörter mit variiertem Anlaut, z. B. *teeny-weeny, helter-skelter.* In den Kreolsprachen stellt die Reduplikation ein produktives Muster dar, das nicht auf die Verwendung in marginalen kommunikativen Situationen beschränkt ist.

Die Bedeutung eines kreolsprachlichen reduplizierten Ausdrucks läßt sich nicht generell vorhersagen. Viele Ausdrücke haben eine intensivierende Funktion, z. B. Jamaican Creole (JC) *fainfain* 'very lovely', Miskito Coast Creole (MCC) *big-big* 'very big', *prity-prity* 'very beautiful'; [45] Tok Pisin (TP) *dotidoti* 'squalid', *bikbik* 'huge'. Bei Verben kann Reduplikation signalisieren, daß ein Vorgang länger andauert oder sich wiederholt (durative bzw. iterative Funktion), z. B. JC *koskos* 'curse again and again', MCC *tiiz-tiiz* 'tease continuously'; TP *toktok* 'chatter', *lukluk* 'stare at, see'. Mit Hilfe von Reduplikation lassen sich zahlreiche weitere semantische Spezialisierungen lexikalisieren, vgl. JC *ben* 'bend' – *benben* 'crooked'; *mashop* 'wrecked' – *mashop-mashop* 'completely wrecked'; TP *krai* 'shout' – *kra(i)krai* 'yell'; *sing* 'sing' – *singsing* 'ritual singing'; CP *tai* 'tie' – *taitai* 'a hut partly built of woven bamboo' (vgl. Todd &

---

[45] Die MCC-Beispiele stammen aus Holm (1978).

Mühlhäusler, 1977: 9); MCC *mash-mash* 'native sugar-cane mill', *dip-dip* 'sauce into which bread is dipped'.

Reduplizierte Nomina können z. B. eine Menge oder größere Einheit bezeichnen, die sich aus den im einfachen Nomen bezeichneten Gegenständen konstituiert: JC *was* 'wasp' – *was-was* 'swarm of wasps'; *robish* 'dirt, rubbish' – *robish-robish* 'garbage'; *huol* 'hole' – *huol(i)-huol(i)* 'having countless holes'; MCC *ju* 'dew' – *ju-ju* 'very light rain'; *klie* 'clay' – *klie-klie* 'a lot of clay or mud'; *lim* 'limb, branch' – *lim-lim* 'having many branches'; *gravl* 'gravel' – *gravl-gravl* 'gravelly land'.

Die Reduplikation ermöglicht weiter die Benennung abstrakter Eigenschaften oder Zustände; vgl. MCC *faya-faya* 'quick-tempered', *fas-fas mout* 'impertinent in speech'.

Todd (1974: 55) erwähnt noch die Möglichkeit, mit Hilfe von Reduplikation die Zahl homonymer Wörter zu verringern: JC *san* 'sun' – *sansan* 'sand'; TP *sip* 'ship' – *sipsip* 'sheep'.

Auch im Fall der Reduplikation ist nicht zu entscheiden, ob primär substratsprachliche oder universelle Einflüsse zur Erklärung herangezogen werden müssen. Für viele Ausdrücke aus den karibischen Kreolsprachen lassen sich westafrikanische Modelle finden, vgl. z. B. Mandinka *ke* 'do' – *kée-kée* 'keep on doing'; *kuntu* 'cut' – *kuntung-kuntung* 'cut up' (vgl. Holm, 1978: 59). Holm weist in diesem Zusammenhang auf die Verwandtschaft der morphologischen Reduplikation zur syntaktischen Repetition von Verben hin, die – im Gegensatz zum Englischen – in westafrikanischen und Kreolsprachen ohne koordinierendes Element vorgenommen werden kann; auffällig ist die zweimalige Wiederholung bei der Repetition gegenüber der einmaligen Wiederholung bei der Reduplikation:

MCC   i staat to krai krai krai
           "He started to cry and cry."
           i skuor im, i skuor im, i skuor im
           "He kept cutting him."

YORUBA mo *je je je*
           "I ate and ate and ate."
           mo *se é se é se é*
           "I tried and tried (to do) it."

8.1.3. Komposition

Auch die *Komposition* bietet sich natürlich als Mittel zur Erweiterung des Wortschatzes an. Es sollen hier Beispiele für zwei Kategorien von Komposita genannt werden: (a) Komposita, denen einfache syntaktische Konstruktionen zugrunde liegen und deren Bedeutung aus diesen Konstruktionen abgeleitet werden kann; (b) idiomatische Komposita, die gegenüber ihren Konstituenten eine nicht prädikable semantische Differenzierung zeigen.

Beispiele für (a) sind etwa Agens-Komposita mit *-man* 'man, person', denen im Englischen meist Derivationen auf *-er* entsprechen, vgl. JC *honta-man* 'hunter', *raita-man* 'writer', *american-man* 'American'; TP *draiwaman* 'driver', *gavman* 'government official'.

Genusdifferenzierungen, die im Englischen lexikalisiert sind, können in den Kreolsprachen durch die Kombination mit *man/woman* ausgedrückt werden, vgl. JC *uman-pikni* 'daughter' – *man-pikni* 'son'; GU (Gullah) *um-tjikin* 'hen' – *man-tjikin* 'rooster'; KR (Krio) *uman-kaw* 'heifer' – *man-kaw* 'bull' (vgl. Alleyne, 1980: 106 f.).

Hierher gehören auch die folgenden nominalen Komposita aus dem Tok Pisin, die aus einem Adjektiv und einem Nomen bestehen, denen im Englischen wiederum einfache lexikalisierte Ausdrücke entsprechen (vgl. Mühlhäusler, 1977: 1168): TP *dua* 'door' – *bikdua* 'gate'; *maunten* 'hill' – *bikmaunten* 'mountain'; *rot* 'road' – *bikrot* 'highway'; *win* 'wind' – *bikwin* 'storm'; vgl. auch JC *bigman* 'important person'.

Zur Kategorie idiomatischer Komposita gehören etwa solche Ausdrücke, deren eine Konstituente einen Körperteil bezeichnet, die insgesamt aber physische oder psychische Befindlichkeiten umschreiben, z. B. TP *nekdrai* '(having a dry neck) thirsty'; *aiklia* '(having clear eyes) informed'; *sikhet* '(sick, head) mentally disturbed'; *waitgras* '(white, grass, 'hair') old, experienced'.

Diese Bildungen zeigen in besonderem Maße substratsprachliche Einflüsse. Bezogen auf die verbreitete metaphorische Verwendung von *ai* 'eye' in Kontexten wie TP *ai bilong botol* 'lid', *ai bilong haus* 'gable' oder *ai bilong susu* 'nipple' bemerkt Mühlhäusler (1977:

119

1161): "The semantics of Pidgin is basically not English but Ocean-ic." Dies trifft auch auf die folgenden Beispiele aus dem Cameroons Pidgin zu, wobei natürlich entsprechend von westafrikanischen Quellen auszugehen ist: *big-ai* '(big, eye) greedy', *reht-ai* '(red, eye) angry', *bad-mouth* 'insulting', *bele-hoht* '(belly, hot) vexation'. Die Resultate des Wortbildungsprozesses (Adjektiv + Nomen oder Nomen + Adjektiv) können wiederum verschiedene syntaktische Funktionen übernehmen.

Neben dem eben beschriebenen Kompositionstyp (Adj + N oder N + Adj) finden wir einen weiteren, der ein (meist) transitives Verb und das zugehörige Objekt verknüpft, z. B. Cameroons Pidgin *koht-hat* '(cut, heart) frighten', *kul-hat* '(cool, heart) console, help', *wash-bele* '(wash, belly) the last child', *tie-han* '(tie, hand) mean', *bait-han* '(bite, hand) regret, extreme sorrow'. Viele dieser Komposita sind Wort-für-Wort-Übersetzungen aus afrikanischen Substratsprachen.

Cameroons Pidgin reflects an African way of life. Even where it is learnt as a first language, it is learnt in conjunction with one or more vernaculars and so calquing will remain an important source of CP idiom.
(Todd & Mühlhäusler, 1977: 12)

Die Analyse von Sprachen, die sich noch in einem Kreolisierungs-prozeß befinden, die also für einen Teil ihrer Sprecher noch die Funktion einer Zweitsprache erfüllen, von einem anderen aber schon als Muttersprache erworben werden, läßt vermuten, daß den Substratsprachen generell eine gewichtigere Rolle bei der Kreolisie-rung zufällt, als bisher angenommen wurde. Dies trifft insbesondere für solche Regionen zu, in denen immer noch ein Kontakt zwischen der Pidgin- bzw. Kreolsprache und den Substratsprachen besteht. Ungleich schwieriger ist die Rolle der Substratsprachen natürlich dann zu beurteilen, wenn – wie im Fall der karibischen Kreol-sprachen – dieser Kontakt unterbrochen wurde.

8.1.4. Derivation

Im Bereich der *Derivation* finden wir neben eher isolierten Bildungen wie JC *badnis* 'evil, wrong-doing', *proudnis* 'pride' (ein Beispiel für die intrastrukturelle Übergeneralisierung einer Wortbildungsregel, wie sie für Lernersprachen typisch ist) natürlich auch produktive Ableitungsmuster.

Als Illustration soll hier die Ableitung kausativer Verben im Tok Pisin dienen (vgl. Mühlhäusler, 1980: 37 ff.). Im Englischen haben wir verschiedene syntaktische Möglichkeiten, kausative Relationen auszudrücken: durch Paraphrasierung *(to make s. o. drink)*, durch Derivation *(to enlarge, to sweeten)* oder auch Transitivierung intransitiver Verben *(to gallop a horse, to march an army)*. Daneben steht eine Klasse von Verben zur Verfügung, die inhärent ein Merkmal (+ kausativ) haben, z. B. *kill, break*.

Die Entwicklung kausativer Verben im Tok Pisin verläuft über mehrere Stufen. In der frühen Pidginphase (die Jargon-Phase setzt Mühlhäusler für die Zeit vor 1880 an) kommen nur isolierte lexikalisierte Kausativa vor, z. B. *kill*. In der Stabilisierungsphase (1880–1920) treten die ersten periphrastischen Konstruktionen auf: *mi mekim kabora i drai* 'I dried the copra'. Damit ist ein syntaktisches Modell vorgegeben, das die Bildung weiterer Kausativkonstruktionen motivieren kann.

Es treten aber nun auch morphologische Kausativkomposita des Typs *mek* + V auf: *save* 'to know' → *meksave* 'to make know, to inform'. Diese Komposita können als Nachbildungen substratsprachlicher Ausdrücke interpretiert werden, vgl. Tolai *mat* 'to die' → *vamat* 'to kill'.

Schließlich kommt es zur Derivation kausativer Verben mit Hilfe des Transitivierungssuffixes *-im*. Dieser Wortbildungstyp hat weder ein Modell im Tolai noch im Englischen. Derivationen mit *-im* treten zuerst bei statischen intransitiven Verben auf, zu denen auch prädikative Adjektive gerechnet werden, vgl. *slipim* 'to make lie down', *stretim* 'to straighten'; dann können auch attributive Adjektive als Basis dienen: *bikim* 'to enlarge', *sotim* 'to shorten'. Seit 1960 sind Kausativableitungen auch von nichtstatischen intransitiven

Verben bekannt, z. B. *sanapim* 'to make stand up, erect', *wokabau-tim* 'to make walk'; und für das Jahr 1973 notiert Mühlhäusler die erste Ableitung von einem transitiven Verb: *dokta i dringim sikman* 'the doctor makes the patient drink'. Damit ist dieses Derivations-muster in der Kreolisierungsphase des Tok Pisin zu voller Produk-tivität gelangt. Es belegt gleichzeitig in anschaulicher Weise das Prinzip der nichtreferentiellen Expansion:

(. . .) the referential demands of Tok Pisin speakers were fully met by the periphrastic construction. (. . .) In present-day Tok Pisin, morphological causatives are stylistic variants of the equally widespread periphrastic caus-atives.
(Mühlhäusler, 1980: 39)

8.2. Kreolisierung auf der syntaktischen Ebene

In diesem Abschnitt sollen vier Phänomene angesprochen wer-den, für die wir – ausgehend vom Pidginstadium – jeweils verschie-dene Entwicklungsstufen feststellen können: (1) Wortstellung, (2) Tempus- und Aspektmarkierungen, (3) Artikelgebrauch und (4) Re-lativisierung. Auch hier werden wir sehen, daß strukturelle Elabora-tion keineswegs immer zu einer „Komplexifizierung" des pidgin-sprachlichen Systems führt (vgl. Valdman, 1977: 157). So läßt sich beispielsweise nicht einleuchtend begründen, daß ein syntaktisches System, das die Kategorie 'Tempus' adverbial markiert, etwa weni-ger komplex wäre als eines, das präverbale Partikel verwendet.

8.2.1. Wortstellung

Neben Papua-Neuguinea ist auch Hawaii eine der Regionen, wo Kreolisierungsprozesse noch unmittelbar beobachtet werden kön-nen. Auf Hawaii kann mit der Existenz eines englisch-orientierten Pidgin nicht vor 1880 gerechnet werden (vgl. Bickerton, 1979a: 9). Vor dieser Zeit gab es eine Varietät des Englischen, die als *hapa haole* bekannt ist, und auf den Plantagen wurde eine auf dem Hawaiianischen basierende Pidginsprache, das *olelo hapiai,* gesprochen. Dieses Pidgin dürfte zwischen 1876 und 1896 einen Relexifizierungsprozeß zum Englischen hin durchlaufen haben, der durch eine radikale Veränderung der ethnischen Zusammensetzung auf den Plantagen motiviert war. Im Jahre 1876 wurde der sog. *Sugar Act* verabschiedet, der die Ausfuhr von Zucker zu guten Preisen ermöglichte. Die Zuckerindustrie nahm einen enormen Aufschwung, der schnell zu einem erheblichen Bedarf an Arbeitskräften führte. Dieser Bedarf wurde vor allem durch Einwanderergruppen aus Japan, von den Philippinen, aus China und aus Portugal gedeckt, wobei Japaner und Filipinos die zahlenmäßig größte Gruppe konstituierten. Danach finden wir Pidginvarietäten auf Hawaii, die die jeweiligen Substratsprachen deutlich erkennen lassen.

(. . .) the syntax of the pidgin speaker in this early pidgin stage seems to reflect the original syntax of his native language to which has been added a portion of the English lexicon.
(Bickerton, 1979a: 9)

Mit der Kreolisierung des Hawaiian Pidgin English (HPE) rechnet Bickerton in der Zeit von etwa 1910–1920. Die Beeinflussung des HPE durch die Substratsprachen läßt sich am Beispiel der Wortstellung zeigen. Während japanische Pidginsprecher überwiegend Sätze mit einer SOV-Struktur *(Subjekt–Verb–Objekt)* verwenden (a), sind philippinische Sprecher, deren Muttersprache Tagalog ist, an der Struktur VS *(Verb–Subjekt)* zu erkennen (b):

(a) da pua pipl awl poteito it
  "Die armen Leute haben nur Kartoffeln gegessen."
(b) wok had dis pipl
  "Diese Leute arbeiten schwer."
(Vgl. Bickerton, 1981:11)

Die Wortstellung im HPE ist also variabel, Norm und Abweichung lassen sich nicht festlegen. Damit ist auch die Hervorhebung (Fokussierung) einer Satzkonstituente durch Verschiebung an die Satzspitze nicht möglich. Im Hawaiian Creole English (HCE) kann dagegen von der Grundstruktur SVO ausgegangen werden, so daß Abweichungen von dieser Regel funktionale Aufgaben erfüllen. Wir finden im HCE sowohl Objekt-Frontierung wie Prädikat-Frontierung; zunächst zwei Beispiele für Objekt-Frontierung:

Eni kain lanwij ai no kaen spik gud.
"Ich kann keine Sprache gut sprechen."
O, daet wan ai si.
"Oh, I saw that one."

Während beispielsweise auch das Deutsche Objekt-Frontierung zuläßt *(Keine Sprache kann ich gut sprechen)*, ist dies im Englischen nicht möglich. Hier besteht eine enge Verflechtung zwischen grammatischem Subjekt und der funktionalen Kategorie *Thema* (die bekannte, nichtmarkierte Information). Eine Änderung der generellen Reihenfolge Thema–Rhema kann nicht durch einfache Positionsveränderung vorgenommen werden, es muß auf andere syntaktische Prozesse, etwa die Passivierung, zurückgegriffen werden.

Im HCE ist auch Frontierung des Prädikats akzeptabel, ebenfalls eine Konstruktion, die nicht aus dem Englischen, aber offenbar auch nicht aus den Substratsprachen abgeleitet werden kann. Das Prädikat kann frontiert werden, wenn es neue Informationen enthält:

bifoa don haev mach chriz hia. in daet hil dea no moa chriz. *daes leitli* dis pain chri.
"There weren't many trees here before. There were no trees at all on that hill over there. These pine trees (that you now see there) were planted recently."

Aus der Tatsache, daß für die Wortstellungsregeln im HCE keine Modellkonstruktionen in den am Sprachkontakt beteiligten Sprachen nachzuweisen sind, leitet Bickerton eine weitreichende Hypothese über ihre psycholinguistische Begründung ab:

There is no way in which the sentence orders that are produced, or the rules which produce them, could have been acquired by the first creole generation from their pidgin-speaking parents.
(Bickerton, 1981: 21)

Die Ausbildung dieser Wortstellungsregeln wird deshalb auf die Wirkung universeller Sprachentwicklungsmechanismen zurückgeführt.

8.2.2. Tempus- und Aspektmarkierungen

Die kreolsprachliche Markierung der Tempuskategorie 'Irrealis' durch separate Partikel trägt – ähnlich wie die Derivation kausativer Verben auf -*im* im Tok Pisin – nicht zur Erweiterung der referentiellen Kapazität der Pidginsprache bei. Auf zukünftige Handlungen oder Ereignisse kann auch mit Hilfe adverbialer Ausdrücke referiert werden. Durch die verbale Markierung gewinnt die Pidginsprache aber an stilistischer Flexibilität. Dies läßt sich am Beispiel des Tok Pisin zeigen.

Schon vor 1865 ist im Südsee Jargon English der adverbiale Ausdruck *by and by* belegt, der zur Bezeichnung zukünftigen Geschehens verwendet wird. Auch aus anderen pazifischen englisch-orientierten Pidginsprachen ist dieser Ausdruck bekannt (vgl. Sankoff, 1979: 28f.). Für das Melaneso-Englische verzeichnet Schuchardt (1883: 156) die folgenden Beispiele:

by and by he come
"Er wird gleich kommen."
brother belong-a-me by and by he dead
"Mein Bruder liegt am Tode."

Schuchardt zitiert auch ein Beispiel aus dem Chinese Pidgin English:

my by 'mby catchee he
"Ich werde es bekommen."

Im Tok Pisin finden wir in älteren Quellen des 19. Jahrhunderts die adverbiale Form *baimbai* in der Bedeutung „nachher, später, dann, usw.", wobei das Adverb immer an der Satzspitze steht:

baimbai mipela i go long ples bilong mi
"Etwas später werden wir in mein Dorf gehen."
baimbai mi painim
"Ich werde es mit der Zeit sicherlich finden."
(Bauer, 1974: 106)[46]

---

[46] Bauer nimmt hier zusätzlich eine emphatische Funktion des temporalen Adverbs an.

Die volle Form *baimbai* ist heute im Tok Pisin kaum noch anzu-
treffen. In ihrer Untersuchung der Sprache von sechs Erwachsenen
und fünf Jugendlichen verzeichnen Sankoff & Laberge (1974) nur
einen einzigen Beleg für *baimbai,* während die reduzierte Form *bai*
234mal vorkommt. Die Reduzierung von *baimbai* ist heute voll-
ständig durchgeführt und wird auch von Erwachsenen benutzt, für
die das Tok Pisin noch Zweitsprache ist. Sankoff & Laberge haben
eine Tendenz zur weiteren Reduktion von [baɪ] > [bə] festgestellt,
die aber bei jugendlichen Kreolsprechern deutlicher ausgeprägt ist
als bei erwachsenen Sprechern.

Bauers Untersuchung (1974) bestätigt diesen Befund allerdings
nicht. In seinen Beispielen finden wir durchgehend die zweisilbige
Form in adverbialer (s. o.) und konjunktionaler Funktion:

ol i go bambai ol i painim kaikai
"Sie (alle) gingen, um Nahrung zu suchen."
(lit. Sie gingen und werden Nahrung finden.)
yu no helpim mi, bambai mi no helpim yu tu
"Wenn du mir nicht hilfst, dann werde ich dir ebenfalls nicht helfen."
(lit. Du hilfst mir nicht, und ich werde dir auch nicht helfen.)

Nur in der modalen Funktion wird neben der vollen auch die
reduzierte Form erwähnt:

mi baimbai stap rit "I shall be reading."
bai mi go "Ich werde (muß, will) gehen."
(Bauer, 1974: 99)

Ich vermute allerdings, daß sich dieser Befund nur aufgrund der
überwiegend älteren schriftlichen Quellen ergibt: Bauer stützt sich
vor allem auf Murphy (1966), Mihalic (1971) und das Nupela Testa-
men (1969), die Kreolisierungsprozesse des Tok Pisin noch nicht
erfassen.

Der Übergang vom Satzadverb zur Auxiliarpartikel, den Sankoff
(1979: 29) noch vor 1960 ansetzt, wird durch eine Änderung der
Wortstellung markiert. Im Pidgin wird die satzinitiale Position be-
vorzugt, im kreolisierten Tok Pisin rückt *bai* unmittelbar vor das
Verb. Der Funktionswandel des ursprünglichen temporalen Ad-

verbs zeigt sich weiter in seiner redundanten Verwendung. Heute kommt *bai* auch in Sätzen vor, die bereits ein Adverb mit futurischer Bedeutung enthalten, z. B. *nau* oder *klostu*. Die Partikel *bai* dient damit nicht allein der Vermittlung referentieller Information.

Bei älteren Pidginsprechern kommt noch adverbialer Gebrauch von *bai* in satzinitialer Position bei ansonsten unmarkierten Verben vor:

bai em kam bek na i stap na kaikai na kisim wara
"She will come back and stay and eat and fetch water."
(Mühlhäusler, 1980: 23)

Bei jungen Kreolsprechern besteht dagegen schon eine Tendenz zur obligatorischen Verbmarkierung:

pes pikinini ia *bai* yu go long wok, – *bai* yu stap ia na bai yu stap long banis kau bilong mi na *bai* taim mi dai *bai* yu lukautim
"You, first son, will go and work in, – you'll remain here and you'll stay on my cattle farm and when I die you'll look after it."
(Sankoff, 1979: 297)

Das zweite Phänomen betrifft die Markierung des progressiven Aspekts, die ein charakteristisches Merkmal syntaktischer Kreolisierung ist.

Im Hawaiian Creole English finden wir die präverbale Partikel *stei*, die durative und habituelle (iterative) Funktionen erfüllt, und zwar unabhängig vom Tempus des Satzes, das im HCE ebenfalls (fakultativ) markiert wird. Zunächst ein Beispiel für die Bedeutung 'present continuous' (vgl. Bickerton, 1981: 26 ff.):

ai no kea hu stei hant insai dea, ai gon hant
"I don't care who's hunting in there, I'm going to hunt."

Das zweite Beispiel illustriert den Kontext 'present habitual':

yu no waet dei stei kawl mi, dakain – kawl mi gad
"You know what they call me, that bunch? They call me God."

Im Hawaiian Pidgin English tritt *stei* noch nicht als Aspektpartikel auf, es erscheint hier als Vollverb mit lokativen Ergänzungen:

mi iste nalehu tu yia
"I was in Nalehu for two years."

Sporadische Fälle von präverbalem *stei* bei Sprechern, die vor 1920 nach Hawaii eingewandert sind, interpretiert Bickerton (1981: 27) als mehrdeutig und lehnt deshalb die Hypothese ab, daß ein syntaktischer Wandel schon bei erwachsenen Pidginsprechern begonnen hat. Vielmehr schreibt Bickerton die Entwicklung der aspektualen Funktionen von *stei* den sprachkreativen Fähigkeiten kindlicher Kreolsprecher zu.

Parallele Unterscheidungen trifft auch das Guyanese Creole (GC). Die Partikel *a* markiert sowohl den kontinuativen wie den iterativen Aspekt, unabhängig vom Tempus des Satzes. Zunächst ein Beleg für das 'past continuous':

di kuliman bin prapa fraikn di blakman – evribadi a wach aut de an nait fu si wa go hapn
"The Indians were really afraid of the Negroes – everybody was watching out to see what would happen."
(Bickerton, 1975: 34)

Der folgende Satz belegt den Gebrauch des 'present-habitual':

evri de mi a ron a raisfiil
"Every day I hurry to the ricefield."

Für das HCE wie das Guyanese Creole (wie übrigens auch für die entsprechenden Ausdrücke im Englischen) gilt die Beschränkung, daß *stei* bzw. *a* nicht mit statischen Verben verknüpft werden kann. Die folgenden Sätze sind deshalb ungrammatisch:

HCE *shi stei no da ansa
"*She is knowing the answer."
(Bickerton, 1981: 29)
GC *dem a waan
"*They are wanting."
(Bickerton, 1975: 34 f.)

Auch im Tok Pisin finden wir bereits die Markierung des progressiven Aspekts. Im Gegensatz zu Bickertons Hypothese, daß die habituellen, durativen und iterativen aspektualen Funktionen generell nur von *einer* präverbalen Partikel markiert werden, stehen im Tok Pisin zwei (auch als Vollverben verwendbare) Elemente zur Verfügung: *save* und *stap*. Das präverbale *save* hat offenbar sowohl durative wie iterative Funktionen:

draipela pik i *save* stap ia na em i *save* kaikai ol man
"A huge pig used to live (there) and it used to eat the people."
(Sankoff, 1979: 42)

Stap dagegen erscheint nur gelegentlich präverbal, meist aber postverbal oder sogar am Ende des Satzes, d. h. auch als diskontinuierliche, vom Verb durch andere Elemente getrennte Partikel; *stap* bezeichnet eher den durativen Aspekt:

mi *stap* rit
"I am reading."
(Bauer, 1974: 99)
ol kaikai *istap* nau, disfela meri go insait
"While they were eating, this woman went inside."
(Sankoff, 1979: 44)
asde mi rit i *stap*
"Yesterday I was reading."
(Bauer, 1974: 99)

Der Vergleich von drei englisch-orientierten Kreolvarietäten (HCE, GC, TP) zeigt wesentliche Übereinstimmungen in der Markierung temporaler und aspektualer Funktionen, deren Ausbildung auf allgemeine sprachkreative Fähigkeiten zurückgeführt werden kann. Gleichzeitig lassen die einzelnen Sprachen innerhalb des generellen Rahmens auch individuelle Entwicklungen erkennen.

8.2.3. Artikelgebrauch

Im HPE kommen Artikel nur sporadisch vor, ihr Gebrauch läßt sich nicht vorhersagen, er variiert zwischen Unterrepräsentation bei japanischen Sprechern und Übergeneralisierung bei philippinischen Sprechern (vgl. Bickerton, 1981: 22).

Im HCE lassen sich dagegen generelle Regeln für den Artikelgebrauch formulieren. Es gibt drei Artikelformen (*da, wan,* ∅), die
jeweils mit bestimmten semantischen Funktionen verbunden sind.
Dabei kommt der Unterscheidung 'bestimmt–unbestimmt' bzw.
'definit–indefinit' und 'spezifisch–generisch' besondere Bedeutung
zu.

Der bestimmte Artikel *da* dient der Referenz auf Gegenstände
oder Sachverhalte, die sowohl Sprecher wie Hörer bekannt sind
(Bickerton, 1977: 58 spricht in diesem Zusammenhang von "existentially presupposed NP"):

aefta da boi, da wan wen jink daet milk, awl da mout soa
"Afterwards, the mouth of the boy who had drunk that milk was all sore."
(Bickerton, 1981: 23)

Aus dem Guyanese Creole stammt folgendes Beispiel:

mi bai di buk
"I bought the book."

Dieser Gebrauch unterscheidet sich nicht von englischen Beispielen. Im ersten Fall wird das gemeinsame Wissen von Sprecher und
Hörer durch Postmodifikation (hier durch einen Relativsatz) her-
gestellt; im zweiten Fall ist davon auszugehen, daß *di buk* auf eine
frühere Erwähnung rekurriert.

Der unbestimmte Artikel *wan* wird zur Bezeichnung spezifischer
Gegenstände oder Sachverhalte verwendet, über die kein Vorwissen
angenommen werden kann ("existentially asserted NP", Bickerton,
1977: 58):

hi get wan blaek buk. daet buk no do eni gud
"He has a black book. That book doesn't do any good."

Vgl. auch ein Beispiel aus dem Guyanese Creole:

mi bai wan buk
"I bought a book."

Unterschiede zum Englischen (wie auch gleichzeitig zu den Substratsprachen) ergeben sich bei der dritten Kategorie, dem Null-

Artikel, der vor allem bei generischer Referenz und in den folgenden Fällen verwendet wird: "a specific referent may exist, the exact identity of that referent is either unknown to the speaker or irrelevant to the point at issue" (Bickerton, 1981: 23)[47]:

dog smat
"the dog is smart / dogs are smart"
yang fela dei no du daet
"young fellows don't do that"

Vgl. wieder ein Beispiel aus dem Guyanese Creole:

mi go bai buk
"I shall buy a book or books"

Aus der Beobachtung, daß den unmarkierten Formen im HCE im Englischen drei Ausdrucksmöglichkeiten gegenüberstehen (*the*, *a*, Ø), schließt Bickerton, daß es im HCE eine grammatische Kategorie *spezifisch/generisch* bzw. *markiert/unmarkiert* gibt, die im Englischen keine morphologische Entsprechung findet. Im Englischen können Singular- wie Pluralformen generische Bedeutung haben:

The tiger is a beautiful animal.
A tiger is a beautiful animal.
Tigers are beautiful animals.

Hier überlagert morphologische Variation die zugrundeliegende semantische Differenzierung in spezifisch/generisch, die im HCE (und offenbar generell in Kreolsprachen) noch Vorrang hat. Es scheint, daß diese Kategorie zu jenen gehört, die für die Ausbildung eines elaborierten muttersprachlichen Systems von essentieller Bedeutung sind.

Für das Tok Pisin stellt Sankoff (1979: 41) fest, daß der Gebrauch von Artikeln in den letzten Jahrzehnten erheblich zugenommen hat. Zwar kann noch nicht von einem ausgebildeten System im Sinne des

---

[47] Vgl. Bickerton (1977: 58), wo von "existentially hypothesized NP" die Rede ist.

HCE gesprochen werden, aber die Tendenz geht deutlich in die von Bickerton beschriebene Richtung: Der Gebrauch des Null-Artikels schränkt sich mehr und mehr auf generische Kontexte ein:

Siaman i kamap. Nambawan samting bifo dispela graun no gat masta
"The Germans arrived. At first this land had no Europeans."
(Mühlhäusler, 1980: 23)

Während *siaman* deutlich pluralische Bedeutung hat, dürfte *masta* eher generisch zu verstehen sein.

Der Gebrauch von *ia* (definiter Artikel) und *wanpela* (indefiniter Artikel) nimmt in den entsprechenden semantischen Zusammenhängen zu. Vgl.:

Ee! Man ia toktok wantaim husat?
"Hey! Who's this guy talking to?"
inogat wanpela man ikam
"There doesn't exist a person who came."

Bauer (1974: 44) interpretiert den Gebrauch von *wanpela* allerdings noch als „Europäismus", es sei denn, die so spezifizierte NP soll emphatisch hervorgehoben werden. Er hebt damit die demonstrative Funktion von Artikeln hervor.

ol i stap wokim haus
"Sie bauen (gerade) ein Haus."
ol i stap wokim wanpela haus
"Sie bauen (gerade) *ein* Haus."

Sankoff faßt die neueren Entwicklungen im Tok Pisin bzgl. des Artikelgebrauchs so zusammen:

Though the marking of 'definites' and 'indefinites' is still far from obligatory, the direction of change is clear.
(Sankoff, 1979: 41)

Auch für die karibischen Kreolsprachen scheint die von Bickerton vorgeschlagene Generalisierung zu gelten;[48] vgl. dazu die folgenden

---

[48] Die Unterscheidung spezifisch / generisch finden wir auch in franzö-

Beispiele aus dem Miskito Coast Creole (Holm, 1978: 40). Der definite Artikel *di* taucht in spezifischen Kontexten auf:

di piknini-dem no luk gud
"The children don't look well."

Der indefinite Artikel *wan* erscheint in unspezifischen Kontexten:

i tai im ananiit wan trii
"He tied him up underneath a tree."

Eine Interpretation als emphatische Äußerung kommt dabei nicht in Frage. Schließlich gibt es in generischen Kontexten den Null-Artikel:

pyampyam hav dem nona
"Magpies have guardian spirits."
mananti is a nice fish
"Manatees are nice fish."

8.2.4. Relativisierung

Relativsatzkonstruktionen sind komplexe Satzgefüge, die im allgemeinen transformationell durch die Einbettung eines Konstituentensatzes in einen Matrixsatz erklärt werden. In Pidginsprachen sind Einbettungen generell ungewöhnlich, und so kommen auch Relativsätze bei Sprechern des HPE, die nach 1920 nach Hawaii eingewandert sind, nur selten vor. Relativsätze gehören aber zum Inventar verfügbarer Satzkonstruktionen im HCE.

Allerdings bestehen signifikante Unterschiede zum Englischen, wo die Tilgung des Relativpronomens bestimmten Beschränkungen

sisch-basierten Kreolsprachen. So wird bspw. auch im Haitianischen Kreol der generische Gebrauch (zählbarer) Nomina durch den 0-Artikel markiert:
tab   "the table (as such)"
tab yo "tables" (*yo* ist Pluralmarkierer)
Hier liegt aber bereits eine Vermischung mit der morphologischen Pluralmarkierung vor (vgl. Lefebvre & Fournier, 1977).

unterliegt. Sie ist nur erlaubt, wenn das Relativpronomen Objekt des eingebetteten Satzes ist:

The man the police caught received ten years in jail.
Do you know the boy your daughter writes to?

Im HCE kann das Relativpronomen dagegen auch getilgt werden, wenn es Subjekt des Ralativsatzes ist (vgl. Bickerton, 1981: 35):

yu si di ailan get koknat?
"You see the island *that* has coconut palms on it?"
sam filipinoz wok ova hia dei wen kapl yiaz in filipin ailaenz
"Some Filipinos *who* worked over here went to the Philippines for a couple of years."

Es wäre allerdings zu überlegen, ob es sich bei diesen Sätzen tatsächlich um Relativsatzkonstruktionen handelt. Im ersten Fall wäre auch an ein *that*-Komplement zu denken, abgeleitet aus "You see that the island has coconut palms on it?" Im zweiten Fall könnten zwei unabhängige Sätze zugrunde liegen: "Some Filipinos worked over here. They went to the Philippines for a couple of years."

Im Tok Pisin läßt sich die Entwicklung von Relativsatzkonstruktionen über mehrere Stadien verfolgen (vgl. Sankoff & Brown, 1976). Das spätere Relativpronomen *ia* hat zunächst die Funktion eines lokalen Adverbs:

yu stap hia
"Stay here."

Vom adverbialen Gebrauch leitet sich die demonstrative oder deiktische Funktion von *ia* ab:

Ee! Man ia toktok wantaim husat?
"Hey! Who's this guy talking to?"

Schließlich führt eine erneute Funktionserweiterung zu einer Erscheinung, die im HCE offenbar nicht vorkommt, dem sog. *bracketing,* d. h. der Umklammerung von eingebetteten Sätzen durch bestimmte Partikel:

134

na pik ia (ol i kilim bipo ia) bai ikamap olsem draipela ston
"And this pig (they had killed) would turn into a huge stone."
(Sankoff, 1979: 32)

Sankoff & Brown beschreiben die historische Entwicklung von
Relativsätzen als Manifestation bestimmter Diskursstrategien. Die
Position der Demonstrativpartikel (immer nach dem Nomen) bot
die Möglichkeit, dort zusätzliche Informationen einzuschieben:

As this information came more and more to take the shape of a full sentence,
ia became available for reanalysis as a relativizing particle.
(Sankoff, 1979: 32)

Sankoff & Brown haben 112 Fälle von Relativsatz- und Spalt-
satzkonstruktionen *(cleft sentences)* untersucht. In 72 Fällen kam
eine Form von *ia-bracketing* vor (entweder *ia ... ia, ia ...* ∅ oder ∅
... ia), während in 40 Sätzen der eingebettete Satz unmarkiert blieb
(Sankoff & Brown, 1976: 652).[49]
Die Markierung durch initiales *ia* hebt zusätzliche Informationen
über die relativisierte NP hervor, sie kann als Mittel der Topikalisierung interpretiert werden.
Interessanterweise ist das Auftreten von Relativsatzkonstruktionen mit *ia-bracketing* schon für die Zeit *vor* Beginn der Kreolisierung des Tok Pisin in den 50er Jahren dieses Jahrhunderts belegt.
Die ersten Fälle von *ia*-Relativisierung wurden also von Sprechern
produziert, für die Tok Pisin noch Zweitsprache war.
Diese Tatsache relativiert Bickertons Generalisierungen bez. der
syntaktischen Kreativität von kindlichen Kreolsprechern. Auch
Erwachsene können offenbar auf sprachkreative Fähigkeiten zurückgreifen, wenn kommunikative Bedürfnisse dies erfordern. Der
syntaktische Wandel vom temporalen Adverb zum Relativsatzmarkierer erfüllt bestimmte diskursive Funktionen, für die bis dahin
keine formalen Ausdrucksmöglichkeiten zur Verfügung standen.
Sankoff & Brown (1976: 663) weisen aber darauf hin, daß es
für das *ia-bracketing* funktionale Parallelen in austronesischen

---

[49] In einigen Fällen werden Relativsätze im Tok Pisin auch durch *we* an-
geschlossen (vgl. Woolford, 1979: 121 f.).

135

Substratsprachen gibt, vgl. dazu die folgenden Sätze aus dem Buang:

ke mdo ken
"I'm staying here" (*ken* ist hier lokales Adverb)
ke mdo byaŋ ken
"I'm staying in this house" (*ken* als nachgestellte Demonstrativpartikel)
ke mdo byaŋ ken gu le vkev
"I'm staying in the house that you saw yesterday"
(*ken* als Relativsatzmarkierer)

Im Miskito Coast Creole finden wir kein *bracketing*, sondern das Relativpronomen *we (wat, wa)*, das sowohl Subjekt wie Objekt des Relativsatzes sein kann (vgl. Holm, 1978: 54):

ai hav a ongkl wat iz in koluon
"I have an uncle in Colón."
yu mimba di ariinj *we* grani had?
"Do you remember the orange tree that Granny had?"
diiz chilron wa dem truo wie
"The children that they rejected."

Im Gegensatz zum HCE und zum Jamaican Creole (vgl. Bailey, 1966: 107–109) finden wir im Miskito Coast Creole aber keine Tilgung subjektivischer Relativpronomina. Holm führt nur zwei Beispiele an, die er aber als Ausnahmeerscheinung beurteilt. Beide Fälle eröffnen eine mündlich erzählte Geschichte und gehören damit ins Register eher ritualisierter Sprache:

wans waz a king Ø had a lats of saarvant
"Once there was a king who had a lot of servants."
wans der waz a liedi Ø had trii son
"Once there was a lady who had three sons."

Kreolisierungsprozesse auf der lexikalischen und syntaktischen Ebene zeigen die Ausbildung und Ausdifferenzierung von Regularitäten (gerade auch zum Ausdruck nichtreferentieller Funktionen), die als multikausales Resultat allgemeiner sprachkreativer Vorgänge und sprachspezifischer Einflüsse erklärt werden müssen. Auf die Rolle von Substratsprachen werde ich im folgenden Kapitel eingehen.

9. DIE ROLLE DER WESTAFRIKANISCHEN SPRACHEN BEI DER AUSBILDUNG DER ATLANTISCHEN PIDGIN- UND KREOLSPRACHEN

In diesem Kapitel soll die bis heute kontroverse Frage einer afrikanischen Basis der atlantischen Pidgin- und Kreolsprachen diskutiert werden. An ausgewählten Beispielen, vor allem aus dem Belizean Creole, dem Jamaican Creole und dem Miskito Coast Creole, sollen sprachliche Phänomene beschrieben werden, die sich auf westafrikanische Modelle zurückführen lassen. Dabei werde ich mich auf die lexikalische und syntaktische Ebene beschränken (zur phonologischen Ebene vgl. z. B. Alleyne, 1980: 174 ff.).

Für eine solche Diskussion sind Informationen darüber notwendig, bei welchen westafrikanischen Sprachen mit einem Einfluß auf die Ausbildung der atlantischen Pidgin- und Kreolsprachen gerechnet werden kann. Dies wiederum verlangt die Darstellung wenigstens einiger Aspekte des atlantischen Sklavenhandels, die insbesondere Auskunft über die Herkunftsregionen der Sklaven in der Karibik gibt.

9.1. *Einige Aspekte des atlantischen Sklavenhandels*

Die Geschichte der Sklaverei reicht bis in die Antike zurück. Kaufsklaverei finden wir seit dem 6. Jahrhundert v. Chr. in Griechenland, 200 Jahre später auch in Rom. In China ist die Versklavung von Kriegsgefangenen bis 500 v. Chr. verbreitet. Das islamische Reich betreibt seit dem 8. Jahrhundert n. Chr. den Handel mit west- und südosteuropäischen Sklaven („Slawen" und Türken). Auch in alten afrikanischen Königreichen, z. B. in Mali, hat es Sklaven gegeben. Ibu Batuta, ein berberischer Gelehrter und Theologe aus Tanger, beschreibt das glänzende Schauspiel königlicher Audienzen im Mali des 14. Jahrhunderts. An Audienztagen trat der Sultan aus seinem Palast heraus,

> ihm voraus seine Musikanten mit goldenen und silbernen guimbris (zweisaitige Gitarren), hinter ihm 300 bewaffnete Sklaven.
> (Davidson, 1972: 83)

Im Jahre 1324 macht sich Mansa Musa, der größte aller Maliherrscher, zur Pilgerfahrt nach Mekka auf:

> Musa reiste mit einem Gefolge von 60000 Mann, darunter 500 Sklaven, von denen jeder einen Goldbarren im Gewicht von 500 Miskals (fast 2 kg) trug.
> (Davidson, *ibid.*)

Der Portugiese Duarte Pacheco Pareira schreibt 1506 über das Königreich Benin, zu dem Portugal im 15. und 16. Jahrhundert diplomatische Beziehungen unterhielt:

> Alljährlich bezogen die (afrikanischen) Händler aus dem Gebiet zwischen dem Senegal, wo man die ersten Neger findet, und Sierra Leone mehr als 3500 Sklaven, viele Elefantenzähne, feine Baumwollwaren und zahlreiche andere Produkte.
> (Davidson, 1972: 100)

Im Zusammenhang mit der Entstehung der portugiesischen *reconnaissance language* habe ich erwähnt, daß schon im 15. Jahrhundert Afrikaner mit Gewalt nach Portugal gebracht wurden. Die Kapitäne Heinrichs des Seefahrers hatten Auftrag, von den jeweiligen Expeditions- und Handelszielen Eingeborene mitzubringen, zum einen, um so den Erfolg des Unternehmens zu dokumentieren, zum anderen, weil man die Afrikaner als Informanten und Dolmetscher brauchte. Wenn sich das Interesse der Europäer an Afrika zunächst noch auf materielle Güter wie Gold, Elfenbein, Salz und Gewürze richtete, so machte man doch bald die Erfahrung, daß auch mit dem 'schwarzen Ebenholz Afrikas' beträchtliche Gewinne zu erzielen waren. Es wird berichtet, daß ein portugiesischer Seefahrer im Jahre 1444 von einer Reise 263 gefangene Afrikaner mitbrachte und keine Mühe hatte, diese als Sklaven zu verkaufen.

Es gehörte (in Portugal) bald zum guten Ton, wie später auch in Frankreich und England, in seiner Equipage, in seiner Karosse, in seinem Salon und seinem Pferdestall solch eine exotische Figur zu haben.
(Ki-Zerbo, 1981: 219)

Der Handel mit Europa brachte zunächst auch den westafrikanischen Reichen einen Zuwachs an materiellem Wohlstand, aber diese anfängliche Entwicklung wurde schon bald durch eine nicht mehr kontrollierbare Ausweitung des Sklavenhandels zerschlagen und in ihr Gegenteil verkehrt. Bis ins 16. Jahrhundert hinein waren die Portugiesen die führende europäische Handelsnation an der westafrikanischen Küste, und 1526 beklagt sich der König von Kongo, Nzinga Mbemba, schriftlich bei Johann III., König von Portugal, über das Verhalten der Portugiesen in seinem Land:

(Täglich) rauben diese Leute unsere Untertanen, die Söhne der Landbevölkerung ebenso wie die Söhne unserer Edelleute, Vasallen und Verwandten . . . und lassen sie verkaufen. Und sie sind so korrupt und zügellos, Majestät, daß unser Land bereits in äußerstem Maße entvölkert ist.
(Davidson, 1972: 108)

So wie es zwischen der antiken und mittelalterlichen Begründung und Praxis des Sklavenhandels Unterschiede gegeben hat, so kann auch der europäische Sklavenhandel nicht als Fortführung afrikanischer Traditionen betrachtet werden. Die rechtliche und wirtschaftliche Stellung der von Afrikanern gehaltenen Sklaven ist mit der afrikanischer Sklaven in europäischer Gewalt nicht vergleichbar. Sklaven im alten Afrika waren immer Teil einer Familie oder eines Haushalts. Zeitweise konnten sie ihre Situation so verbessern, beispielsweise durch Überschüsse aus dem von ihnen bewirtschafteten Boden, daß sich die Grenzen zwischen Leibeigenschaft und Freiheit verwischten. Sie konnten sogar Eigentums- und Bürgerrechte erlangen (vgl. Ki-Zerbo, 1981: 219).

Der europäische Sklavenhandel wurde von Gesellschaften organisiert, Zusammenschlüssen von Kaufleuten und Aktionären, die mit legaler Unterstützung durch die jeweiligen Regierungen rechnen konnten. Hervorzuheben sind die Niederländische Westindische Kompanie (Dutch West India Company) und die Königlich-Englische Afrika-Gesellschaft (Royal African Company). Allein in der Zeit von 1673 bis 1689 importierte die Royal African Company jährlich ca. 5200 Sklaven aus Westafrika. Daß 'nur' ca. 4000 jährlich die Kolonien im karibischen Raum erreichten, liegt an der hohen Verlustquote ('loss in transit') von 23,5 % (vgl. Curtin, 1969: 122 f.). Die Kompanien unterhielten an der westafrikanischen Küste Anlegeplätze, die meist mit Verteidigungsanlagen versehen waren, sowie Faktoreien und Sammelstellen, „die wie ein eiserner Gürtel die ganze Küstenlinie Schwarzafrikas umfingen" (Ki-Zerbo, 1981: 222).

Auch Privatfirmen konnten sich am staatlichen Sklavenhandel beteiligen. In Spanien wurden seit 1518 sog. Asientos, d. h. Handelsverträge, an ausländische, zuerst genuesische und portugiesische, dann auch französische und holländische Händler verkauft, die das Recht auf den Transport einer bestimmten, nach Herkunfts- und Zielregion spezifizierten Anzahl von Negersklaven in die Kolonien beinhalteten:

An asiento gave the foreign shipper permission to infringe the Spanish national monopoly over the trade of the American viceroyalties, in return for an obligation to carry a stipulated number of slaves to specified destinations over the period of the contract.
(Curtin, 1969: 21)

Im gesamten Zeitraum des atlantischen Sklavenhandels vom Ende des 16. Jahrhunderts bis in die erste Hälfte des 19. Jahrhunderts ist mit der Verschleppung von ca. 9,5 Millionen Sklaven in die spanischen, portugiesischen, holländischen, britischen, französischen und dänischen Territorien der Karibik sowie nach Nordamerika zu rechnen.

A total number, however, has only a limited meaning for history. Whether the figure is 8 million, 10 million, or 15 million, this largest dimension of the Atlantic slave trade is simply too all-embracing for comparison. As a measure of human misery, 2 million slaves brought to the Americas is already such a terrifying thought that no multiplier could make it seem any worse.
(Curtin, 1969: 87)

Aussagen über numerische Verhältnisse sind möglich aufgrund direkter und indirekter historischer Quellen. Zu den ersteren gehören vor allem Abrechnungen für bestimmte Kolonien oder Häfen, Lieferverträge, Aufzeichnungen über Schiffsladungen und Schiffstagebücher. Als indirekte Belege können Angaben über die Population und die ökonomische Produktivität einer Kolonie gelten. Die Population einer Region kann ausgehend von der Frage ermittelt werden, wie viele Arbeitskräfte benötigt wurden, um eine bestimmte Produktmenge zu erwirtschaften; über die ökonomische Produktivität einer Region lassen sich Aussagen machen, wenn Informationen darüber vorliegen, wie viele Sklaven man für den Erlös der in Europa abgesetzten kolonialen Produkte kaufen konnte.

Für die Berechnung von Populationsgrößen ist weiter zu berücksichtigen, daß – etwa in den Asientos – Sklaven nicht als Individuen gezählt wurden, sondern als Arbeitseinheiten. Bekannt ist die Bezugsgröße der *pieza de India*, die sich auf einen jungen männlichen Erwachsenen mit spezifizierten physischen Eigenschaften (Größe, Gesundheitszustand) bezog. Frauen und sehr junge oder alte Menschen wurden als Teil einer *pieza de India* definiert (vgl. Ki-Zerbo, 1981: 22).

Im folgenden soll in groben Zügen die Entwicklung des Sklavenhandels in den britischen Territorien der Karibik dargestellt werden. Für den Gesamtzeitraum von ca. 1625 bis 1800 geht Curtin von einer Zahl von 1,6 Millionen Menschen aus, die aus verschiedenen westafrikanischen Regionen in die Karibik gebracht wurden (ohne Nordamerika). Das sind ca. 20 % des globalen atlantischen Sklavenhandels. Hauptimportgebiete waren Barbados, Jamaica und die Leeward Islands. In Barbados war die Plantagenwirtschaft zuerst so weit entwickelt, daß ihr weiteres Funktionieren von der Einfuhr einer großen Zahl billiger Arbeitskräfte abhing. Im ganzen 17. Jahrhundert war Barbados die führende Importregion für Lieferungen aus Westafrika. Vgl. Tab. 7 (Seite 142), die auf Curtin, 1969: 119 basiert.

Ein Vergleich mit anderen Regionen ergibt für das 17. Jahrhundert, daß die eigentlichen Zentren des Sklavenhandels in der Neuen Welt Brasilien und die spanischen Territorien sind. Die in Tabelle 7 errechnete Zahl von 263 700 Menschen für alle britischen Territorien macht noch nicht einmal die Hälfte dessen aus, was für Brasilien zu verzeichnen ist (vgl. Curtin, 1969: 119).

	1601–25	1626–50	1651–75	1676–1700	Total
Barbados	–	18.700	51.100	64.700	134.500
Jamaica	–	–	8.000	77.100	85.100
Leeward Is.	–	2.000	10.100	32.000	44.100
Total	–	20.700	69.200	173.800	263.700

Die wichtigste Entwicklung im 17. Jahrhundert war das Auftreten der Nordeuropäer in der Karibik (zuerst der Holländer, dann der Engländer und Franzosen), die den iberischen Nationen Konkurrenz machten. Die Holländer brachten die 'Zucker-Revolution' aus Brasilien in die Karibik und machten die Westindischen Inseln im 18. Jahrhundert zum Zentrum der Plantagenwirtschaft und des Sklavenhandels. Im 18. Jahrhundert übernimmt Jamaica die führende Rolle; in den drei Jahrzehnten um die Jahrhundertwende (1781–1810) führt Jamaica fast so viele Sklaven ein wie alle britischen Territorien in der Karibik im gesamten 17. Jahrhundert. Vgl. Tabelle 8 (Seite 143), die auf Curtin, 1969: 140 basiert.

Die Bedeutung von Barbados nimmt zum Ende des 18. Jahrhunderts ab, während die der Leeward Islands deutlich zunimmt. Neu ins Bild kommt Nordamerika, das aber insgesamt nur 5 % aller direkt aus Afrika importierten Sklaven übernommen hat (vgl. Curtin, 1969: 89). Zentrum des Sklavenhandels war immer das tropische Amerika. Überhaupt muß der Aufbau der nordamerikanischen Baumwollplantagen eher als schwaches Abbild der Entwicklungen in der Karibik angesehen werden.

Am Beispiel von Jamaica soll nun aufgezeigt werden, aus welchen

---

⁵⁰ Die in der Tabelle genannten Zahlen sind Schätzungen, die eine Reihe unvermeidbarer Fehlerquellen enthalten: die Zuverlässigkeit der historischen Aufzeichnungen, Lücken für gewisse Zeiträume, das Problem des illegalen Handels, die Migration zwischen den Inseln (Barbados – Jamaica; Barbados – Surinam), das Problem der Sterblichkeitsraten.

Tab. 8

	1701–40	1741–80	1781–1810	Total
Barbados	123.100	106.600	22.700	252.400
Jamaica	143.600	269.800	248.900	662.300
Leeward Is.	74.500	135.800	91.600	301.900
Nordamerika	70.200	186.200	91.600	348.000
Total	411.400	698.400	454.800	1.564.600

Regionen Westafrikas sich die Sklaven rekrutierten. Daraus gewinnen wir eine erste Vorstellung von der sprachlichen Vielfalt, mit der auf den westindischen Plantagen zu rechnen ist.

Sieben Hauptregionen sind zu unterscheiden: Senegambia (das heutige Senegal und Gambia), Sierra Leone (ein Gebiet, das von Guinea-Bissau bis nach Liberia reicht, also größer ist als das heutige Sierra Leone); die Windward Coast (Elfenbeinküste und Liberia), die Goldküste (Ghana), die Sklavenküste oder Bucht von Benin (Togo, Dahomey, Nigeria), die Bucht von Biafra (Kamerun, Guinea, Gabun), Zentralafrika (Angola). Vgl. dazu Tabelle 9, Seite 144, die am Beispiel von Jamaica Auskunft über die Beteiligung der genannten westafrikanischen Herkunftsregionen gibt (vgl. Curtin, 1969: 160).

Anschaulicher lassen sich diese Verhältnisse im folgenden Diagramm (Seite 144, Abb. 5), darstellen.

Wir können davon ausgehen, daß in den genannten Regionen weit mehr als einhundert verschiedene Sprachen gesprochen wurden. Einen Eindruck von der sprachlichen Diversifikation im karibischen Raum vermittelt Koelles linguistisches Inventar von 1854 (vgl. Curtin, 1969: Appendix).

Sigismund Wilhelm Koelle (1823–1902) war Missionar der Church Missionary Society of London. Während der fünf Jahre (1848–1853) seiner Tätigkeit in Sierra Leone (das 1787 als Kolonie für befreite Sklaven gegründet worden war) beschäftigte er sich intensiv mit dem Studium afrikanischer Sprachen. Er befragte ehema-

Tab. 9

	1655–1701	1702–1750	1751–1807	Total
Senegambia	4.200	15.300	8.200	27.700
Sierra Leone	800	13.900		
Windward Coast	11.400	16.500	38.800	81.400
Goldküste	5.500	57.000	128.300	190.800
Bucht von Benin	24.300	36.400	42.100	102.800
Bucht von Biafra	6.800	28.900	176.300	212.000
Zentralafrika	34.800	22.500	73.800	131.100
Andere/nicht bekannte Regionen	200	1.700	–	1.900
Total	88.000	192.200	467.500	747.700

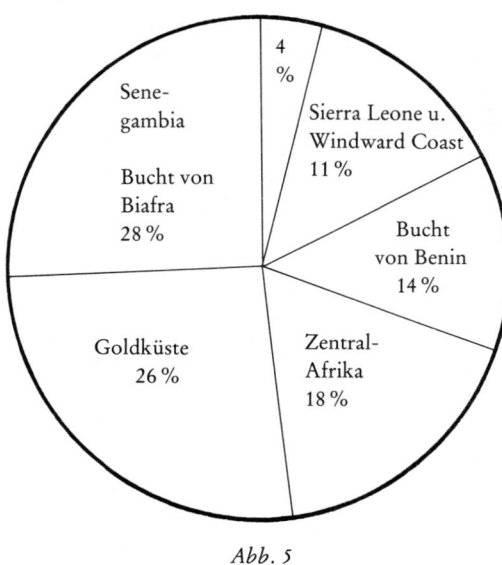

Abb. 5

lige Sklaven, die aus den Kolonien nach Freetown zurückkehrten,
über ihre Muttersprachen und trug jeweils 283 Ausdrücke in der
betreffenden Sprache zusammen. Auf diese Weise entstand ein Inventar von 156 meist westafrikanischen Sprachen, das 1854 unter dem
Titel ›Polyglotta Africana‹ erschien (vgl. Welmers, 1971: 564f.).

Trotz der geschilderten Situation besteht kein Anlaß, von allgemeiner Kommunikationslosigkeit oder einem linguistischen Chaos
auf den Plantagen auszugehen. Zum einen ist damit zu rechnen, daß
die Afrikaner entweder selbst mehrsprachig waren oder doch schon
in Afrika Kommunikationsstrategien in multilingualen Situationen
entwickelt hatten, über die sie nun auch in den Kolonien verfügen
konnten. Von Bedeutung ist weiter der Umstand, daß viele der in
Frage kommenden Sprachen größeren Sprachfamilien angehören
und sich vorwiegend auf der lexikalischen Ebene unterscheiden, im
syntaktischen Bereich aber zahlreiche Ähnlichkeiten aufweisen. So
gehören z. B. Ewe, Fon, Yoruba und Igbo zur Gruppe der Kwa-
Sprachen, denen u. a. folgende Eigenschaften gemeinsam sind: Alle
sind Tonsprachen; die Wurzeln der Wörter sind einsilbig; es gibt
viele Reihen homophoner Wörter; es gibt keine morphologische
Unterscheidung zwischen verbalen und nominalen Wurzeln; Wort-
bildung geschieht durch Komposition, während die Derivation
kaum eine Rolle spielt (vgl. Alexandre, 1972: 56f.). Weiter ist bekannt, daß die Kolonien durchaus gewisse Präferenzen für bestimmte Ethnien hatten, daß auf den Plantagen Familienverbände
bestanden und daß schließlich auch außerhalb der Plantagen gewisse
Kommunikationsmöglichkeiten unter den Sklaven selbst gegeben
waren, beispielsweise auf den Märkten.

Andererseits sollte auch die Möglichkeit der Konzentrierung von
Ethnien (vgl. Fleischmann, 1979: 48) nicht überschätzt werden. Es
gab gewichtige sicherheitspolitische Erwägungen, die diesem Trend
entgegenwirkten. So zeigten jamaikanische Pflanzer zunächst eine
besondere Vorliebe für Sklaven vom Stamm der Akan (Goldküste);
dies änderte sich allerdings schon zum Ende des 17. Jahrhunderts,
nachdem die Akan-Leute als besonders rebellisch bekannt geworden
waren. Zudem wurden Neuankömmlinge zeitweise einem systematischen sog. 'seasoning process' unterworfen:

The planters made a deliberate attempt to break the slaves' spirit and to loosen their links with Africa by judicious separation of tribes, by teaching them to speak only the master's language . . . At the end of the seasoning the usual result was that the slaves' past had been annihilated and their tribal mores abrogated.

(Randford, 1971, zitiert in Chaudenson, 1977: 267)

Diese Umstände haben zu einem radikalen Funktionsverlust der afrikanischen Muttersprachen geführt, bei gleichzeitiger Funktionserweiterung der europäisch-orientierten Pidginvarietäten.

9.2. Die afrikanische Basis der englisch-orientierten Pidgin- und Kreolsprachen in der Karibik

9.2.1. Die lexikalische Ebene

Bei der Suche nach Einflüssen westafrikanischer Sprachen auf den Wortschatz der atlantischen Kreolsprachen sind mehrere Ebenen zu unterscheiden. Die augenfälligste Ebene betrifft solche Lexeme, die aufgrund ihrer formalen Gestalt als westafrikanisch identifiziert werden können. Beispiele dieser Kategorie finden sich in Tab. 3 (S. 64), einige weitere aus dem Jamaican Creole wären etwa *mi* 'I' (Niger-Congo *mi, me*); *unu* 'you (Pl.)' (Igbo *unu*); *ina, (n)a* 'at' (Igbo *ná*); *bakra* 'white man, boss; somebody else' (Igbo *mbakára*); *bukusu* 'obeah, black magic' (Twi *busu*); *dopii* 'ghost, spirit, apparition' (Adangme *adope*); *juk* 'to prick, stick, cheat' (Fulani *jukka*); *tso, čo* 'an expression of impatience or rejection' (Ewe *tsowo;* Twi *twéaa*); *koskos* 'contention' (Twi *kasákàsa*).

Der Anteil afrikanischer Wörter am Wortschatz der englisch-orientierten karibischen Kreolsprachen beträgt heute jeweils nur wenige Prozent. Für das Sranan sind 3 % festgestellt worden, für das Djuka 2 % (vgl. Tab. 6, S. 84); ähnlich geringe Werte dürften für das Jamaican Creole und das Belizean Creole gelten. Selbst das Saramakkanische, die archaischste Varietät unter den englisch-orientierten karibischen Kreolsprachen, weist nur einen Anteil von 4 % auf. In diesem Zusammenhang betrachte ich diejenige von zwei Varietäten als die ältere, die einen höheren Anteil von Wörtern afrikanischer Herkunft in ihrem Wortschatz enthält.[51]

Die bisher vorgelegten Untersuchungen über die afrikanischen Komponenten in englisch-orientierten Kreolsprachen (beispielsweise Voorhoeve, 1973; Edwards, 1974) vermitteln allerdings widersprüchliche Eindrücke. Sie sind nicht vergleichbar, was Umfang und methodisches Vorgehen betrifft. Voorhoeve (1973), der sich wiederum auf Huttar stützt, liegt Swadeshs Wortliste zugrunde, deren 200 Einträge in den drei Kreolvarietäten Sranan, Djuka und Saramakkanisch abgefragt wurde. Bei diesen Einträgen handelt es sich um Wörter eines Grundwortschatzes, der Gegenstände und Vorgänge des Alltagslebens umfaßt, die vermutlich in allen menschlichen Sprachen repräsentiert sind (vgl. Huttar, 1975).

Edwards (1974) dagegen kommt aufgrund anderer Voraussetzungen auch zu anderen Ergebnissen. Seine Sammlung von 388 Wörtern aus dem San Andres Creole (Kolumbien), von denen er 17 % als afrikanisch identifiziert, basiert auf den Äußerungen von 24 über das ganze kreolsprachliche Kontinuum verteilten Informanten. Auswahlkriterium war nicht die Zugehörigkeit eines Wortes zu einem bestimmten semantischen Ausschnitt des Lexikons, sondern die Tatsache, daß es dem Untersuchenden nicht bekannt war.

The items were selected because they were, at least in part, unfamiliar to me as a speaker of North American White English.
(Edwards, 1974: 6)

Schon aus dem Vergleich dieser beiden Untersuchungen ergeben sich verschiedene Probleme. So erscheint es unabdingbar, daß jeweils angegeben wird, aus welchen inhaltlichen und situativen Kontexten das analysierte sprachliche Material stammt. Nur so können auch Annahmen darüber empirisch gestützt werden, daß das

---

[51] Von den älteren Wörtern afrikanischer Herkunft sind Afrikanismen zu trennen, die erst im Zusammenhang mit der Rückbesinnung auf afrikanische Wurzeln (Black-Power-Bewegung; "Black is beautiful", "Roots") entlehnt wurden, z. B. *dashiki*.

Gesprächsthema, die ethnische und soziale Zugehörigkeit der Gesprächsteilnehmer, ihr Alter und ihre geographische Verteilung (Stadt–Land), ihre Rolle in der jeweiligen Interaktion einen Einfluß auch auf den Gebrauch afrikanischer Wörter haben. Wir wissen, daß vor allem in religiösen und kultischen Kontexten der Anteil afrikanischer Wörter um ein Vielfaches höher ist als in allgemeiner Kommunikation. Es gibt Beispiele dafür, daß sich in diesen ritualisierten Kontexten nicht nur lexikalische Elemente erhalten haben, sondern spezielle Register afrikanischer Sprachen:

Jamaican semi-secret societies and religious cults are reported to have preserved quasi-African languages – such as *Kromanti* – intact, for use in communicating with the spirits.
(Hancock, 1969: 20)

Auch in anderen kommunikativen Zusammenhängen, etwa bei Gesängen, Märchen, Sprichwörtern, die inhaltlich und formal konventionalisiert sind und so die Bewahrung älterer Sprachmuster begünstigen, dürfte der Gebrauch afrikanischer Wörter deutlicher hervortreten.

Im Abschnitt 9.1. wurden die Regionen Westafrikas genannt, aus denen sich die Mehrzahl der für die englischen Karibikkolonien bestimmten Sklaven rekrutierte. Dem entspricht die etymologische Herkunft der meisten kreolsprachlichen afrikanischen Wörter. Sie stammen insbesondere aus Sprachen der sog. Kwa-Gruppe, die über das Gebiet von Liberia bis zur Niger-Mündung hin verbreitet sind. Zur Kwa-Gruppe gehören vor allem Yoruba, Akan, Twi, Fante, Ewe und Igbo. Weiter sind Sprachen der Mande-Gruppe zu nennen, Mende-Fu, Mandinka und Bambara, sowie Fula und Wolof.

Die Interpretation der westafrikanischen Komponente in den englisch-orientierten Kreolsprachen ist kontrovers. Zwei nicht miteinander vereinbare Positionen stehen sich hier gegenüber: die Auffassung, nach der es sich bei den afrikanischen Wörtern um Entlehnungen handelt ("items borrowed from indigenous languages"; Todd, 1974: 56), und die Auffassung, nach der die afrikanischen Wörter die letzten Reste einer afrikanischen Basis darstellen, die durch Relexifizierungsprozesse verdrängt worden ist:

I am suggesting that the historical development of the lexicon has been in terms of a substitution, massive and rapid in this case, of West African lexemes by English (and Portuguese, Dutch, etc.) lexemes, having the former residual in evolved dialects such as Jamaican.

(Alleyne, 1980: 109)

Die erste Position vernachlässigt wesentliche Unterschiede zwischen Vorgängen, die zur Ausbildung von Kreolsprachen geführt haben, und Prozessen, die in sprachlichen Kontaktsituationen zur Transferenz sprachlicher Phänomene führen (vgl. Hellinger, 1980). Im üblichen Verständnis von Lehnvorgängen bleiben die Strukturen der am Sprachkontakt beteiligten Sprachen im wesentlichen unberührt.

Sprecher der Sprache L_1 erweitern/verändern das Lexikon ihrer Muttersprache durch die Integration von Wörtern aus Sprache L_2. Im Falle von Pidgin- und Kreolsprachen verwenden Sprecher der Sprache L_1 zunehmend sprachliche Strukturen von L_2 (in welcher Modifikation auch immer), und nach einem Stadium von Zwei- oder Mehrsprachigkeit entwickelt sich in der zweiten oder dritten Generation eine Sprache L_3, die Elemente von L_1 und L_2 enthält und zugleich von L_1 und L_2 unabhängige Strukturen ausbildet. Wenn wir die afrikanische Komponente lediglich als Ergebnis von Lehnprozessen beschreiben, vernachlässigen wir die spracherwerbstheoretische Perspektive der Entstehung von Pidgin- und Kreolsprachen. Gegen die Entlehnungshypothese spricht weiter die Tatsache, daß auch auf linguistischen Ebenen, die der Beeinflussung durch andere Sprachen nur schwer zugänglich sind, nämlich der Phonologie und der Syntax, Spuren westafrikanischer Substratsprachen nachweisbar sind.

Unter diesem Gesichtspunkt erscheint die Hypothese einer afrikanischen Basis eine plausible Alternative zu sein. Allerdings muß hier berücksichtigt werden, daß jeweils nur wenige Wörter aus den genannten westafrikanischen Sprachen stammen, daß also die 'afrikanische Basis' keine Realität im Sinne eines spezifischen Sprachsystems besitzt, das alle in den atlantischen Pidgin- und Kreolsprachen vorfindlichen westafrikanischen Elemente in sich vereint. Ich interpretiere dieses Konzept daher eher als den Versuch, zum einen

149

die Kontinuität der multilingualen Voraussetzungen der Entstehung von Pidginsprachen zu reflektieren, zum anderen aber auch individual- und gruppenpsychologische Faktoren einzubeziehen, über die wir noch wenig wissen. Es wären hier etwa folgende Fragen zu untersuchen: Wie stellte sich die linguistische Diversifikation in den Faktoreien und Sammelstellen an der westafrikanischen Küste dar, wie auf den Sklavenschiffen? Hat es hierarchische Beziehungen zwischen Angehörigen der verschiedenen afrikanischen Sprachgemeinschaften gegeben? In welcher Weise hat eine schon vorhandene Mehrsprachigkeit den Aufbau des pidginsprachlichen Lexikons beeinflußt? Solange wir über solche und ähnliche Zusammenhänge keine genaue Kenntnis haben, sehe ich keinen Anlaß, etwa mit Bikkerton (1981: 48f.) die Hypothese einer afrikanischen Basis als 'Substratomanie' zu kritisieren. Zudem schließt diese Annahme keineswegs die Operation universeller Spracherwerbsmechanismen aus, die Bickerton ja immer besonders hervorhebt.

Eine zweite Ebene des Einflusses westafrikanischer Sprachen auf den Wortschatz von Kreolsprachen betrifft solche Ausdrücke, die zwar englisches Wortmaterial enthalten, denen aber keine semantischen Äquivalente im Englischen entsprechen. Dabei werden Wörter einer Sprache L_2 übernommen, deren ursprüngliche Bedeutung sich aber unter dem Einfluß der Muttersprache L_1 aufgrund lernersprachlicher Annahmen über die L_2 verändert. Gleichzeitig können diese Wörter als Bestandteil morphologisch komplexer Einheiten (Komposita) auftreten. Beide Vorgänge kennen wir aus dem Erst- und Zweitsprachenerwerb.

Whereas it is clear that English (and Portuguese, Dutch) lexical roots were very quickly adopted by Africans in the contact situations, it is not clear whether meanings were also similarly adopted. And certainly in the developing slave language certain common, typologically distinctive semantic structures emerge which are not English (or Portuguese, Dutch) derived. (Alleyne, 1980: 113)

Drei Phänomene sollen hier angesprochen werden; die Sprachbeispiele stammen aus Alleyne (1980: 114ff.).

(1) Gegenüber dem Englischen zeigen karibische (und westafrikanische) Pidgin- und Kreolsprachen die Tendenz, einen semantisch

komplexen Ausdruck (z. B. *tears*) zu repräsentieren, indem eine diesem Ausdruck zugrundeliegende Beziehung zwischen zwei primär beteiligten Objekten *(eye, water)* verbalisiert wird; vgl. Tabelle 10. Neben Einflüssen aus afrikanischen Sprachen, in denen zu diesen Ausdrücken formale und funktionale Entsprechungen vorliegen, müssen wir hier wiederum spracherwerbstheoretische Überlegungen einbeziehen. Im Zweitsprachenerwerb (aber auch beim Erwerb der Muttersprache) werden Komposita oder Phrasen z. B. dann verwendet, wenn ein bestimmtes zielsprachliches Lexem noch nicht zur Verfügung steht und dann entweder auf ein muttersprachliches Modell oder auf allgemeine Paraphrasierungsmechanismen zurückgegriffen wird.

Tab. 10

JC	ay waata	nuoz oul	–	ded ows
SM	wata woyo	–	bóbi búka	dɛdɛ wósu
SR	watra ay	noso oro	bobi mofo	dede oso
KR	yay wata	nos ol	bɔbi mɔt	dede os

E	tears	nostril	nipple	mortuary
	("eye water")	("nose hole")	("breast mouth")	("dead house")

(2) Vorstellungen, die im Englischen durch abstrakte Nomina wiedergegeben werden (z. B. *greed*), haben in den Pidgin- und Kreolsprachen häufig Übersetzungsäquivalente, die aus einer Verbindung von Adjektiv und konkretem Nomen bestehen *(big eye)*.

Tab. 11

JC	trang ed	big ay	kot ay
SM	taánga yési	–	kóti woyo
SR	tranga yesi	bigi yay	koti yay
KR	tranga yes	big yay	big yay

E	stubbornness	greed	scorn
	("strong ears")	("big eye")	("cut eye")

Alleyne (1980: 115) weist darauf hin, daß die Interpretation dieser Ausdrücke als metaphorisch aus der Perspektive der englischen Sprache erfolgt und u. U. afrikanische Sichtweisen vernachlässigt. In westafrikanischen Sprachen, die hier als Substratsprachen in Frage kommen, finden wir formale und funktionale Entsprechungen der kreolsprachlichen Ausdrücke: vgl. z. B. Igbo *aña uku* 'greed', lit. 'eye big'; Twi *ano yede* 'flattery', lit. 'mouth sweet'; Mende *ndile* 'anger', lit. 'heart cut'.

(3) Das dritte Phänomen betrifft den semantischen Raum, der von einem Wort englischer Herkunft abgedeckt wird. Dieser Raum kann in den Pidgin- und Kreolsprachen gegenüber dem Englischen wesentlich erweitert sein. Als Beispiel führe ich das saramakkanische *bέε* 'belly' an, dem im Jamaican Creole *beli* entspricht. Bezüglich des semantischen Raums dieser Wörter, der sich aus den jeweils akzeptablen Kollokationen bzw. Verwendungsweisen erschließen läßt, bestehen zwischen den drei Sprachen erhebliche Unterschiede. Die am weitesten vom Englischen entfernte Kreolvarietät repräsentiert auch den weitesten semantischen Raum, während im Jamaican Creole aufgrund seiner größeren Nähe zum Englischen gewisse Restriktionen zu beachten sind. In der folgenden Tabelle sind für das Saramakkanische einige Verwendungsweisen von *bέε* angegeben (die aber nur einen Ausschnitt aus dem semantischen Raum dieses Wortes repräsentieren); für das Jamaican Creole und das Englische ist die Akzeptabilität dieser Verwendungsweisen mit „ + " notiert[52] (vgl. Tab. 12, Seite 153).

Die Frage einer afrikanischen Basis für die lexikalische Ebene von Kreolsprachen läßt sich nicht im Rahmen eines monokausalen theoretischen Ansatzes beantworten. Die Entscheidung für oder gegen die Annahme der prägenden Rolle westafrikanischer Sprachen bzw. der Steuerungsfunktion allgemeiner Sprachentwicklungsmechanis-

---

[52] Vgl. parallele Bedeutungen im Tok Pisin. TP *bel* "belly, pregnant, seat of emotions, insides" zeigt phonologische und semantische Ähnlichkeiten zu Tola *bala*. Die Bedeutung 'seat of emotions' ist auf substratsprachlichen Einfluß zurückzuführen, während die Bedeutung 'pregnant' eine spätere, unabhängige Entwicklung ist (vgl. Mühlhäusler, 1980: 34; Todd, 1977: 63).

Tab. 12

	JC	E
That man has a big *stomach*.	+	+
He ate till his *stomach* was full.	+	+
He's a first child, the one that opened his mother's *womb*.	+	–
She is *pregnant* by him.	+	–
They belong to the same *clan (family)*.	–	–
The *palm* of his hand itches.	–	–

men halte ich für verfehlt. Vielmehr wäre zu untersuchen, in welcher Weise sich die Wirkung beider Faktoren bedingt und ergänzt.

9.2.2. Die syntaktische Ebene

In diesem Abschnitt werde ich drei Phänomene aus der Syntax der englisch-orientierten karibischen Kreolsprachen behandeln, zu deren Erklärung auch der Rekurs auf westafrikanische Sprachen notwendig erscheint. Diese Phänomene betreffen kopulative Konstruktionen, serielle Verbalausdrücke und das Pronominalsystem. Andere syntaktische Erscheinungen, die ebenfalls Einflüsse afrikanischer Substratsprachen zeigen, sind vor allem das Tempus- und Aspektsystem (das ich im Zusammenhang mit Kreolisierungsprozessen behandelt habe), possessive und komparative Konstruktionen sowie der Gebrauch von Artikeln und Demonstrativpronomen (vgl. Baudet, 1981; Holm, 1978). Die folgenden Bemerkungen werden weitere Argumente gegen einen zu engen Bezug kreolsprachlicher Systeme auf europäische Sprachen liefern und gleichzeitig die Annahme monokausaler Erklärungsmuster in Frage stellen. Keines der drei syntaktischen Phänomene läßt sich nur aus einer westafrikanischen Sprache ableiten oder allein als Ergebnis allgemeiner Sprachentwicklungsmechanismen beschreiben.

9.2.2.1. *Kopulative Konstruktionen*

Englische Konstruktionen, die eine Form von *be* enthalten, haben nicht in jedem Fall formale und funktionale Äquivalente in den karibischen Kreolsprachen. Einige der spezifisch kreolsprachlichen Konstruktionen lassen sich auf westafrikanische Muster beziehen. Vier syntaktische Erscheinungen sollen hier diskutiert werden: Progressive Ausdrücke, equative Konstruktionen, lokative Konstruktionen und topikalisierte Ausdrücke.[53]

(a) Als erstes syntaktisches Muster sind kreolsprachliche progressive Ausdrücke zu nennen, denen im Englischen eine Kombination von *be* + V-*ing* entspricht *(I am walking)*. Generell wird auch in den Kreolsprachen der progressive Aspekt markiert, hier aber durch eine präverbale Partikel:

SM   mi *ta* waka[54]
SR   mi *e* waka
GC   mi *a* waak
JC   mi *da* waak
BC   mi *di* waak
MCC   a *de* waak
KR   mi *de* waka
E   "I am walking"

Das ähnliche Verhalten des Englischen und der englisch-orientierten Kreolsprachen läßt hier eine sprachhistorische Verwandtschaft vermuten. Zwei Argumente sprechen aber gegen die Annahme einer unmittelbaren Abhängigkeit. Zum einen finden wir die Markierung des progressiven Aspekts auch in solchen Kreolsprachen, deren europäische 'Basis'-Sprache diese Kategorie selbst nicht entwickelt hat

---

[53] Die Sprachbeispiele des Abschnitts 9.2.2. stammen aus Bailey (1966), Holm (1978; 1983), Escure (1980), Alleyne (1980), Bickerton (1981) sowie aus meinem eigenen Material über das Belizean Creole (BC).

[54] In einigen Kreolsprachen kann mit Hilfe derselben präverbalen Partikel sowohl eine kontinuative (progressive) Bedeutung wie eine habituelle (oder iterative) Bedeutung markiert werden, z. B. im SM, SR, Papiamentu; das ist aber hier nicht von Interesse.

(z. B. das Französische); zum anderen bestehen Korrespondenzen zu westafrikanischen Sprachen der Kwa-Gruppe, die ja auch bei der Ausbildung kreolsprachlicher lexikalischer Komponenten eine Rolle gespielt haben. Im Yoruba lautet die entsprechende Progressivpartikel *ń-*, im Mandinka *ka*, im Wolof *di*, im Twi *re/de*, im Ewe *de/a*. Die Funktion dieser Partikel ist in den genannten westafrikanischen Sprachen offenbar nicht identisch, und auch mit den kreolsprachlichen Äquivalenten besteht keine völlige Übereinstimmung (vgl. Alleyne, 1980: 162 ff.); trotzdem sind die formalen und funktionalen Ähnlichkeiten auffällig genug, um die Annahme westafrikanischer Einflüsse plausibel erscheinen zu lassen.

(b) In equativen Konstruktionen werden im Englischen entweder zwei Nominalphrasen *(she is a lawyer)* oder eine NP und ein prädikatives Adjektiv durch die Kopula *be* verknüpft *(he is boring)*. Im ersten Satztypus finden wir auch in den karibischen englisch-orientierten Kreolsprachen ein kopulatives Element, das aber nicht in allen Fällen mit der jeweiligen Progressivpartikel identisch ist:

SM   mi *da/de* tembeman
      "I am a carpenter."
GC   Jan *a* wan fren fi Piita
      "John is a friend of Peter."
JC   mi *a/da* big uman
      "I am a grown woman."
BC   Tiga *da* he fada bes' ridin' haas
      "Tiger is his father's best riding horse."
MCC   mi *da* i anti
      "I am his aunt."

Im Krio lautet die entsprechende Partikel *na*, die im Sranan (neben *de*, *a*) erhalten ist.

Den syntaktischen Ähnlichkeiten mit dem Englischen stehen wieder Gemeinsamkeiten mit westafrikanischen Sprachen gegenüber: Im Twi lautet das equative (kopulative) Element *ne*, im Yoruba *jé*, im Mandinka *mu*. Interessant ist hier die Beobachtung, daß diese Elemente phonologisch nicht mit den Progressivpartikeln identisch sind. Das deutet auf die Zugehörigkeit zu jeweils unterschiedlichen syntaktischen Kategorien hin.

Twi   me nua *ne* kofi
       "My brother is Kofi."
Yoruba ó *jé* omo rere ri
       "He was a good boy once."

Für die Interpretation der equativen Partikel als verbales Element spricht die Kombinationsmöglichkeit mit Tempus- und Aspektmarkierern; vgl. das Yoruba-Beispiel, das den Vorzeitigkeitsmarkierer *(anterior marker)* ri enthält. Die Tempuskategorie *anterior* bezeichnet ein Ereignis oder Geschehen, das sich vor einem spezifizierten Zeitpunkt *(before now; before X)* abgespielt hat. In den folgenden Sätzen liegt eine Verknüpfung der Kopula mit dem Vorzeitigkeitsmarkierer JC *en* bzw. BC *mi* vor:

JC   Jon *en a* di liida
       "John was the leader."
BC   me pa *da mi* wan fishaman
       "My father was a fisherman."

Auch in basilektalen Varietäten finden sich aber schon vom Englischen beeinflußte Formen:

JC   mi dadi *bin* titša
       "My father was a teacher."
BC   die *waz* a nais piipl
       "These were a nice group of people."

Merkwürdigerweise steht im Belizean Creole die Verbalpartikel *mi* nicht – wie sonst generell üblich – vor dem equativen bzw. kopulativen Element, sondern dahinter. Escure (1980) leitet daraus eine Interpretation ab, die das BC von den anderen englisch-orientierten karibischen Kreolsprachen isoliert. Sie analysiert die Partikel *da* in den folgenden Sätzen nicht als Kopula, sondern als Topikalisierungspartikel:

BC   im *da me* di kapn
       "He was the captain."
       yu *da me* di chif met
       "You were the chief-mate."

Das Element *da* wird als Teil der ihm vorausgehenden Nominalphrase beschrieben, und daraus wird weiter gefolgert, daß equative Konstruktionen mit normaler Ergänzung kein kopulatives Element enthalten, sich also genauso analysieren lassen wie equative Konstruktionen mit adjektivischer Ergänzung. Als Argument führt Escure zum einen an, daß die Subjekt-NPs in diesen Sätzen den Hauptton tragen, und zum anderen verweist sie auf transformationelle Beziehungen zu Sätzen wie den folgenden, in denen *da* eindeutig Topikalisierungsfunktion hat:

BC   *da mi* me pan wach
      "That was me who was on watch."
      da Habat me de deh.
      "That's Habat who was there."

Escure kommt so zu der weitreichenden Hypothese

that all available cases of '*da/a*' observed in modern Belizean Creole can be interpreted as instances of focusing (a common feature of creoles) rather than as copular verbs.
(Escure, 1980: 5)

Für das von Escure vorgelegte Material erscheint diese Analyse zunächst plausibel, nicht zuletzt deshalb, weil sie eine elegante Erklärung für beide Typen von equativen Konstruktionen (mit nominaler wie mit adjektivischer Ergänzung) darstellt: Beide werden als Sätze ohne kopulatives Element beschrieben. Die Eigenständigkeit der Kreolsprachen gegenüber dem Englischen läßt sich so deutlich hervorheben.

Aus zwei Gründen halte ich Escures Analyse aber nicht für überzeugend. Zum einen gibt es zahlreiche Sätze mit *da*, deren Subjekt-NPs keineswegs als topikalisiert interpretiert werden können, deren erste NP nicht den Hauptton trägt und deren nominale Ergänzung einen indefiniten Artikel enthält, der signalisiert, daß das kommunikativ fokussierte Element nun folgt. Auch die Wahl des unbetonten *a* anstelle von *mi* im zweiten Satz spricht gegen die Topikalisierungshypothese.

BC　shi da wan sela ina maakit
　　"She is a seller in the market."
　　a da wan uman
　　"I am a woman."

Zweitens deuten auch die transformationellen Beziehungen zwischen den folgenden Sätzen auf die verbale Qualität von *da* hin. Es besteht die Möglichkeit, die Subjekt-NP zu tilgen:

BC　den *da* mi fren den
　　→ *da* mi fren den
　　"They're my friends."
　　dat *da* mi hous
　　→ *da* mi hous
　　"It's my house."

Die Kopula *da* verhält sich hier wie Verben anderer Kategorien, deren Subjekte unter bestimmten Diskursbedingungen (Bekanntheitsgrad) getilgt werden können; vgl. den folgenden Ausschnitt aus einer Anansi-Story[55]:

BC　'E say, "You haffa get one lee saddie fo' me, get one lee saddie fo' me."
　　Tiga gone an' 'e get de saddle. "Bya", 'e say, "a wan' one stirrup now, one
　　t'ing whe dey call de stirrup whe put you foot ina." *Gone* an' 'e get it.

Gone erscheint ohne Subjekt; dieses ist unter Bezug auf den Kontext leicht als *Tiga* zu identifizieren.

Zusammenfassend halte ich es nicht für gerechtfertigt, generell die Existenz einer Kopula im Belizean Creole (und den anderen englisch-orientierten Kreolsprachen) zu bezweifeln. Die von verwandten englisch-orientierten Kreolsprachen abweichende Position des *anterior marker* im BC muß deshalb als idiosynkratische Erscheinung interpretiert werden.

Der zweite Typus equativer Konstruktionen verknüpft eine Nominalphrase mit einem Adjektiv. Im Englischen geschieht das durch die Kopula *be,* während in den Kreolsprachen dazu generell kein equatives Element benötigt wird:

---

[55] Der Text ist die transkribierte Fassung einer mündlich erzählten Anansi-Story, die mir Dr. Richard Hadel, S. J., Belize City, zur Verfügung stellte.

JC mi han taiad
    "My arm is tired."
    di biebi sik
    "The baby is sick."
BC dat iizy fu mek
    "This is easy to do."
MCC di weda gud
    "The weather is good."

Der englische Terminus 'zero copula' legt eine Interpretation
nahe, die auch für diesen Satztypus von einer zugrundeliegenden
Konstruktion *mit* kopulativem Element ausgeht, das dann transformationell getilgt wird. Wenn wir aber das Verhalten der Adjektive einerseits und parallele Konstruktionen in westafrikanischen
Sprachen andererseits berücksichtigen, dann erweist sich eine Beschreibung als *zero copula* als zu sehr an europäischen Sprachmustern orientiert.

Eine adäquate Beschreibung, die ihre Kategorien an kreolsprach-
lichem Material selbst entwickelt, geht davon aus, daß die 'Adjektive' hier als eine Subkategorie statischer Verben klassifiziert werden
müssen (vgl. Bickerton 1981: 68 f.). Wie Verben können sie nämlich
mit präverbalen Tempus- und Aspektmarkierungen verknüpft
werden; vgl. die folgenden Sätze aus dem Guyanese Creole und dem
Miskito Coast Creole:

GC i wok   i wiiri
    "He worked."   "He is tired."
    i *a* wok   i *a* wiiri
    "He is working."   "He is getting tired."

MCC we *did/mi* waakin   wen shi *mi* yong
    "We were/had been walking."   "When she was young"
                                   evriting *did* chiip
                                   "Everything was cheap."

Parallele Erscheinungen finden wir bspw. im Yoruba (Verknüpfung
mit dem *anterior marker ti*):

Yoruba ó tóbi
        "It is big."

159

ó ti tóbi
"It has become (too) big."

Weiter ist die Verbindung mit Modalverben akzeptabel; auch dies unterstreicht den verbalen Charakter der adjektivischen Ergänzung:

JC   di kyaaf mos fat bai nou
"The calf must be fat by now."
di milk kyaan sowa
"The milk can't be sour."

Andererseits haben Wörter wie *taiad, wiiri, sowa,* etc. adjektivische Funktion in Konstruktionen mit anderen kopulativen Verben (z. B. BC *ton* "turn, get", *ge* "get", *groo* "grow, get"):

BC   a di ge taiad
"I am getting tired."
di milk ton sowa
"The milk turned sour."

Das ist natürlich kein Argument gegen die Analyse dieser Wörter als verbale Subkategorie in den oben beschriebenen Konstruktionen; wir kennen genügend Beispiele für syntaktisch multifunktionale lexikalische Elemente.

Die kopulalosen equativen Konstruktionen ließen sich auch durch den Rückgriff auf spracherwerbstheoretische Überlegungen erklären. Wir kennen aus dem Erst- wie dem Zweitsprachenerwerb parallele unverbundene Konstruktionen, sie sind typisch für Lerner- wie Pidginsprachen. Die sog. Zweiwortphase, in der zwei lexikalische Elemente eine Vielzahl syntaktischer Relationen repräsentieren, wird dann unter dem Einfluß der jeweiligen Modellsprache aufgegeben. Bezogen auf Kreolsprachen geraten wir mit dieser Interpretation in die Schwierigkeit, daß wir einen Typ equativer Sätze (BC *a da wan uman*) sowie auch einen Typ lokativer Konstruktionen (BC *Jan de ya*) aufgrund mutter- und/oder zielsprachlicher Einflüsse erklären, den zweiten Typ equativer Sätze (JC *mi han taiad*) sowie einen zweiten Typ lokativer Konstruktionen (JC *Jan ina hous*) aber als Relikt aus dem Pidginstadium betrachten würden. Es bliebe also offen, warum im ersten Fall das Verschwinden der unverbunden Satzmuster auf den Einfluß westafrikanischer Sprachen und/oder des Englischen zurückgeführt wird, im zweiten Fall aber, in dem eine Übereinstimmung pidginsprachlicher, substratsprachlicher und kreolsprachlicher Konstruktionen vorliegt, der Einfluß der Substratsprachen vernachlässigt werden sollte. Vielmehr läßt dieses Beispiel vermuten, daß sich das pidginsprachliche Satzmuster nur deshalb erhalten hat, weil es durch parallele Konstruktionen in zahlreichen westafrikanischen Sprachen gestützt wird.

(c) Als drittes syntaktisches Muster, das im Englischen eine Form von *be* enthält, sind lokative Konstruktionen zu erwähnen, in denen im Englischen wie in den Kreolsprachen und vielen westafrikanischen Sprachen vor einer lokalen Adverbial- oder Präpositionalphrase ein kopulatives Element erscheint; vgl.:

JC   im *de* a yaad
'She is at home.'
mi en *de* doun a riba
'I was down at the river.'
Jan-dem *di* de
'John and his bunch are there.'
BC   a *de* rait ya
'I am right there.'
den *di* de
'They are there.'
di baaj me don *de* ina wata aredi
'The barge was already in the water.'

Auch das kopulative Element in lokativen Kontexten kann mit präverbalen Tempus- und Aspektpartikeln verknüpft werden: JC *en de*, BC *me don de*; vgl. auch Yoruba *ti wà*, wobei *ti* das Tempus markiert und *wà* als Kopula fungiert.

Die phonologischen Ähnlichkeiten vieler kreolsprachlicher Kopulaformen in lokativen Konstruktionen mit engl. *there* lassen sprachverwandtschaftliche Beziehungen vermuten; aber solche Korrespondenzen bestehen auch zu vielen westafrikanischen Äquivalenten, z. B. Twi *dè*, Ewe *de*, Igbo *bi* (vgl. Holm, 1978: 28).

Für das Belizean Creole stellt Escure (1980: 3) fest, daß lokative Konstruktionen sogar häufiger ohne kopulatives Element vorkommen, vgl.:

BC   Bra Rabit ina di bush de lisan
     'Brother Rabbit was in the bush listening.'

Aus diesen Sätzen lassen sich aber keine Argumente für eine etwa zugrundeliegende kopulalose Basis ableiten. Sätze wie der zitierte sind das Ergebnis einer Tilgungstransformation, die das kopulative Element fakultativ vor lokativen Nominalphrasen, aber nicht vor lokativen Adverbien tilgt (vgl. Bailey, 1966: 82):

JC/BC   Jan de ina house
      → Jan ina house
      'John is in the house.'
      Jan de huom
      → *Jan huom
      'John is at home.'
      Jan de ya
      → *Jan ya
      'John is here.'

(d) Als letzte Funktion englischer Formen von *be* ist die Topikalisierung zu nennen. Holm (1983 b: 18) spricht von "high-lighter"-Partikeln, die Sätze mit besonders betonten ersten Nominalphrasen einleiten:

JC   *a* Jan wi a taak bout
        'It's John we are talking about.'
RAMA   *da* elba gi wi wan
CREOLE 'It was Elba who gave us one.'
(Nicaragua)
GC   *a* dis mi no
        'It's this that I know.'
BC   *da* mi me pan wach
        'That was me who was on watch.'

Bailey (1966: 85 f.) schlägt eine Ableitung dieser Konstruktionen aus kopulativen Sätzen vor. Für die genannten Beispiele würden diese lauten:

JC   wi a taak bout Jan
RC   elba gi wi wan
GC   mi no dis
BC   mi me pan wach

Wenn das Objekt eines Satzes topikalisiert werden soll, dann ist neben der Einführung des *highlighter*-Elements noch eine Inversionsregel erforderlich, die das Objekt frontiert. Der *highlighter* wird von Bailey als "possibly identical with the equating verb" beschrieben.

Wieder finden wir parallele Erscheinungen in westafrikanischen Sprachen, vgl. die Partikel *ni* im Yoruba, *le* im Mandinka. Formale Ähnlichkeiten zu den Kopulaformen bestehen hier aber nicht. Ich halte diese Beobachtung deshalb für interessant, weil sie auf die Eigenständigkeit der hier behandelten vier Konstruktionsmuster verweist, die in den Kreolsprachen durch weitgehende phonologische Übereinstimmungen verdeckt werden. Diese Übereinstimmungen führen dann schnell zur Hypothese einer gemeinsamen syntaktischen Herleitung und die teilweisen phonologischen Ähnlichkeiten mit englischen Äquivalenten zur Hypothese sprachhistorischer Verwandtschaft.

Im Gegensatz zum Englischen ist in den Kreolsprachen auch die Topikalisierung von Verben möglich (vgl. Alleyne, 1980: 103):

SR   a pley mi ben pley nang a wroko
     (lit. it is play I played with the work)
     'I merely played with the work.'
KR   na waka a bin a waka
     (lit. it is walk I was walking)
     'I was walking.'

Im Englischen gibt es dazu keine formalen Parallelen, wohl aber in westafrikanischen Kwa-Sprachen (der *highlighter* steht allerdings nicht am Satzanfang):

YORUBA   mi mu ni won mu mi
         (lit. me take is they took me)
         'They actually arrested me.'

TWI   hwe na kwasi hwe ase
(lit. fall is Kwasi fell down)
'Kwasi actually fell.'

Eine abgeleitete Funktion dürfte das Auftreten der Topikalisierungspartikel mit einem Fragepronomen sein:

JC   *a-hou* dem mek machiz?
'How do they make matches?'
BC   *da we* akchuali hapn?
'What actually happened?'
yu me no *da ho* moch?
'You know how much it was?'
GC   *a hau* mi go sel da?
'How will I sell that?'
KR   na udat bin kam?
'Who came?'
MCC *da we* yu de guo nou?
'Where is it you're going now?'

Wieder finden wir Parallelen in westafrikanischen Sprachen; im Wolof leitet die Partikel *a* Fragen ein, im Yoruba *ni* (das aber dem Fragepronomen folgt: *tani* "who", *kini* "what").

9.2.2.2. Serielle Verbalausdrücke

Bei Konstruktionen mit seriellen Verben *(serial verbs)* handelt es sich um Kombinationen von zwei (oder mehr) Verben, die dasselbe Subjekt haben, aber im Gegensatz zum Englischen nicht durch eine Konjunktion verbunden sind. Beide Verben können sowohl intransitiv wie transitiv sein; ist das erste Verb transitiv, dann erscheint das Objekt zwischen den seriellen Verben. Vgl. die folgenden Beispiele aus dem Jamaican Creole (die Beispiele stammen aus Bailey, 1966):
Beide Verben sind intransitiv:

im swim-we gaan
'He (the fish) has swum away (and is gone).'
Ruoz gaan komplien
'Rose has gone to complain.'

Das erste Verb ist intransitiv, das zweite transitiv und erscheint mit seinem Objekt:

di bwai faaldong brok im fut
'The boy fell down and broke his leg.'
Kieti kom kil di chikin fi mi
'Katie came and killed the chicken for me.'

Beide Verben sind transitiv und erscheinen mit ihren (nicht identischen) Objekten:

im tek im fut kik me
'He kicked me with his foot.'
im tek di wud mek machiz
'He took the wood and made matches of it.'

Aus der Perspektive der englischen Sprache wären diese Konstruktionen als das transformationelle Ergebnis einer Regel zu interpretieren, die zwei selbständige Sätze koordiniert und mit Hilfe der Tilgung identischer Nominalphrasen *(Equi-NP-deletion)* das Subjekt des zweiten Satzes tilgt. Vom Englischen wären die Kreolsprachen nur dadurch unterschieden, daß in ihnen auch das koordinative Element (meist die Konjunktion *and*) getilgt werden kann.

Die semantische Beziehung zwischen den beiden Verben legt aber eine alternative Interpretation nahe, die möglicherweise die kreolsprachlichen Verhältnisse eher erfaßt.[56] Das Verb in der ersten Position (häufig *kom* 'come', *go* 'go', *taat* 'start', *begin* 'begin', *gwaan* 'go on', *kipaan* 'keep on', *tek* 'take') kann in vielen Fällen als Teil einer komplexen semantischen Vorstellung aufgefaßt werden, sozusagen als Voraussetzung dafür, daß der durch das zweite Verb bezeichnete Vorgang stattfinden kann. Es wäre bei dieser Analyse nicht notwendig, zwei Sätze zugrunde zu legen. Eine gewisse Stützung dieser Auffassung sehe ich darin, daß den kreolsprachlichen

---

[56] Alleyne (1980: 232) erwähnt eine Untersuchung von Antoine Culioli, in der von einem "two-slot effect" gesprochen wird, d. h. Kombinationen von V1 + V2, wobei V1 nur eine kleine Gruppe von Verben umfaßt, für V2 dagegen keine Restriktionen bestehen.

Ausdrücken im Englischen häufig ein Übersetzungsäquivalent entspricht, das nur ein Verb enthält:

mi a ron go a shop
'I am running to the shop.'
im kom shub mi doun
'She pushed me down.'

In zahlreichen westafrikanischen Sprachen finden wir ebenfalls serielle Konstruktionen, die wenn nicht als Modell, so doch in einem sprachpsychologischen Sinn als Unterstützung der kreolsprachlichen Ausdrücke gelten können. Dafür einige Beispiele aus Sprachen der Kwa-Gruppe (vgl. Alleyne, 1980: 167ff.):

YORUBA ojo fi igi na Meri
(lit. Ojo took *(fi)* the stick beat Mary)
'Ojo beat Mary with a stick.'

FANTI me de sekan twaa nam
(lit. I took knife cut meat)
'I cut the meat with a knife.'

EWE e tso dɔme gegi yi afe
(lit. he took empty belly went home)
'He went home hungry.'

Gegenüber den Kreolsprachen besteht in den afrikanischen Sprachen die Möglichkeit, das identische Objekt des ersten und zweiten transitiven Verbs nach dem zweiten Verb zu tilgen. Im Englischen und in den Kreolsprachen ist hier Pronominalisierung erforderlich:

TWI akorɔma no kyeree akokɔ no wee
(lit. the hawk caught the chicken ate)

JC di haak ketš di tsikin iit it
(lit. the hawk caught the chicken ate it)

E 'The hawk caught the chicken and ate it.'

Es wäre hier noch auf kreolsprachliche Konstruktionen mit *se* 'say' und *gi* 'give' in erster Position hinzuweisen, denen ebenfalls westafrikanische Äquivalente gegenüberstehen (Yoruba *pe*, Ewe *be*, Twi *se* 'say'; Yoruba gbe, Ewe *na*, Twi *ama* 'give'). Aus synchronischer Perspektive läßt sich der Status dieser Ausdrücke als

166

serielle Verben aber nicht mehr belegen; *gi* hat inzwischen die Funktion einer Präposition (vgl. Taylor, 1971: 294); *se* die Funktion einer Konjunktion (vgl. Bailey, 1966: 112 ff.):

JC   mi hier se Jan ena baal
     'I hear that John was bawling.'

Baudet (1981: 112) notiert den folgenden Satz aus dem Gullah:

dem de ka ɔm gi di jong pipl
(lit. they carry it give the young people)
'They carry it to the young people.'

Schließlich wären hier wieder spracherwerbstheoretische Überlegungen anzustellen. Auch aus dem Zweitsprachenerwerb kennen wir ja die Erscheinung, daß komplexe Bedeutungen, für die der/dem Lernenden noch kein Lexem zur Verfügung steht, durch einfachere Ausdrücke paraphrasiert werden (engl. *fetch* durch *go and bring back*). Ich vermute, daß bei der Ausbildung der kreolsprachlichen seriellen Verbalausdrücke Einflüsse aus den westafrikanischen Sprachen und allgemeine Prinzipien des Spracherwerbs zusammengewirkt haben.

9.2.2.3. *Pronominale Ausdrücke*

Auch im Pronominalsystem englisch-orientierter karibischer Kreolsprachen lassen sich potentielle Einflüsse aus westafrikanischen Sprachen feststellen. Im Gegensatz zum Englischen, aber in Übereinstimmung mit zahlreichen westafrikanischen Sprachen, gibt es in den Kreolsprachen eine Differenzierung zwischen der 2. Person Singular und Plural (engl. *you*); vgl. JC, BC und MCC *yu/unu*. *Unu* wird aus dem Igbo abgeleitet.[57]

[57] Der Gebrauch von *unu* in mesolektalen Varietäten ist stilistisch markiert: "Jamaican politicians, for instance, use it extensively to establish the feeling of personal (and party) solidarity" (Edwards, 1974: 14). Eine ähnlich markierte Verwendung hat noch heute die Form *y'all* in weißen Varietäten des Englischen im amerikanischen Süden.

Die Formen der 1. Person Singular (z. B. JC *mi*, BC *mi*, MCC *mi*) zeigen zwar phonologische Ähnlichkeiten mit emphatischen Pronomen der europäischen 'Basis'-Sprachen, z. B. engl. *me*, frz. *moi*, span./port. *me*, andererseits bestehen diese aber auch zu mehr als 80 westafrikanischen Sprachen (vgl. Holm, 1978: 44).

Ebenfalls im Gegensatz zum Englischen, aber in Übereinstimmung mit vielen westafrikanischen Sprachen, differenzieren die basilektalen Varietäten vieler Kreolsprachen das Genus weder in Subjekt-, Objekt- noch Possessivfunktion.[58] Im Jamaican Creole lautet das generische Pronomen der 3. Person Singular in Subjekt- und Objektfunktionen *im* (vgl. Bailey, 1966: 22 ff.):

JC   im de a yaad
      'She is at home.'
      im a di liida
      'He is the leader.'
      main yu tel im wa mi se
      'Be sure not to tell her what I said.'
      shiem dis a kil im
      'Shame is just killing him.'

Im Miskito Coast Creole lautet das generische invariante Pronomen der 3. Person Singular *him* (Holm, 1978: 46, gibt als phonologische Varianten noch *ĩ* und *i* an):

MCC *him* wietin an det
      'He's waiting for death.'
      waif kyaan kuk hi duon hav moni in di huom
      'The wife can't cook; she doesn't have any money in the house.'

---

[58] Auch in französisch-orientierten Kreolsprachen des Indischen Ozeans finden wir zunächst keine Genusmarkierung; vgl. die folgenden Beispiele aus dem Mauritius Creole:
    li desid al met posoh ladah
    'She decided to put the fish in it (i.e. the pool)'
    li ekrir Nali dir li kom sa . . .
    'He wrote to Nali and told her this . . .'
    (vgl. Baker, 1972: 72, 162).

Im Basilekt des Belizean Creole wird ebenfalls das Genus nicht markiert, aber Subjekt- und Objektfunktion bereits differenziert (dies trifft auch auf das Guyanese Creole zu): [59]

BC   i di sliip
     'She/he/it is sleeping.'
     da i hous
     'That's her/his/its house.'
     i si an
     'She/he/(it) saw her/him/it.'

An den Befunden im Pronominalsystem läßt sich besonders gut demonstrieren, wie problematisch die Herleitung eines Phänomens aus nur einer Quelle ist. Einerseits scheint hier ein Einfluß westafrikanischer Sprachen unbestritten, andererseits muß gleichzeitig die Tatsache erklärt werden, daß auch Kreolsprachen, an deren Entstehung afrikanische Sprachen nicht beteiligt waren, ebenfalls das pronominale Genus nicht markieren. So wird auch im Tok Pisin auf weibliche, männliche und neutrale Referenten mit einer invarianten Form *(em)* referiert (vgl. Kap. 10.3.2.1.). Aber auch im pazifischen Raum gibt es Sprachen ohne pronominale Genusmarkierung, die als Substratsprachen für das Tok Pisin in Frage kommen. Andererseits finden wir auch potentielle Substratsprachen, die das pronominale Genus markieren (vgl. Wurm, 1982: 42 ff.). Um Aussagen über mögliche Einflußquellen machen zu können, benötigen wir also genauere Informationen über die ursprünglichen sprachlichen Kontaktsituationen.

Als Erklärung der kreolsprachlichen generischen Pronomina reicht der Rekurs auf parallele Erscheinungen in potentiellen Substratsprachen offenbar nicht aus. Wir müssen auch hier wieder mit der Wirkung allgemeiner Spracherwerbsmechanismen rechnen. Wir

---

[59] Holm (1978: 47) weist darauf hin, daß auch in einigen regionalen Varietäten des britischen Englisch das Genus nicht markiert wird, hält einen Einfluß auf Kreolsprachen aber für unwahrscheinlich, zumal auch Kreolsprachen mit nichtenglischer lexikalischer Orientierung dieselbe Erscheinung zeigen.

können auf die in Kap. 6 beschriebenen Simplifizierungsstrategien zurückgreifen, die Sprecher/innen der am Sprachkontakt beteiligten Sprachen aktivieren, um die eigene oder die fremde Sprache von formalen Differenzierungen zu entlasten, die in rudimentären kommunikativen Situationen nicht benötigt werden. Im Resultat ist dieser Prozeß nicht von der Wirkung der Interferenz durch die Muttersprache zu unterscheiden, wenn diese bereits ein unmarkiertes Modell enthält.

Zusammenfassend ist zum Einfluß westafrikanischer Sprachen auf die syntaktische Struktur der englisch-orientierten karibischen Kreolsprachen festzustellen, daß dieser bei vielen Phänomenen zwar deutlich hervortritt, aber nur selten allein für eine kreolsprachliche Erscheinung verantwortlich gemacht werden kann. Insgesamt müssen wir mit einem außerordentlich komplexen Netz verschiedener Einflußquellen und -richtungen rechnen, wobei insbesondere drei Faktoren für die Ausbildung kreolsprachlicher Strukturen verantwortlich zu machen sind: Einflüsse (Interferenzen) aus potentiellen westafrikanischen Substratsprachen, Einflüsse aus der europäischen Sprache (dem Englischen) und die Wirkung von Spracherwerbsstrategien, die sowohl modellorientierte wie kreative Prozesse umfaßt. Die hier behandelten kreolsprachlichen Resultate dieser Vorgänge lassen sich generell nicht allein auf eine dieser Quellen zurückführen.

9.3. Exkurs: Westafrikanische Einflüsse auf Form und Funktion ausgewählter kreolsprachlicher Textsorten

In diesem Abschnitt möchte ich andeuten, in welcher Weise sich westafrikanische Einflüsse in kreolsprachlichen Sprichwörtern und Märchen manifestieren. Das sprachliche Material stammt aus meiner Sammlung von Texten des Belizean Creole (vgl. Hellinger, 1975; 1979).

170

9.3.1. Sprichwörter

Sprichwörter drücken meist allgemeine Wahrheiten aus, die auf menschlicher Beobachtung und Erfahrung beruhen. Ihre Funktion geht aber über solche Feststellungen weit hinaus; sie zielen letztlich auf eine Verhaltensänderung der Hörerin oder des Hörers ab, oft über die direkte oder indirekte Warnung vor bestimmten Ereignissen. Der erfolgreiche Gebrauch eines Sprichworts hängt von der Fähigkeit der Beteiligten ab, bestimmte Merkmale einer konkreten Situation auf den Inhalt des Sprichworts zu beziehen.

Sprichwörter gehören zu den mündlich tradierten Textsorten, die auf physische, soziale und kulturelle Gegebenheiten der jeweiligen Herkunftsregion Bezug nehmen. Ein Wandel dieser Gegebenheiten kann auch in Sprichwörtern bestimmte Veränderungen hervorrufen, wenn z. B. der Elefant in einem afrikanischen Sprichwort in einer karibischen Version durch den Jaguar ersetzt wird. Ich gehe davon aus, daß viele kreolsprachliche Sprichwörter in Belize ein afrikanisches Modell haben, und gebe dafür im folgenden fünf Beispiele:

(1) Wen fish come fram riba battam an tell you alligeta hab bellyache, believe am.
   "When a fish comes up from the bottom of the river and tells you that the crocodile has a stomach ache, believe him."

Im Guang-Dialekt, der in Boso (Ghana) gesprochen wird, finden wir folgendes Äquivalent:

Apopokyi entwu ase benye, "olenge ewu" a, ebegyi mō kyii.
(Rapp, 1971: Nr. 31)[60]
"When the Apopokyi fish comes out of the water and says 'the alligator is dead', then there can be no doubt."

Interessant ist auch der Vergleich mit dem folgenden Adangme-Text, der ähnliches Bildmaterial verwendet, aber eine andere 'Bot-

---

[60] Die westafrikanischen Äquivalente stammen aus den umfangreichen Sammlungen von Sprichwörtern aus zahlreichen afrikanischen Sprachen von Rapp (1942, 1966, 1971) und Rattray (1916).

schaft' enthält. Adangme wird an der Guineaküste und in Teilen von Togo gesprochen:

> Blâ né ékè è nyè ŋέ pàm nè èdze kpò badè kē e nye gbo nε akε ebua? (Rapp, 1942: Nr. 90)
> "The Blâ-alligator and his mother live in the river, and he came up to tell that his mother was dead. Would you then say that he is telling a lie?"

Im zweiten Beispiel unterscheiden sich die kreolsprachliche und die westafrikanische Version ebenfalls kaum:

(2) Neba call alligeta big mout till you don cross di riba.
"Don't call the alligator a big mouth until you have crossed the river."

Die belizeanische Fassung läßt sich auf ein Sprichwort aus dem Twi zurückführen (das Twi wird von den Aschanti in Ghana gesprochen):

> wutw̌a asu w̌ie a, na wuse od̥enkyεm ano p̥ow. (Rattray, 1916: Nr. 137)
> "When you have quite crossed the river, you say that the crocodile has a lump on its snout."

Die nächsten drei Beispiele zeigen gegenüber dem westafrikanischen Modell gewisse inhaltliche Veränderungen, lassen dieses aber noch deutlich erkennen:

(3) Ebri haul a di net no ketch June fish.
"Not every haul of the net will contain a June fish."

Im Guang finden wir ein potentielles Äquivalent, in dem allerdings nicht vom Fischen, sondern vom Ackerbau die Rede ist:

> Begyi afi ako ara so ne okuafo nyē nnɔbae. (Rapp, 1971: Nr. 19)
> "It is not every year that the farmer has a (good) harvest."

(4) Tiger maugre, but i no sick.
'Tiger may be thin, but he is not ill."

Dieses belizeanische Sprichwort könnte auf die folgende Twi-Fassung zurückgehen:

> Gyahene hõ nye̥ deṅ a ɔnne kaùkaù. (Rattray, 1916: Nr. 116)
> "Even when a lion is not a strong lion, it is not called a civet cat."

(5) Pumpkin neba bear wata melon.
"A pumpkin does not bear water melon fruit."

Im Gurenne (Nord-Ghana) finden wir diese Version:

Taanga ka doggere doa. (Rapp, 1966: 146)
"A Shea-butter-tree does not bear Dawadawa fruits."

Vgl. auch ein verwandtes Twi/Akan-Sprichwort:

Okótó nwo anōmā. (Rattray, 1916: Nr. 139).
"A crab does not give birth to a bird."

Sprichwörter gehören zu denjenigen Bereichen von Sprache, die aufgrund der mündlichen Tradierung konservativere Sprachmuster bewahren.

Konservative basilektale Varietäten, die auch mehr Afrikanismen enthalten als die Alltagssprache, finden wir besonders im Kontext religiöser bzw. kultischer Riten, die etwa in Jamaica noch von den Maroons und den Mitgliedern des Rastafarianismus praktiziert werden. Nach dem 2. Weltkrieg hat es aber auch unter den Maroons keine Sprecher afrikanischer Sprachen mehr gegeben; man findet in ihrer Varietät des Jamaican Creole aber noch zahlreiche afrikanische Wörter (vgl. LePage, 1957: 376).

9.3.2. Anansi-Stories

Ähnlich wie Sprichwörter geben auch Volksmärchen *(folk tales)* Aufschluß über gewisse Traditionen und Wertvorstellungen der Sprachgemeinschaft, in der sie entstanden sind bzw. gebraucht werden. Im ganzen karibischen Raum – in Belize, Jamaica und Trinidad, in Haiti, Guadeloupe und im Süden der Vereinigten Staaten – ist der Typus der Anansi-Story (bzw. Bra-Rabbit-Story) verbreitet. Die Figur des Bra John Anansi geht auf ein westafrikanisches Modell zurück, Kweku Anansi, der beispielsweise noch heute der Held vieler Geschichten der Aschanti in Ghana ist. Itayemi & Gurrey beschreiben Kweku Anansi so:

173

He too is up to all the tricks and is full of guile and roguery, mainly thieving. He is of course extremely intelligent, and his scheming devices always 'take in' his unsuspecting and simple-minded brother animals.

(Itayemi & Gurrey, 1953: 16)

Diese Charakterisierung trifft genauso auf Bra Anansi zu.

Während über den afrikanischen Ursprung der Anansi-Stories keine Zweifel bestehen, muß ebenso deutlich gesehen werden, daß sich die Funktion der Geschichten verändert hat. Hadel (1973: 7) beschreibt diese zunächst für die Zeit der Sklavengesellschaften:

The powerless but clever Anansi represented the slaves, while the powerful but stupid Tiger was the prototype of the slave-master. In the minds of the slaves, Anansi's victories over Tiger stood for a make-believe victory of themselves over their slave-masters.

Heute dienen die Geschichten nur noch der Unterhaltung. Geblieben ist aber die Bedeutung der unmittelbaren Produktion (Hadel spricht von 'performance value'). Das Erzählen von Anansi-Stories reflektiert das besondere Verhältnis kreolsprachlicher (und afrikanischer) Gesellschaften zur mündlichen Überlieferung traditioneller Inhalte. Das Erzählen wird als Kunstform geschätzt, und noch heute finden wir in belizeanischen Dörfern Geschichtenerzähler, die hohes Ansehen genießen.

Zwei typische Beispiele sollen hier zitiert werden, die zu den bekanntesten im karibischen Raum gehören. Der erste Text stammt aus einer unveröffentlichten Sammlung von mündlich erzählten Anansi-Stories (vgl. Anm. 55), der zweite ist die Transkription einer Anansi-Story, die von Radio Belize gesendet wurde.[61]

Text 1

Hanasse gone da dey gyal da Toya an' tell 'm da so: Tiga da he fada bes' ridin' haas. So when time Tiga gone de', dey gyal say, "You fool, you fool, whe you di do ya? You da Hanasse fada bes' ridin' haas!"

'E say, "You! You could prove dat? You could prove dat? A goin' go bring Hanasse right now!"

[61] Vgl. die kommentierte Fassung von Escure (1983: 46 ff.).

So 'e gone, man, 'e gone, 'e gone, 'e gone bring Hanasse. 'E say, "Hanasse! How you gone tell dey gyal da Toya me da you fada bes' ridin' haas?"

When Hanasse hear dat, Hanasse run da bed, play like 'e di sick. 'E say, "Man, a no tell nobody dat! I sick long time."

So 'e say, "Even if a have to back you, carry you, you goin' to prove dat." So dey gone, 'e back 'm. Hanasse tell 'm, "Get de t'ing whe name saddle. Everyt'ing you bring, all de equipment."

So 'e bring dem. An' you see dem: "Giddiup! Giddiup!" Den dey see Hanasse holla, "Unu gyal, whe a tell you da true. Tiga da me fada bes' ridin' haas."

Dey say, "Oh, yes! Oh, yes!" (. . .) Hanasse climb down an' go to de gyal dem. Tiga spurt; 'e kyan come back to dem gyal no mo'. Dey gyal say, "Oh, yes, a believe you now."

Text 2

Wans apan a taym Bre Anansi yuwztu biy di brenzyes man we live. Hiy yuwztu so smaht dat i ivn owtsmath Bre Tayga, an ahl di ada man dem tink dem mi smaht. Wan dey i gahn da bush an i kudn fayn notn fu i wayf an pikni dem iyt. So i sidong pan wan tomp an staht a mek wan plan fu trap Mahs King. Da seym iyvnin i gahn da Mahskin hows an se: "Mahskin, a mi de wahk ina bush dis mahnin, an a fayn songtin da wan hilsayd we valyu moh dan gowl an silva". Mahskin, i mi so griydi, hiy no satisfay wid we i gat, aks Anansi fu tel am da wat. So Bre Anansi sey: "Dis ting we a fayn, neym' soso', if yuw gimiy fati myuwlz lowd wi mani an fuwd, ay wuda bring dem bak ful wi soso." So Mahskin kahl op di sowjaz dem, an mek dem lowd di myuwlz dem wi moni an fuwd an keri dem da Bre Anansi hows. Wen Anansi get howm, hiy tek af ahl di moni an fuwd, so put dem op da i laf, den i gahn gahn tel Mahskin dat in siks deyz taym i gwayn bring bak dem myuwlz dem ful wi soso. Wel, Bre Anansi chyenj i neym fi Sar Anansi an Miysis Anansi fi Leydi Anansi, bakahz dey mi rich, rich, rich. So dem ley op ina bed ahl dey, an i wayf an pikni dem mi liv hay. Wen di taym kum fu im keri bak di myuwlz dem, i staht ahf fu Mahskin palas. I mi now i hafu pahs wan plantej we wan poh owl man liv. So i tek i taym ontil i get da di man pleys. Ahl dis taym Sah Anansi tek ahl a di Mahskin bag dem an payl dem pan tap a dem myul bak. Wen i get da plantej, i luk rown, i neba siy di owl man. So i hala: "Bre Peako, Bre Peako!". Wen di owl man kum owt, Anansi staht a tiyz am. Di poh owl man geht so beks dat i staht a cheys Anansi rown wid wan big stik. Wel, dat a wey Anansi mi wahn, so i staht a hib wey di bag dem da i grown we di rowd-sayd, an i staht a bahl: "A wahn miy soso, Mahskin soso". Bre Anansi bahl til

175

i get da Mahskin palas wi di myuwl dem, an sey: "Mahskin, az a mi de kom down di rowd, a miyt wan man, an i biyt miy an teyk wey ahl a mi soso – ahl a mi soso". Mahskin mi so beks dat i sen hiz sowjaz dem fu bring im dis poh owl man fu trayal. Wen di liy man get frant a Mahskin, Bre Anansi staht a bahl moh. Mahskin sey: "Gentleman, you're brought to court for stealing all of Anansi's soso. What have you to defend yourself?". Di poh owl man mi so fraytn dat i taht a hala. "Mashkin, Bre Anansi mi de tiyz miy, hiy neba gat notn pan di myuwlz dem, hiy ownli mi gat soso". "Listen", sey Mahskin "well, my good gentleman, dat the same thing Anansi was bringing". Ahl dis taym Bre Anansi mi de bahl: "I gahn wi mi soso!". Eni taym Mahskin aks di man bowt Anansi trezha, di man sey: "I mi ownli gat soso". Yuw siy, Mahskin mi ownli de tink bowt di trezha, we i mi los, so i wudn gi di man taym fu sey soso wat. Aftarahl Mahskin bring in di poh man gilti an sentens fu heng am. Wen Anansi kum owt a di pleys, i blow op wan big stiym an i sey: "Wel, wel, wel, wat a narow eskeyp, sopowz Mahskin neba so griydi, i wuda mi ye-risey we di poh owl man de tray fu tel am, dat ahl we a mi gat pan a bak di myuwl dem a dem soso empti bag". Fram dat dey, di fohs siyd af griyd an avariyshosnes waz sown.

Krik, krak, krak mi dowri bow, trow lang shoh.

10. SPRACHLICHE VARIATION UND SPRACHLICHER WANDEL

10.1. *Das kreolsprachliche Kontinuum*

In den vorausgehenden Abschnitten ist mehrfach der Begriff des sprachlichen Kontinuums erwähnt worden. Ein Kontinuum bildet modellhaft die sprachliche Realität einer Gesellschaft ab, in der eine Kreolsprache (der Basilekt) und die mit ihr verwandte europäische Sprache (der Akrolekt) funktional differenziert, aber nicht unverbunden nebeneinander existieren. Beide Pole, deren gegenseitige Verständlichkeit keineswegs gegeben ist, sind durch eine theoretisch unendliche Menge mesolektaler Varietäten miteinander verknüpft. Das Kontinuummodell ermöglicht die Strukturierung von sprachlichen Daten, deren auffälligstes Merkmal ihre Variabilität ist, d. h. Informationen werden formal unterschiedlich verbalisiert. Vgl. dazu das folgende einfache Beispiel aus dem Kontinuum des Jamaican Creole, in dem (a) possessive Ausdrücke, (b) Fragekonstruktionen sowie (c) Negation und Tempusmarkierung unterschiedlich realisiert werden, wobei die strukturelle Distanz zwischen den einzelnen Ausdrücken ihre Identifizierung als basilektal, mesolektal oder akrolektal erlaubt (vgl. Craig, 1971: 374f., s. Tab. 13, S. 178):

Bei diesen Beispielen handelt es sich nicht um "different ways of saying the same thing", etwa im Sinne stilistischer Sprachvariation. Der Gebrauch der einen oder anderen Variante vermittelt gleichzeitig signifikante Informationen über die Plazierung der Sprecherin oder des Sprechers im Kontinuum sowie darüber, für welche sprachliche Interaktion welche Varietät als angemessen betrachtet wird.

Die Varietäten eines Kontinuums können nicht als separate, ko-existierende Systeme interpretiert werden; vielmehr handelt es sich um jeweils nur minimal (theoretisch: nur in einem Merkmal) differenzierte Isolekte. Das Konzept des Isolekts (dieser Begriff

177

Tab. 13

Basilekt	Mesolekt	Akrolekt
(a) a fi mi buk dat	a mi buk dat iz mi buk iz mai buk	it's my book
(b) a kot yu waan (fu) kot i	iz kot yu waan kot it yu waan kot it	do you want to cut it?
(c) mi na bin get non	a in get non ai didn get non	I didn't get any

wurde z. B. von Bickerton [1975: 202] verwendet) muß natürlich von dem des Ideolekts getrennt werden. Der Ideolekt bezeichnet die individuelle Kompetenz, während der Isolekt einen abstrakten Typus von sprachlicher Varietät repräsentiert, auf den sich ideolektale Äußerungen abbilden lassen.

Das Individuum verfügt typischerweise über eine ganze Spanne benachbarter Isolekte. Bezogen auf die „sehr fließende" linguistische Situation in Jamaica, in der einzelne Varietäten kaum voneinander abzugrenzen sind, schreibt schon Bailey (1966: 1):

A given speaker is likely to shift back and forth from Creole to English or something closely approximating English within a single utterance, without ever being conscious of this shift.

Sprachliche Variation auf der individuellen Ebene zeigt sich z. B. bei der Sammlung linguistischer Daten, wenn dabei unterschiedliche Methoden verwendet werden. So werden die sprachlichen Äußerungen eines Individuums während eines *peer group recording* eher im Bereich des Basilekts liegen als bei einem strukturierten Interview. Zudem umfaßt die individuelle Kompetenz auf der sprachrezeptiven Ebene ein noch breiteres Spektrum als in der Sprachproduktion. Ziel der linguistischen Untersuchung ist das Auffinden von Regularitäten, die der auf den ersten Blick eher verwirrenden Vielfalt sprachlicher Ausdrucksmöglichkeiten zugrunde liegen.

Sprachliche Variation finden wir nicht nur auf der individuellen

Ebene, sondern bereits auf der Ebene singulärer Texte. Dies will ich am Beispiel der nominalen Pluralmarkierung in der in Kap. 9.3.2. zitierten Anansi-Story (Text 2) zeigen.

Der Text enthält 17 Nominalphrasen mit pluralischer Bedeutung, aber unterschiedlicher morphologischer Struktur; die Beispiele lassen sich drei Kategorien zuordnen, wobei wir intuitiv I als basilektale, II als mesolektale und III als akrolektale Varietät betrachten können.

Tab. 14

I	II	III
ahl di ada man dem	di sowjaz dem	fati myuwlz
i waif an pikni dem (2 ×)	di myuwlz dem (3 ×)	in siks deyz taym
ahl a di Mahskin bag dem	dem myuwlz dem	
pan tap a dem myul bak	his sowjaz dem	
di bag dem		
di myuwl dem		
pan a bak di myuwl dem		
dem soso empti bag		

Die NPs der Kategorie I zeigen die basilektale Pluralmarkierung durch die postnominale Partikel *dem;* diese Partikel fehlt meist nach dem pluralischen Demonstrativpronomen, das ebenfalls *dem* lautet *(dem myul back; dem soso empti bag);* sie fehlt auch dann, wenn der Kontext eindeutig Pluralität signalisiert, etwa bei vorausgehendem Numeralwort.

Kategorie II zeigt typische Beispiele für redundante Markierungen: der basilektale postnominale Pluralmarkierer tritt gleichzeitig mit dem akrolektalen morphologischen Pluralzeichen /z/ auf.

Kategorie III enthält zwei Beispiele, die wir zunächst als akrolektale Formen betrachtet haben: *fati myuwlz, in siks deys taym.* Diese Ausdrücke sind oberflächenstrukturell mit ihren englischen Entsprechungen *(forty mules; in six days time)* identisch. Wenn wir aber berücksichtigen, daß im Basilekt das Nomen nach einem Numeralwort unmarkiert bleibt, erweist sich die Analyse der Beispiele von

III als zweifelhaft. Ich interpretiere diese Ausdrücke als mesolektale Formen, und damit verringert sich die Zahl der für die Beschreibung dieses Textes erforderlichen Kategorien von Pluralmarkierung auf zwei, die sich nun abgekürzt so darstellen lassen:

$$
\begin{array}{c|c}
\text{I} & \text{II} \\[2mm]
\left\{ \begin{Bmatrix} \text{ahl (a)} \\ \text{pan a bak} \end{Bmatrix} \text{di ( )} \right\} \text{N dem} \quad & \quad \begin{Bmatrix} \text{di} \\ \text{dem} \\ \text{his} \end{Bmatrix} \text{N + s dem} \\[2mm]
\text{i} & \\[2mm]
\text{dem ( ) N} & \text{Num N + s}
\end{array}
$$

Kategorie I weist bzgl. der Pluralmarkierung keine Abweichungen vom idealisierten Basilekt auf, Kategorie II zeigt die Beeinflussung durch den Akrolekt. Insgesamt ist der Text also als mesolektal zu charakterisieren.

Für die Zuordnung eines Textes oder verschiedener sprachlicher Äußerungen eines Individuums bzw. von Sprechergruppen zu einem bestimmten Ausschnitt des Kontinuums reichen informelle Analysen wie die eben gezeigte natürlich nicht aus. Ebensowenig wäre schon an dieser Stelle eine Hypothese über sprachliche Veränderungen im Kontinuum angebracht, also etwa die Annahme, daß ein Sprachwandel im Bereich von nominalen Konstituenten bei solchen NPs beginnt, die durch ein Numeralwort modifiziert sind. Für derartige weitreichende Aussagen ist die Analyse größerer Datenmengen erforderlich und zudem ein Vergleich mit anderen Variablen aus verschiedenen linguistischen Ebenen.

Escure (1981) hat bei der Untersuchung verschiedener syntaktischer und phonologischer Variablen im Belizean Creole festgestellt, daß das Vordringen akrolektaler Formen jeweils spezifischen Beschränkungen unterliegt und keineswegs nach einem für alle Variablen gleichen Muster abläuft. So tritt z. B. die akrolektale verbale Markierung der 3. Person Singular erst sehr spät auf, d. h. bisher nur in solchen Varietäten des Kontinuums, die nahe am akrolektalen Pol liegen, während andererseits akrolektale Pluralmarkierungen schon in konservativen basilektalen Varietäten des Belizean Creole zu finden sind (vgl. Escure, 1981: 31). Dies läßt vermuten, daß einzelne Variablen in der kreolsprachlichen Gesellschaft auch unterschiedlich bewertet bzw. stigmatisiert werden.

10.2. Die Implikationsskala

Als außerordentlich fruchtbares Instrument zur Beschreibung sprachlicher Variation hat sich neben dem Konzept der Variablenregel (vgl. Labov, 1963; 1966) die Implikationsskala erwiesen. Dieses Verfahren wurde zunächst in der Psychologie entwickelt (vgl. Guttmann, 1944; Torgerson, 1957) und dann von Elliott & Legum & Thompson (1969) und DeCamp (1971) zur Lösung linguistischer Probleme herangezogen.

Eine Implikationsskala besteht aus einer Reihe hypothetischer Teilvarietäten oder Isolekte, die sich jeweils nur in einem Merkmal unterscheiden. Tab. 15 zeigt das Modell einer Implikationsskala. Horizontal sind die untersuchten sprachlichen Merkmale (Variablen) aufgeführt, während I_{1-6} die Isolekte angeben, in denen ein Merkmal entweder realisiert wird (+) oder nicht (−).

Tab. 15

	V_1	V_2	V_3	V_4	V_5
I_1	+	+	+	+	+
I_2	+	+	+	+	−
I_3	+	+	+	−	−
I_4	+	+	−	−	−
I_5	+	−	−	−	−
I_6	−	−	−	−	−

Die sprachliche Realität in einem Kontinuum wird sich nur selten in der perfekten Stratifikation des Modells ausprägen. So werden nicht immer alle theoretisch möglichen Teilvarietäten auch konkrete Realisierungen finden. Auch die Zuordnung mancher Sprecheräußerungen zu einem Isolekt wird sich nicht immer eindeutig vornehmen lassen, wenn z. B. eine bestimmte Variable in den sprachlichen Daten gar nicht vorkommt. Ein Fall wie $(+ + ? - -)$ müßte dann sowohl I_3 als auch I_4 zugeordnet werden. Andererseits ist mit Daten zu rechnen, die der systematischen Gliederung des Modells widersprechen, wenn also z. B. ein sprachliches Phänomen in einem Korpus variabel gebraucht wird; dann läßt sich eine Notation als „ + " oder „ − " nicht mehr vertreten. Weiter kommt es nicht selten vor, daß etwa die Variable V_3, deren Auftreten in I_1 impliziert ist, in einem Korpus nicht auftaucht, das sonst in allen anderen Merkmalen mit I_1 übereinstimmt. Abweichungen dieser Art bedürfen spezieller Erklärungen und einer Beantwortung der Frage, ob es sich bei den betreffenden Fällen um idiosynkratische Erscheinungen handelt oder ob sich vielleicht ein systematischer Bezug zu anderen linguistischen oder extralinguistischen Faktoren erkennen läßt.

DeCamp (1971) hat das kreolsprachliche Kontinuum von Jamaica mit Hilfe des Implikationsmodells beschrieben. Aus seiner Untersuchung von 142 jamaikanischen 'communities' wählte er sieben Sprecher (S_{1-7}) aus, deren Sprachproduktion er nach dem Vorkommen von sechs Variablen analysierte. Diese Variablen gehören nach DeCamp (1971: 355) zu denjenigen Merkmalen, "that define the continuum of Jamaican English". Es handelt sich dabei um drei lexikalische Alternativen (den Gebrauch von basilektalem *pikni/nyam/nana* gegenüber ihren akrolektalen Entsprechungen *child/eat/granny*), zwei phonologische Merkmale (das Auftreten von basilektalem /t, d/, wo im Akrolekt /θ, ð/ erscheint) und ein syntaktisches Merkmal (der negierte, nichtpräsentische basilektale Ausdruck *no ben* gegenüber akrolektalem *didn't*). Die Realisierung dieser Merkmale durch die sieben Sprecher (S_{1-7}) ergibt zunächst ein sehr unübersichtliches Bild; in der Tabelle 16 (S. 183) ist der Gebrauch der basilektalen Varianten mit „ + " notiert.

Wenn wir nun die Daten danach ordnen, welche Variable am häufigsten realisiert wird und welcher Sprecher die meisten basilektalen Varianten benutzt, ergibt sich das (seltene) Bild einer perfekten implikativen Skala (vgl. Tab. 17, S. 183):

Die sieben Informanten lassen sich nun im Kontinuum plazieren,

Tab. 16

	pikni	nyam	nana	/t/	/d/	no ben
S_1	−	−	−	−	+	−
S_2	+	−	−	+	+	−
S_3	+	−	+	+	+	+
S_4	+	+	+	+	+	+
S_5	−	−	−	−	−	−
S_6	−	−	−	+	+	−
S_7	+	−	−	+	+	+

Tab. 17

	/ð/	/t/	pikni	no ben	nana	nyam
S_4	+	+	+	+	+	+
S_3	+	+	+	+	+	−
S_7	+	+	+	+	−	−
S_2	+	+	+	−	−	−
S_6	+	+	−	−	−	−
S_1	+	−	−	−	−	−
S_5	−	−	−	−	−	−

wobei S_4 am weitesten vom Akrolekt (dem westindischen Standard-englisch) entfernt ist, also das 'reinste' Jamaican Creole produziert, während S_5 gar keine kreolsprachlichen Merkmale zeigt.

Eine Implikationsskala ermöglicht durch die Strukturierung von Performanzdaten einen entscheidenden Zugang zur Beschreibung sprachlicher Variation; das Verfahren erlaubt Aussagen darüber, in welcher Entfernung sich jemand von zwei hypothetischen Endpunkten befindet. Auf dieser Basis kann dann nach Regularitäten gesucht werden, die ein Kontinuum strukturieren.

Thus implicational scaling constitutes an invaluable discovery procedure (. . .) However, behind results of any implicational scaling there must lie a set

of rules, and it is these rules which any study of grammar is aimed at discovering.
(Bickerton, 1975: 203)

Die Informationen der Tabelle 17 reichen aber noch nicht aus, um zu entscheiden, welche Sprecher außer S_4 dem Basilekt einerseits, welche außer S_5 noch dem Akrolekt zuzurechnen wären, m. a. W., in welcher Weise sich basilektale, mesolektale und akrolektale Varietäten voneinander abgrenzen lassen. Derartige Aussagen lassen sich erst aufgrund empirischer Untersuchungen machen, die insbesondere auch sozialpsychologische Faktoren berücksichtigen – beispielsweise die Frage, welche Intuitionen die Informanten selbst darüber haben, was den Basilekt konstituiert. DeCamps Analyse hat unter diesem Gesichtspunkt eher nur explorativen Charakter.

10.3. *Empirische Untersuchungen zum sprachlichen Wandel in einem kreolsprachlichen Kontinuum*

Nachfolgende Untersuchungen, die ebenfalls mit dem Implikationsmodell arbeiten, unterscheiden sich in wesentlichen Punkten von DeCamps explorativer Studie (vgl. Rickford, 1980: 167f.): Es werden generell größere Datenmengen analysiert, wenn auch nicht immer ein Anspruch auf Repräsentativität im sozialwissenschaftlichen Sinne erhoben werden kann; es werden nicht mehr gleichzeitig mehrere Variablen aus verschiedenen linguistischen Ebenen untersucht, sondern man konzentriert sich nun auf minimale Ausschnitte der Sprachstruktur, z. B. die Realisierung verbaler morphologischer Merkmale (vgl. 10.3.1.); es werden auch nicht nur jeweils zwei Alternativen gegenübergestellt (was ja die binäre Notation mit „ + “ oder „ – “ ermöglichte), sondern auch mehr als zwei Varianten einbezogen (vgl. 10.3.2.); schließlich wird berücksichtigt, daß nicht jede/r Sprecher/in nur jeweils die eine oder die andere Variante produziert, sondern neben eher selteneren kategorischen Verwendungen andere Variablen in mehreren (oder allen) Ausprägungen gebraucht. Diese methodischen Veränderungen haben einerseits zu wesentlich differenzierteren und präziseren Ergebnissen geführt, andererseits aber auch eine Verengung mit sich gebracht, die die Generalisierbarkeit der Ergebnisse erheblich einschränkt.

Im folgenden Abschnitt sollen die implikativen Beschreibungen eines morphophonologischen und eines syntaktischen Phänomens aus dem kreolsprachlichen Kontinuum von Guyana vorgestellt werden. Die Bedeutung dieser Analysen liegt vor allem darin, daß sie Aussagen über sprachliche Veränderungen im Kontinuum ermöglichen.

10.3.1. Die Markierung der Tempuskategorie *past* im Guyanese Creole

Einleitend sind einige Anmerkungen zur Geschichte des guyanesischen Kontinuums zu machen, auf das sich die folgenden Analysen beziehen (vgl. Bickerton, 1975: 208 f.). Guyana, seit 1970 unabhängig, ist eine multilinguale und multiethnische Sprachgemeinschaft, in der das englisch-orientierte Guyanese Creole als Erst- wie als Zweitsprache verwendet wird. 51 % der Bevölkerung sind indischer Herkunft – sie benutzen das Guyanese Creole als Zweitsprache in interethnischer Kommunikation; 31 % der Bevölkerung stammen von ehemaligen afrikanischen Negersklaven ab – sie haben eine kreolische Muttersprache. 11 % sind multiethnischer Herkunft, 4 % indianischen Ursprungs und 3 % sind Chinesen und Europäer (vor allem Portugiesen und Engländer); sie verwenden das Guyanese Creole als Lingua Franca.

Das Guyanese Creole leitet sich aus dem Sranan von Surinam ab; noch heute stimmen beide Kreolvarietäten wesentlich überein. Im 17. Jahrhundert gründeten die Holländer im Gebiet des heutigen Guyana drei Siedlungen (Essequibo, Demerara und Berbice), in denen sie auch Zuckerrohr in Plantagenwirtschaft anbauten, zuerst mit Hilfe afrikanischer Sklaven aus Surinam (die das bereits etablierte Sranan mitbrachten), dann durch den Import von Sklaven aus Westafrika über Barbados und Antigua. Seit dem frühen 18. Jahrhundert ließen sich auch Engländer in den holländischen Siedlungen nieder, die schließlich 1803 auch in ihren Besitz übergingen. Nach 1833 wurden größere Gruppen Hindi sprechender Inder ins Land geholt, um den durch die Emanzipation entstandenen Arbeitskräftemangel auszugleichen. Die Inder lernten das Guyanese Creole von den Afrikanern und haben bis heute eine konservative Varietät als Zweitsprache bewahrt. Die Dekreolisierung des Guyanese Creole dürfte eingesetzt haben, nachdem ein Zugang zur englischen Prestigevarietät auch für ehemalige Negersklaven möglich – und der Erwerb einer Varietät des Englischen für ein soziales Aufsteigen unerläßlich wurde.

Bickerton (1975: 102 ff.) hat das allmähliche Auftreten morphologischer Markierungen bei schwachen Verben in mesolektalen Varietäten des Guyanese Creole beschrieben. Während starke Präteritalformen im Basilekt generell nicht vorkommen und im Mesolekt nur sporadisch als isolierte lexikalisierte Elemente auftreten, ist für schwache Verben Variabilität bzgl. der -ed-Markierung festzustellen. Von entscheidender Bedeutung für das Auftreten von -ed-Formen ist die phonologische Struktur des betreffenden Verbstamms. Darauf beziehen sich die vier Kategorien, die als Variablen in Tabelle 18 aufgeführt sind: Die dritte Spalte (V + syll) gibt Verbstämme an, die auf /t/ oder /d/ enden. Im Akrolekt führt die Anfügung des *past*-Suffixes zur Ausbildung einer weiteren Silbe, z. B. *started, mended*. Die erste Spalte (V – syll) umfaßt alle Verbstämme, die nicht auf /t/ oder /d/ enden. Die morphologische Markierung verändert hier im Akrolekt die Silbenstruktur nicht, z. B. *showed, travelled, hummed*. Die zweite und die vierte Spalte geben die beiden phonologischen Umgebungen in anderer syntaktischer Funktion an, nämlich als zweites Partizip.

Die Tabelle basiert auf Bickerton (1975: 105).[62] Sie enthält die sprachlichen Daten von 18 Sprecherinnen und Sprechern des Guyanese Creole in seiner mesolektalen Ausprägung. Sie sind in der Tabelle durch Zahlen repräsentiert. Informationen über die ethnische

---

[62] Aufgrund der Informationen in Bickertons Tabelle 3.10 (1975: 104) müßte seine Tabelle 3.11 (ibid.: 105) an zwei Stellen korrigiert werden: Sprecher 103 müßte auf Sprecherin 108 folgen, Sprecher 117 auf Sprecherin 160.

Tab. 18

	V-syll	PP-syll	V+syll	PP+syll
121	−	−	−	+
214	−	−	−	+
224	−			+
100	−	−	+/−	
101	−	−	+/−	
108	−	−	+/−	
183	−	−	+/−	⊖
160	−		+/−	
41	−	−	+	+
126	−		+	
103	−	−	+	
117	−		+	
220	−	+/−	⊖	
225	−	+/−	+/−	+
223	−	+		+
186	−	+	+	
125	−	+	+/−	
169	+/−	+/−	+/−	+

Zugehörigkeit, das Alter, den Schulabschluß, die berufliche Tätigkeit und die regionale Herkunft der Sprecher gibt Bickerton (1975: 204 ff.). Für 41 finden wir "African; female; 40; post-graduate, University lecturer, Georgetown"; für 220 "Indian; male; elderly; primary education; retired sugar estate worker; Albion, East Berbice".

Sprecher/innen, die keine -ed-Formen produzierten, also in diesem Merkmal den 'reinen' Basilekt repräsentieren, wurden nicht in die Tabelle aufgenommen, ebensowenig Sprecher/innen, die mehr als 50 % aller möglichen Vorkommen von -ed realisierten – dies wurde als akrolektales Sprachverhalten ausgeschlossen. Schließlich wurden auch solche Sprecher nicht aufgenommen, von denen weniger als 500 Wörter zur Verfügung standen. Bickerton (1975:105) geht davon aus, daß "the residue of eighteen speakers was assumed to be representative of those speakers, who are in a fairly early stage of -ed acquisition".

Ich habe (abweichend von Bickerton) in der Tabelle wieder die Notation mit „ + " und „ − " verwendet, um einen Vergleich mit den Tabellen in Kap. 10.2. zu erleichtern. Die Notation „ − " gibt das generelle Fehlen der morphologischen Markierung an, „ + " die generelle Realisierung; „ +/− " signalisiert variablen Gebrauch, und eine Leerstelle zeigt an, daß für die betreffende Variable die Äußerungen eines Individuums keine Daten liefern. An zwei Stellen wurden Abweichungen von allgemeinen Tendenzen mit einem Kreis markiert.

Die Ergebnisse lassen deutliche Tendenzen erkennen. In der Umgebung V − syll tritt -ed generell noch nicht auf. Von 243 möglichen Vorkommen wurde -ed nur ein einziges Mal realisiert (Sprecher 169). Die Erklärung ergibt sich aus den allgemeinen Beschränkungen, die im Guyanese Creole (wie ja auch in anderen Kreolsprachen) für auslautende Konsonantenverbindungen bestehen. Durch die Suffigierung von -ed an Stämme, die nicht auf /t/ oder /d/ enden, würden unzulässige Konsonantenverbindungen entstehen, z. B. /ld/, /md/, /zd/, /skt/, /st/; dies wird durch die Regel "simplification of consonant clusters" verhindert. In der Umgebung V − syll wird diese Regel auch im Mesolekt fast kategorisch durchgeführt, während in der Umgebung PP − syll eine gewisse Lockerung der Beschränkung zu beobachten ist. Allerdings ist das Sample mit 30 potentiellen Vorkommen von -ed und 10 Realisierungen (das sind 33 %) relativ klein. Die divergierenden Ergebnisse für V − syll und PP − syll lassen sich offenbar nicht durch die phonologische Struktur folgender Segmente erklären; vielmehr müssen sie eher auf unterschiedliche syntaktische Funktionen zurückgeführt werden. Bickerton geht in seiner Interpretation noch weiter und spricht von Unterschieden in der konzeptuellen Speicherung der beiden Formen:

(. . .) the difference in the treatment of − syll participles and − syll verbs is clear indication that these constitute two conceptually distinct classes for the mid-mesolectal speaker, and are handled by separate rules.
(Bickerton, 1975: 111)

Die -ed-Suffigierung wird zuerst in der Umgebung PP + syll realisiert, während in der Umgebung V + syll überwiegend Variabilität festzustellen ist. Bei PP + syll werden 87% aller potentiellen -ed-Vorkommen realisiert, ein Ergebnis, dessen Signifikanz sich allerdings deutlich relativiert, wenn wir berücksichtigen, daß überhaupt nur sieben Sprecher die -ed-Form benutzten, wobei von insgesamt 16 möglichen Vorkommen vierzehn realisiert wurden. Während sich hier also eine Tendenz zu kategorischer Markierung andeutet, ist die Umgebung V + syll durch große Variabilität geprägt. Von 78 potentiellen Vorkommen wurden 27 realisiert (das sind 35%), wobei im Gegensatz zu PP + syll mehr Sprecher beteiligt waren (13 gegenüber 7), aber weniger Isolekte mit kategorischer -ed-Markierung auftraten (5 gegenüber 7).

Die Differenzen zwischen PP + syll und V + syll lassen sich wiederum auf unterschiedliche syntaktische Funktionen zurückführen, die ihrerseits dafür verantwortlich sind, daß die Partizipien eher als lexikalisierte adjektivische Einheiten erworben und nicht als morphologisch komplexe Verbformen analysiert werden. Interessant ist weiter eine Beziehung dieser Partizipien zu formellen Kontexten – typische Beispiele aus den Sprecheräußerungen sind: *accomodated, admitted, populated.*

Aus der detaillierten implikativen Darstellung synchronischer Sprachverhältnisse lassen sich nun Aussagen über den sprachlichen Wandel im kreolsprachlichen Kontinuum ableiten, der als Dekreolisierung bezeichnet wird.[63]

In decreolisation, speakers progressively change the basilectal grammar so that its output gradually comes to resemble the output of an acrolectal grammar.
(Bickerton, 1980: 109)

Im Fall der -ed-Markierung bei PP + syll ist der Einfluß des Akrolekts schon bis in basilektale Varietäten eingedrungen, während sich

---

[63] Die erste einflußreiche soziolinguistische Untersuchung, in der die Analyse synchroner Sprachvariation zur Beschreibung sprachlichen Wandels herangezogen wurde, stammt von Labov (1963).

basilektale Formen bei V−syll noch als resistent gegenüber akrolektalem Einfluß erweisen. In der Tabelle 18 ist die basilektale Ebene durch eine Linie abgegrenzt, die gleichzeitig den Verlauf des Sprachwandels andeutet.

In diesem Zusammenhang wäre der Frage nachzugehen, ob der Sprachwandel im Kontinuum bzw. der Erwerb akrolektaler Formen in prädikabler Weise mit soziologischen Parametern korreliert. Für die beschriebene Untersuchung scheint dies nicht zuzutreffen. Die Information über die Abschlüsse formaler Bildung der Sprecher (*primary*, *secondary* und *postgraduate*) führt nicht zu einer Verteilung der Informanten im Kontinuum, die etwa einer minimalen, mittleren oder maximalen Annäherung an den Akrolekt entspräche. Das Sample enthält zwei Sprecher mit *secondary education* (121, 169) − der eine ist am basilektalen Ende, der andere am akrolektalen Ende der Skala plaziert. In der Mitte befindet sich die Informantin mit Hochschulabschluß (41). Ebensowenig lassen ethnische Zugehörigkeit oder Geschlecht der Informanten eine mit der Sprachproduktion korrelierende Stratifikation erkennen. Offenbar spielen hier noch andere, insbesondere sozialpsychologische, individuelle und interaktive Faktoren eine Rolle.

Schließlich müßte der Stellenwert morphophonologischer Veränderungen in Vergleich zu sprachlichem Wandel auf anderen linguistischen Ebenen bestimmt werden. Für das belizeanische Kreolkontinuum hat Escure (1981:33) festgestellt, daß basilektale phonologische Merkmale (z. B. die Regel der Vereinfachung auslautender Konsonantenverbindungen) viel weniger stigmatisiert sind als syntaktische Merkmale. Entsprechend wird ein sprachlicher Wandel vermutlich syntaktische Erscheinungen des Basilekts früher erfassen als phonologische.

10.3.2. Zum Wandel pronominaler Genusmarkierungen

Das zweite Beispiel, in dem Aussagen über sprachliche Veränderungen aus synchronischer Sprachvariation abgeleitet werden, betrifft die Genusmarkierung des Personalpronomens der 3. Person

Singular. Das sprachliche Material stammt aus dem Tok Pisin, dem Jamaican Creole und dem Guyanese Creole. Typisch für die basilektalen Varietäten aller drei ist die Verwendung invarianter, nach Genus und syntaktischer Funktion unmarkierter Formen, während in mesolektalen Varietäten des Jamaican Creole und des Guyanese Creole Einflüsse aus dem Akrolekt festzustellen sind.

10.3.2.1. *Das Tok Pisin*

Das Tok Pisin wurde oben als ein Sprachsystem charakterisiert, das sich noch im Prozeß der Kreolisierung befindet. Es hat bereits ein Tempus- und Aspektsystem entwickelt, Pluralität bei Nomina wird markiert, und die Verwendung komplexer Sätze ist zu beobachten (vgl. Mühlhäusler, 1980; Sankoff, 1979; Woolford, 1979).

Im Pronominalsystem finden wir allerdings in der dritten Person Singular noch die für das Pidginstadium typische invariante Form ohne Genusmarkierung. Auf weibliche, männliche und sächliche Referenten wird mit *em* referiert:

em i stap long haus
'He/she is in the house.'
em i dokta
'He/she is a doctor.'
. . . draipela pik i save stap ia na *em* i save kaikai ol man
'. . . a huge pig used to live (there) and it used to eat the people.'

Auch in Objektfunktion finden wir *em*, wobei hier sowie nach Präpositionen *(long, bilong)* als Variante in unbetonter Stellung auch *en* auftritt (vgl. Bauer, 1974: 63):

meri i haitim *em* gut
'The woman hid him well.'
orait, Hipenau i go long *en* gen
'Then Hipenau went to her again.'
Na wanpela meri . . . bin kaikai man bilong *en* bifo . . . igat bel.
'And a woman had eaten her husband before, and she was pregnant.'

Im Pronominalsystem des Tok Pisin deuten sich Veränderungen an, die allerdings nicht das Genus betreffen, sondern die Differenzierung von belebten und unbelebten Objekten. Auf unbelebte Objekte wird zunehmend mit *en* referiert, während für belebte Objekte *em* gewählt wird.

Eine interessante semantische Unterscheidung finden wir übrigens in der ersten Person Plural. Hier wird zwischen inklusiver und exklusiver Referenz differenziert (vgl. Bauer, 1974: 61 f.):

Jisas i dai long *yumi*
'Jesus died for us.'
(*yumi* 'wir, uns', einschließlich der angesprochenen Person/en)
Jisas i dai long mipela
'Jesus died for us.'
(*mipela* 'wir, uns', ausschließlich der angesprochenen Person/en)

Am Beispiel des Tok Pisin läßt sich zeigen, daß es offenbar nicht vom Grad der semanto-syntaktischen Komplexität der betreffenden Kreolsprache abhängt, wann die pronominale Genusmarkierung auftritt.

10.3.2.2. *Das Jamaican Creole*

Im Kreolkontinuum von Jamaica finden wir in konservativen, vor allem ländlichen Varietäten ebenfalls noch das invariante Pronomen der 3. Person Singular, das in Subjekt- wie Objektfunktion *im* lautet (vgl. auch Kap. 9.2.2.3.):

im de a yaad
'She is at home.'
im a di liida
'He is the leader.'
main yu tel *im* wa mi se
'Be sure not to tell her what I said.'
shiem dis a kil *im*
'Shame is just killing him.'

Bezogen auf neutrale bzw. unbelebte Referenten tritt allerdings schon im Basilekt Variabilität auf; neben *im* finden wir *i* und auch *it:*
Muma no waan yu fi sel *i*
'Mother doesn't want you to sell it.'

Bailey (1966: 140) notiert weiter für feminine Subjekte neben *im* auch *shi,* für feminine Objekte und Possessivausdrücke neben *im* auch *har;* für maskuline Possessivausdrücke schließlich neben *im* auch *iz.* Das Auftreten von *shi, har* und *iz* signalisiert einen Sprachwandel, der auf den Einfluß der sozial dominierenden Standardsprache zurückzuführen ist. Das zunächst geschlechts- und funktionsneutrale Pronomen *im* muß als Norm angesehen werden; semantische und syntaktische Differenzierungen werden durch neue Formen ausgedrückt. Wenn diese Differenzierungen bereits im Akrolekt vorhanden sind, werden die entsprechenden Formen auch aus dem Akrolekt übernommen. Andererseits kann eine Kreolsprache individuelle Differenzierungen ausbilden, evtl. unter dem Einfluß von Substratsprachen (vgl. Tok Pisin *yumi/mipela*).

10.3.2.3. *Das Guyanese Creole*

Im Guyanese Creole liegt schon im Basilekt eine offenbar obligatorische Differenzierung von Subjekt- und Objektfunktion mit den Formen *i* bzw. *am* vor. Diese Formen sind aber invariant bezüglich des Genus:

i go pe som rent
"He/She would have to pay some rent."
but a neva si *am*
"But I haven't seen him yet."
dis man laan *am* fu dans an sing
"This man taught her to dance and sing."
den yu dok *am*
"Then you flood it (i. e., the ricefield)"

Veränderungen dieses Systems mit nur zwei Elementen *(i, am)* hat Bickerton (1973) in einer empirischen Untersuchung nachgewiesen, der die sprachlichen Äußerungen von 59 Sprecherinnen und Sprechern des Guyanese Creole zugrunde liegen. Die folgende Tabelle 19, Seite 194, faßt die Ergebnisse zusammen (vgl. Bickerton, 1973: 661).

In der Horizontalen sind als Variablen die verschiedenen syntakti-

Tab. 19

	3Fsub 1=i 2=shi	3Nobj 1=am 2=it	3Fobj 1=am 2=i 3=shi 4=or	3Mobj 1=am 2=i 3=im	3Fpos 1=i 2=shi	3Nsub 1=i 2=it	3Mpos 1=i 2=iz
A	1	1	1	1	1	1	1
B	1⎡2⎤	1			1	1	1
C	2	1		1		1	1
D		1⎡2⎤				1	1
E	1	12	2	23	1	1	1
F	12	12	3	1⎡2⎤		1	1
G	12	2			1⎡2⎤		
H	1	2	3	1	2	2	1
I	12	2	3		1	2	
J	2	2					
K	2	2		2		12	
L	2	2	3	2		2	1
M	2	2	3	2		12	1⎡2⎤
N	2	2		23	2	12	
O	12	2			2	2	
P		2	4	3		2	1
Q		2		3		2	2
R	2	2	4	23		2	12
S		2		23		2	2
T		2		3		2	2
U		2		3		2	2

schen Funktionen der Pronomina der 3. Person Singular angeordnet (subjektive, objektive und possessive Funktion). Es fehlt allerdings die Funktion 3Msub – diese lautet *i* und ist über das ganze Kontinuum hin invariant. Ich betrachte diese Funktion als Norm, auf die andere Funktionen bezogen sind. Für jede Funktion sind zwei, drei oder vier Realisierungen angegeben, deren Gebrauch in der Tabelle als 1, 2, 3 oder 4 notiert ist. Variabler Gebrauch ist durch 12 bzw. 23 gekennzeichnet, das Fehlen von Daten durch eine Leerstelle.

In der Vertikalen sind mit A bis U diejenigen Varietäten bzw. Isolekte angegeben, die sich bei der Analyse aller Informantinnen und Informanten manifestiert haben. Die Varietät A etwa kommt in Bickertons Korpus 20mal vor, die Varietät U dagegen nur 4mal.

In der Tabelle lassen sich sprachliche Veränderungen nachweisen, wenn die synchron erhobenen Daten implikativ so angeordnet werden, daß sie das sprachliche Kontinuum erkennen lassen, das von der Varietät A, der am weitesten vom Akrolekt entfernten Varietät, bis zur Varietät U reicht, die dem Akrolekt am nächsten ist. Auf diese Weise kann aus der systematischen Variabilität auf diachrone Entwicklungen geschlossen werden.

Die erste Veränderung betrifft die Kategorie 3Fsub. Offenbar besteht ein kommunikatives Bedürfnis, das Femininum gegenüber dem Maskulinum und Neutrum auszugrenzen. Dies wird durch die Erweiterung des zwei-elementigen Systems um die neue Form *shi* erreicht. Später tritt als weitere neue Form *or* auf, die zur Bezeichnung der Funktion 3Fobj dient. Ich vermute, daß dieser formalen Differenzierung ein semantischer Wandel des invarianten Pronomens vorangegangen ist; dabei ist offenbar die generische, d. h. geschlechtsneutrale Bedeutung verlorengegangen. Wenn dann das Geschlecht von Personen auch nicht aus dem Kontext erschlossen werden kann, ergibt sich das Bedürfnis nach formaler Differenzierung.

Wie im Akrolekt wird das nunmehr explizit maskuline Pronomen auch weiter zur Referenz auf Personen in generischen Kontexten verwendet. Das feminine Pronomen kann eine generische Funktion nicht übernehmen.

Rickford (1983) hat Bickertons Untersuchung mit 24 weiteren guyanesischen Informanten wiederholt und im wesentlichen dieselben Resultate erhalten. Auch hier setzte der Sprachwandel zuerst beim femininen Pronomen in Subjektfunktion ein, und erst nach der Veränderung aller anderen Formen zeigten Sprecher auch bei der Funktion 3Mpos Variabilität.

Im Unterschied zu Bickerton zeigt Rickfords Skala aber Variabilität in erheblich größerem Umfang. Gegenüber nur 27 % bei Bickerton ergaben sich für 71 % aller Werte variable Notierungen (12, 123 oder 23). Dies läßt sich so interpretieren, daß dem Sprachwandel generell eine Phase von Variabilität vorausgeht, während bei Bickerton die kategorische Verwendung einer Variable auch durch die kategorische Verwendung einer weiteren abgelöst werden konnte. Weitere empirische Untersuchungen werden zeigen müssen, welches dieser beiden Modelle von Sprachwandel Dekreolisierungsprozesse adäquater erfaßt.

10.3.2.4. *Das Fehlen pronominaler Genusmarkierungen in Pidgin- und Kreolsprachen*

Das Fehlen der pronominalen Genusmarkierung läßt sich teilweise auf Einflüsse der am jeweiligen Pidginisierungsprozeß beteiligten Sprachen zurückführen (vgl. Holm, 1978: 43). In der Tat gibt es sowohl im westafrikanischen wie im pazifischen Raum Sprachen, die das natürliche Genus im Pronominalbereich nicht markieren. Zu diesen gehören in Westafrika beispielsweise das Yoruba, das Igbo und das Ewe (vgl. Green & Igwe, 1963: 32).

Unter den potentiellen Substratsprachen für das Tok Pisin befinden sich andererseits aber auch solche, die das pronominale Genus markieren (vgl. Wurm, 1982: 42 ff.). Interferenz aus den Substratsprachen reicht also als Erklärung für das Fehlen dieser Differenzierung noch nicht aus.

Ich führe diese Erscheinung auch auf universelle Simplifizierungsprozesse zurück. Die Annahme, daß für eine solche Markierung zunächst kein kommunikatives Bedürfnis besteht, erscheint angesichts der reduzierten und spezialisierten Interaktionsfunktionen von Pidginsprachen plausibel. Möglicherweise haben diese universellen Tendenzen durch solche Substratsprachen eine indirekte Unterstützung gefunden, die das Genus nicht markieren.

Das theoretisch generische Pronomen erweist sich in diachronischer Betrachtung als inhärent maskulin, auch wenn es noch immer in spezifischen Kontexten weibliche Referenten einschließt. Dafür spricht die Tatsache, daß das Femininum als separate Form eingeführt wird, während das maskuline Pronomen formal unverändert bleibt. Das Femininum wird gleichsam aus dem maskulinen semantischen Raum ausgegrenzt.

Als Resultat von Simplifizierungsprozessen (und unter dem potentiellen Einfluß von Substratsprachen) ergeben sich formal geschlechtsneutrale Sprachmuster, hier das invariante Personalpronomen der 3. Person Singular. Unter dem sozialen und ideologischen Druck der europäischen Standardsprachen haben die meisten Kreolsprachen ihr ursprüngliches Pronominalsystem aufgegeben und durch ein dem Akrolekt ähnliches ersetzt. Die Existenz femininer und maskuliner Pronomina zwingt in einem solchen System zur expliziten Benennung beider Geschlechter, wenn beide gemeint sind. Gesellschaftliche Strukturen in den europäischen Sprachgemeinschaften, die den Status der Frau betreffen, sind aber dafür verantwortlich, daß am Konzept der generischen Interpretation inhärent maskuliner Ausdrücke festgehalten und eine sprachliche Gleichbehandlung von Frauen und Männern verhindert wird. Auch dies wird von den Kreolsprachen übernommen.

11. ZUR VERWENDUNG VON KREOLSPRACHEN IN FORMELLEN KONTEXTEN

In den vorangegangenen Kapiteln wurde bereits auf die funktionale Differenzierung der Varietäten eines kreolsprachlichen Kontinuums hingewiesen. Basilektale und mesolektale Varietäten wurden als Medium informeller, fast ausschließlich mündlicher Kommunikation beschrieben, während akrolektale Varietäten primär in formellen, insbesondere schriftsprachlichen Kontexten verwendet werden. Historische, soziale und psychologische Gegebenheiten in den jeweiligen Staaten sind für unterschiedliche Ausprägungen dieses Grundmusters verantwortlich. Während die Situation im kreolsprachlichen Kontinuum von Belize noch ganz der geschilderten funktionalen Distribution entspricht, ist Papua-Neuguinea ein Beispiel dafür, daß eine Pidginsprache bereits im Stadium ihrer Kreolisierung den offiziellen Status einer Nationalsprache erreichen kann. Einstellungen gegenüber dem Belizean Creole bzw. dem Tok Pisin und das Verhältnis zur englischen Sprache sind wesentliche Faktoren bei der Begründung dieser Situation.

Das Tok Pisin (oder Papua-Neuguinea Pidgin) hat sich generell in einer größeren Distanz zur englischen Sprache entwickeln können als das Belizean Creole. In der Zeit von 1884 bis 1914 stand Papua-Neuguinea unter deutscher Verwaltung; die deutschen Kolonialbehörden duldeten den Gebrauch des Tok Pisin, aber das Englische stand während dieser Periode als Zielsprache nicht zur Verfügung. Weiter war die Kenntnis des Tok Pisin in der ersten englischen Kolonialzeit durchaus mit Prestige verbunden – auch dies trifft für das Belizean Creole nicht zu. Zum einen bot die Kenntnis des Tok Pisin die Möglichkeit, in gewisser Weise an Reichtum und Macht der Europäer teilzuhaben, zum anderen verschaffte sie ihren Sprechern einen höheren Status gegenüber Eingeborenen, die ausschließlich regionale Sprachen beherrschten (vgl. Wurm & Mühlhäusler, 1979:

258). Nach dem 2. Weltkrieg übernahm allerdings das Englische die Funktion der Prestigesprache, deren Kenntnis zur unabdingbaren Voraussetzung für den sozialen Aufstieg wurde. Englisch ist noch heute die Sprache der höheren formalen Bildung, und auch seine Funktion als Medium der internationalen Kommunikation ist unbestritten.

Im Zusammenhang mit der politischen Unabhängigkeit Papua-Neuguineas (1975) hat das Tok Pisin aber einen bedeutenden Prestigezuwachs erfahren; es kann heute als Symbol eines neuen Nationalismus gelten. Diese Veränderung hat dazu geführt, daß das Tok Pisin nun in Bereichen des öffentlichen Lebens verwendet wird, die bisher dem Englischen vorbehalten waren: im Rundfunk, in der Presse, in der Universität und auf den höheren Ebenen der regionalen und nationalen Administration (Tok Pisin ist praktisch einzige offizielle Sprache im Parlament, obwohl auch Englisch und Hiri Motu[64] zugelassen sind). Schließlich wird Tok Pisin auch als Literatursprache verwendet. Die Mehrheit der gebildeten Schicht in Papua-Neuguinea unterstützt den Gebrauch des Tok Pisin in formellen Kontexten:

(Papua New Guineans) look upon Tok Pisin as their potential national language – in fact as the de facto national language which they regard as a means for their self-identification as Papua New Guineans (. . .) (Wurm, 1980: 243)

Die Bedeutung des Tok Pisin bzw. des Hiri Motu wird weiter dadurch unterstrichen, daß die Kenntnis einer der beiden Sprachen Voraussetzung für die Erlangung der staatsbürgerlichen Rechte in Papua-Neuguinea ist (vgl. Wurm & Mühlhäusler, 1979: 247).

Die kontinuierliche Präsenz der englischen Sprache seit mehr als 250 Jahren hat in Belize eine ähnliche Entwicklung verhindert. Nach wie vor dominiert das Englische die öffentliche, formelle Kommu-

---

[64] Das Hiri Motu (früher Police Motu) ist eine auf dem austronesischen Motu basierende Pidginsprache, die in der Region Papua (um Port Moresby) als offizielle Verkehrssprache verwendet wird (vgl. Mühlhäusler & Dutton, 1979: 216).

nikation; basilektale und mesolektale Varietäten des Belizean Creole waren bis in die jüngste Vergangenheit aus diesen Bereichen ausgeschlossen. Erst in den siebziger Jahren, im Zusammenhang mit der belizeanischen Black-Power-Bewegung und der Entwicklung zur politischen Unabhängigkeit von Großbritannien, sind erste Veränderungen eingetreten, die möglicherweise das bisherige Prestigemuster (Englisch: hohes äußeres, geringes inneres Prestige; Belizean Creole: geringes äußeres, hohes inneres Prestige) aufbrechen könnten. Ich will diese Annahme am Beispiel von Rundfunk, Zeitungen und Zeitschriften belegen.

Die Gründung des nationalen Rundfunks (Radio Belize) geht in die fünfziger Jahre zurück. Die Gründungs- und erste Aufbauphase ist eng mit dem Namen des Belizeaners George McKesey verknüpft, der mehrere Jahre lang Programmdirektor, Redakteur, Sprecher und Toningenieur in einer Person war. Im Januar 1954 startete McKesey eine Sendereihe, die sich mit dem Belizean Creole beschäftigte. Der Titel der Reihe, ›Dialect Rambling‹, ist ein bezeichnender Hinweis darauf, daß die Muttersprache der Mehrheit der Bevölkerung im formellen Kontext des Rundfunks nur als Gegenstand von Unterhaltungssendungen akzeptabel war – undenkbar wäre zu diesem Zeitpunkt die Verwendung des Belizean Creole als Programmsprache gewesen. Eingebettet in anekdotische Erzählungen, die die 'gute alte Zeit' beschworen, kommentierte McKesey in informeller Weise formale und funktionale Eigenschaften kreolsprachlicher Wörter und Phrasen; vgl. das folgende Beispiel:

I think it would be a good idea to introduce two lines of an old song that used to be sung at Christmas. In these lines I shall try to examine the grammatical forms in which one of the words is used (d. h. possessive Konstruktionen – M. H.). Here are the lines: "Fu me turkey da fu me one; me no buy am fu me ahn yu."
(McKesey, 1974: 76).

Typisch für diese Sendungen ist die Beschreibung des belizeanischen Alltags aus einer durchaus noch kolonialen Perspektive: Sprache und Kultur der Europäer sind noch immer das Modell, auf das spezifisch belizeanische Erscheinungen bezogen werden. So werden z. B. alltägliche Phänomene ausführlich kommentiert, wenn sie als exotische Abweichungen von der dominanten Kultur gesehen werden:

We have a native porridge made from banana and it is delicious especially when served with coconut milk. It is made of sliced and sun-baked bananas. When fully dried, it is grated or beaten to powder. Then it is boiled to porridge and sweetened, with the milk extracted from the coconut added. We call the finished product "kongkateh" or "banana lab".
(McKesey, 1974: 85)

McKesey fand bei seinen Zuhörerinnen und Zuhörern keineswegs ungeteilte Zustimmung; er hatte sich auch mit kritischen Stimmen auseinanderzusetzen, die jede Verwendung der Kreolsprache im Rundfunk ablehnten: "Are you trying to teach the dialect which most of us had detested and tried to stamp out?" (McKesey, 1974: 87).

Die Sprache des nationalen Rundfunks ist heute die westindische Standardvarietät des Englischen. Das Belizean Creole spielt nur eine marginale Rolle – es ist beispielsweise in Interviews zu hören oder in speziellen Programmen, die sich auch um die Bewahrung belizeanischer Traditionen bemühen.

Die Verwendung des Belizean Creole in Zeitungen und Zeitschriften läßt dagegen neben der unterhaltenden auch andere Funktionen erkennen. In den nationalen Wochenzeitungen *(The Reporter, The Beacon, Amandala)* erscheinen seit Anfang der siebziger Jahre in unregelmäßigen Abständen Artikel in der basilektalen, meist aber mesolektalen Varietät des Belizean Creole, die deutlich sozialkritische Akzente tragen. Tages- und/oder regionalpolitische Ereignisse werden aufgegriffen und kritisch kommentiert. Typisch ist der folgende Beitrag, der sich mit Maßnahmen der Regierung zur Rationierung von Benzin befaßt:

Di whole ting cause from incompetence on di part of Gaddie (*Gaddie* is a synonym for the Premier of Belize, George Price; the word is derived from *gadi* "godmother", here used in a derogatory sense – M. H.) an dem corrupted communist ministers wheh him gat wid ahm. Dem no di study di people; dem di tink bout demself. Not one ah dem short. In fact, dem di store up fu dem own eena gasoline tank an tings like dat. Da di poor taximan an fisherman di get hurt eena di rush. Now dem can't even meck wan living. Da Gaddie no gat no conscience, meck I tell yu dat.

Yu see we shoulsdda mi di get gas from Mexico lang time. No mind dem di talk Mexico no gat enough fu supply we. Dat da no true. The Mex dem gat so much gas dem no know wheh fu do wid it. An da why yu tink President Carter di rush da Mexico so much if di gas never di deh?
(*The Beacon*, May 19, 1979: 2)

Es fehlt nicht das Element der Unterhaltung, aber die Wahl des Belizean Creole unterstreicht die soziale Distanz zwischen der als korrupt und von den USA abhängig geschilderten Regierung und 'dem einfachen Volk'.

Die der amerikanischen Black-Power-Bewegung nahestehende UBAD-Partei ("for Freedom, Justice and Equality") hat zuerst das Belizean Creole bewußt im formellen Kontext der öffentlichen politischen Rede verwendet. Von dem langjährigen Führer der Partei, Evan X. Hyde, stammt auch das erste Theaterstück im Belizean Creole; es wurde 1971 in Belize City uraufgeführt und mit dem Festival-of-Arts-Preis ausgezeichnet. Thema des Stückes (das kurioserweise englische Regieanweisungen enthält) sind die erdrückenden sozialen Verhältnisse in Belize mit den sich daraus ergebenden schwerwiegenden psychologischen Problemen (vgl. Hyde, 1975).

Ein Jahr später erschien ein weiteres Stück von Hyde: ›Weh Jon-Jon De‹ – "a local tragedy, involving slum settings, contemporary characters and revolutionary creative mood" (*Amandala* 151, 1972). Die politische und literarische Tätigkeit Hydes hat in Belize eine große Wirkung gehabt; sie hat mit Sicherheit auch einen wichtigen Beitrag zur Veränderung traditioneller Einstellungen gegenüber dem Belizean Creole geleistet.

Das seit 1969 erscheinende Presseorgan der UBAD-Partei (*Amandala*) ist aber eine englischsprachige Zeitung. Das Belizean Creole wird im Sinne des aus *The Beacon* zitierten Beispiels verwendet. Häufig finden sich allerdings kreolsprachliche Überschriften, z. B. ›Mafia de ya‹ "The Mafia is right here"; ›Mek wi bun down dis place‹ "Let us burn down this place"; ›'Not guilty' if yu no know‹

"'Not guilty' if you do not know (the truth)"; ›We da fu ya‹ "We are here for you" (alle Beispiele aus dem Jahrgang von 1972).

Auch für diejenige Gruppe im politischen Spektrum von Belize, die am weitesten von einem konservativen, postkolonialen Denken entfernt ist und eine explizit schwarz-nationalistische Linie vertritt, kommt das Belizean Creole in absehbarer Zukunft als Zeitungssprache nicht in Frage – die kommunikativen und wirtschaftlichen Vorteile des Englischen sind zu übermächtig. Vielmehr lassen sich Tendenzen beobachten, die im Rahmen des Sprachsystems der früheren Kolonialherren zur Ausbildung spezifisch belizeanischer (bzw. westindischer) Ausdrucksmöglichkeiten führen können. Fast jede Ausgabe von *Amandala* enthält einzelne Sätze oder ganze Paragraphen, die syntaktisch und lexikalisch an das Register der Bibelsprache erinnern, vgl. die beiden folgenden Ausschnitte:

Can a leopard change its spots? Of course not. Neither can a Government built on violence and corruption offer anything other than corruption. (. . .)

I must warn you and your kind that all threats and attempts made by the Price regime will fail miserably, for it is written that the God of the Universe is in the House of Amandala and he who comes to destroy the House of Amandala himself shall be destroyed. (. . .)

(*Amandala* 131, 1972: 2)

(. . .) So now your eyes are open after 22 years of brain-washing, you my People have the UBAD Party and other dedicated opposition forces in your midst.

The day has arrived for you to act wisely. It is written in the scriptures that in the last days wherein the wicked rule, God will lead the blind, deaf and dumb people, and many of them shall be ashamed.

(*Amandala* 139, 1972: 5)

Zur formellen Gebrauchsebene einer Sprache gehört auch ihre Verwendung in der literarischen Produktion (vgl. Hellinger, 1979). In Belize wie auch in den anderen Staaten der Karibik mit einem englisch-orientierten Kreolkontinuum werden hier verschiedene Wege beschritten. Der konsequenteste Weg ist die Schaffung einer kreolsprachlichen Literatur, die basilektale oder mesolektale Varietäten verwendet; vgl. in Belize z. B. die Arbeiten von Evan X. Hyde, Joy

Yorke, Brenda Smikle; für Jamaica wären etwa Louise Bennett (1966), Gil Tucker (1980) und Orlando Patterson (1971) zu nennen. Ein anderer Weg, der die Verbreitung über nationale Grenzen hinaus ermöglicht, ist die Wahl akrolektaler Varietäten des Kreolkontinuums, die ein spezielles Register (hier vor allem das bibelsprachliche) betonen; vgl. die folgenden Ausschnitte aus Pattersons Roman ›The Children of Sisyphus‹:

Is a piece o'obeah me goin' wo'k 'pon her . . . Ah goin' to make a obeah-man set de Dungle 'pon her so dat no matter wha' she do she will 'ave to come back here, she goin' to dead right here in de Dungle.
(Patterson, 1971: 90)

But, oh, Selassie, oh, Holy Emperor, who leads against the foe, it was such a terrible suffering, how terrible is thy wrath.
(Patterson, 1971: 43)

Formelle, bibelsprachliche bzw. archaische Elemente können auch mit mesolektalen Charakteristika kombiniert werden:

"Of a truth, of a truth", Cyrus uttered, now almost transcended. "But the oppressors of Babylon in their wickedness has banned the holy herb, has taint it with the name of marihuana and say it cause us to do badness . . ."
(Patterson, 1971: 52)

In diesem Zusammenhang ist auch auf sprachkreative Texte aus der jamaikanischen Rasta-Bewegung hinzuweisen (vgl. Mickwitz, 1981).

Allen genannten Arbeiten ist die Suche nach sprachlichen Ausdrucksmöglichkeiten gemeinsam, die sich zur Vermittlung spezifisch westindischer Erfahrungen und Inhalte eignen und die das nichteuropäische Element auch formal repräsentieren.

Schließlich sind in Belize auch Versuche gemacht worden, das Belizean Creole in den formellen kirchlichen Kontext einzubeziehen. In der populärwissenschaftlichen Zeitschrift *National Studies* (heute *Belizean Studies*), die vom Belize Institute of Social Research and Action herausgegeben wird, erschien als erster kreolsprachlicher Gebetstext eine Übersetzung des ›Vaterunser‹:

Fo' we Fada, whe de da heaven,
Make all the people know fo' you name,
Make all the people do whe you wan',
All the people whe de da this earth
And all the people whe de da heaven.
We ask you, Fada, fo' give we all the t'ing them whe we need today:
Bread fo' make we belly full, bread fo' make we soul full.
And no vex with we, Fada, like how we no vex with people whe do we
  somet'ing.
And, Fada, make we no fall down ina temptation, but make we be free from
  all the t'ing whe bad.
(*National Studies* 2/4 (1974): 35)

Zusammenfassend läßt sich sagen, daß in Belize (das in dieser Hinsicht für englisch-orientierte Kreolkontinuen repräsentativ ist) auf formeller Ebene nur begrenzte Möglichkeiten für den Gebrauch des Belizean Creole bestehen. Eine Veränderung dieser Situation würde eine Standardisierung der Kreolsprache, vor allem aber die Schaffung einer einheitlichen Orthographie voraussetzen. Zugleich wäre ihr eine angemessene Rolle im formalen Bildungsprozeß einzuräumen. Diese Probleme werde ich im folgenden Kapitel behandeln.

12. PROBLEME DER SPRACHPOLITIK IN LÄNDERN MIT ENGLISCH-ORIENTIERTEN KREOLSPRACHEN

Wenn Kreolsprachen in formellen Kontexten gebraucht werden sollen, die auch schriftsprachliche Kommunikation einschließen, dann ergeben sich schwierige sprachpolitische Fragen. So muß ein Einverständnis darüber erzielt werden, welche Varietät des kreolsprachlichen Kontinuums als Norm gelten soll und wie im Hinblick auf die zukünftige normative Funktion mit Problemen der sprachlichen Variation und potentiellen Lücken im Wortschatz umzugehen ist; es muß eine einheitliche Schreibkonvention entwickelt werden, die einerseits linguistischen Kriterien genügt, vor allem aber Aussicht hat, von der Sprachgemeinschaft akzeptiert zu werden; und schließlich muß das Verhältnis der Kreolsprache zur europäischen Prestigesprache überprüft und ihre Rolle im schulischen Bildungsprozeß neu definiert werden.

12.1. *Allgemeine Überlegungen zur Sprachpolitik*

Das Ziel von Sprachpolitik – ich ziehe diesen Begriff dem engeren Terminus Sprachplanung vor – ist die Veränderung der sprachlichen, gleichzeitig aber auch der gesellschaftlichen Wirklichkeit. So kann Sprachpolitik als Teil einer umfassenden Bildungsplanung dazu dienen, bestimmte soziale, politische und ökonomische Ziele zu unterstützen.

Bei sprachpolitischen Aktivitäten werden traditionellerweise drei Stufen unterschieden (vgl. Jernudd, 1973; Das Gupta & Ferguson, 1977). Die erste Stufe betrifft die Wahl eines sprachlichen Systems, für das bestimmte formale und/oder funktionale Veränderungen angestrebt werden *(code selection)*. In einem kreolsprachlichen Kontinuum wäre auf dieser Stufe eine Entscheidung darüber herbeizuführen, ob die Kreolsprache als schriftsprachliches Medium institutionalisiert werden soll oder nicht.

Unter anderen sozialen und politischen Bedingungen muß auf der Ebene der *code selection* die Wahl einer Nationalsprache getroffen werden. Mit diesem Problem sah sich z. B. Nigeria zum Zeitpunkt seiner politischen Unabhängigkeit konfrontiert (vgl. Bamgbose, 1971: 36). Während mehrere der großen regionalen Standardsprachen (Haussa, Yoruba und Igbo) alle formalen und funktionalen Voraussetzungen für den Gebrauch als nationale Standardsprache erfüllen, waren für die Wahl einer dieser Sprachen – bei gleichzeitiger Benachteiligung der anderen – die politischen Voraussetzungen aber nicht gegeben. Die Wahl des Englischen als zukünftige Nationalsprache war in einer Situation politischer und ethnischer Rivalitäten ein tragfähiger Kompromiß, der zum einen der nationalen Einigung diente, zum anderen die unmittelbare Beteiligung an der internationalen Kommunikation sicherte. Viele Nigerianer betrachten noch heute die englische Sprache als das wichtigste Erbe, das die früheren Kolonialherren dem Land hinterlassen haben.

Die zweite Stufe sprachpolitischer Aktivitäten betrifft die bewußte Entwicklung einer Sprache aufgrund bestimmter Zielvorstellungen *(language development* oder *language engineering)*. Vor allem wird auf dieser Ebene die Standardisierung eines Sprachsystems betrieben; dies betrifft z. B. die Vereinheitlichung variabler Ausdrucksmöglichkeiten, wenn diese die überregionale formelle Kommunikation beeinträchtigen; oder die Verbreitung neuer oder bisher kaum genutzter syntaktischer Muster; oder die Erweiterung des Wortschatzes, wenn soziale und technologische Fortschritte dies erfordern. Der Eingriff in die lexikalische Komponente des Sprachsystems wird auch als 'Modernisierung' bezeichnet – sie kann durch Entlehnung aus der bisher dominierenden Prestigesprache erfolgen oder durch kreative Ausnutzung bereits vorliegender Wortbildungsmuster. Bei der Modernisierung einer Sprache muß berücksichtigt werden, daß Zielvorstellungen, Normen und Werte der betreffenden Sprachgemeinschaft nicht mit denen des sprachverwandten europäischen Staates identisch sind – Modernisierung kann also nicht 'Verwestlichung' *(westernization)* heißen. In bezug auf das Tok Pisin schreiben Mühlhäusler & Wurm & Dutton:

It is to the needs of Papua New Guinean society that modern NGP (New Guinea Pidgin – M. H.) must be adapted and not vice versa. This means that a modern NGP may have to lean heavily on borrowing of traditional concepts from the languages of Papua New Guinea in addition to borrowing of English vocabulary.
(Mühlhäusler & Wurm & Dutton, 1979: 272)

Schließlich ist als dritte Stufe sprachpolitischer Aktivitäten die Durchsetzung der getroffenen Entscheidungen zu nennen *(implementation)*. Sofern sprachpolitische Konzeptionen überhaupt diese Stufe erreichen, droht ihnen hier ein Scheitern aufgrund ökonomischer Zwänge. So stehen oft genug die finanziellen Mittel nicht zur Verfügung, die etwa für die Lehrerausbildung und die Erstellung neuer Lehrmaterialien erforderlich wären. Auf dieser Stufe spielen linguistische Überlegungen kaum noch eine Rolle. Die Funktion linguistischer Berater/innen im Rahmen von Sprachpolitik kann so zusammengefaßt werden: ihre Aufgabe ist es

(. . .) to evaluate existing linguistic systems, make predictions about their development and to propose additions and changes that are in agreement with the trends already inherent in the language.
(Mühlhäusler & Wurm & Dutton, 1979: 274)

12.2. *Das Verhältnis zwischen dem Belizean Creole, dem Spanischen und dem Englischen in Belize*

Voraussetzung für jede sprachpolitische Entscheidung ist eine Analyse des soziolinguistischen *status quo*. In Belize ist Englisch die offizielle nationale Standardsprache. Der Druck der kolonialen Administration, die politische, wirtschaftliche und kulturelle Abhängigkeit von Großbritannien und den USA und die enge Verflochtenheit mit anderen anglophonen Staaten in der Karibik sind dafür verantwortlich, daß eine Alternative in Belize nie ernsthaft erwogen wurde.

Von der Zahl der Sprecherinnen und Sprecher her hätte es zwei

Alternativen zum Englischen gegeben: das Belizean Creole und das Spanische. 33 % der belizeanischen Bevölkerung sprechen Spanisch als Muttersprache, 31 % das Belizean Creole (vgl. Escure, 1983:32). In Kap. 11 habe ich angedeutet, aus welchen Gründen die Kreolsprache nicht als Nationalsprache in Frage kam; aber auch das Spanische, die Nationalsprache der Nachbarstaaten von Belize (Mexico, Guatemala, Honduras), stand aufgrund der kolonialen Geschichte von Belize nie als Nationalsprache zur Diskussion.

Auch in Distrikten von Belize, in denen überwiegend Spanisch als Muttersprache gesprochen wird (Cayo, Orange Walk, Corozal), beharrt die Administration auf der ausschließlichen Verwendung des Englischen in formellen Kontexten. Wenn z. B. alle Mitglieder eines Gremiums der städtischen Verwaltung *(town board)* spanischer bzw. indianischer Abstammung sind, so kann in der mündlichen Interaktion schon einmal das Spanische verwendet werden; Sitzungsprotokolle werden aber generell in englischer Sprache abgefaßt.

In ihrer Untersuchung der soziolinguistischen Situation in Corozal stellt Koenig fest, daß in Gerichtsverhandlungen nicht einmal der mündliche Gebrauch des Spanischen gestattet ist, auch dann nicht, wenn alle Beteiligten (Angeklagte, Kläger, Zeugen, Richter) einer ethnischen Gruppe (der spanisch-indianischen) angehören:

If defendants or witnesses are of the Spanish ethnic group, they are asked if they speak English. If the reply is negative, translation is provided for both questions by the judge and responses. This practice is rigidly adhered to even though the District Officer is of Spanish origin and bilingual; but at no time during the hearings does he use Spanish.
(Koenig, 1975: 103)

Eine gewisse Toleranz der spanischen Sprache gegenüber finden wir im Bereich der Schule. Während in allen Schulen des Landes die offizielle Unterrichtssprache von Anfang an das Englische ist und auch sämtliche Lehrmaterialien ausschließlich die englische Sprache verwenden, wird in Schulen mit überwiegend spanischsprachigen (und katholischen) Kindern in den ersten Schuljahren doch immer wieder auf das Spanische zurückgegriffen. Auch Lehrende geben zu, daß dies in gewissen Situationen zur Verständigung notwendig sei.

Erst im Sekundarbereich *(secondary education)* wird Spanisch als Lehrgegenstand (und Unterrichtssprache) zugelassen.

Anders als das Spanische wird das Belizean Creole offiziell auch im Primarbereich an keiner Stelle des schulischen Bildungsprozesses geduldet:

> By contrast, strong objections were made to the use of Creole in the classroom. And it is among the educators that one finds the greatest resistance in accepting Creole as being a language or even having a structure – even by teachers who are of Creole ethnicity.
>
> (Koenig, 1975: 108)

Außerhalb des Unterrichts verwenden die Schüler/innen aber grundsätzlich ihre Muttersprachen, d. h. Spanisch oder Belizean Creole. Für Sprecher einer indianischen Sprache (Yucatec, Mopan oder Kekchi) gilt das allerdings nicht – in interethnischer Kommunikation ist der Gebrauch dieser Sprachen stigmatisiert und wird von Angehörigen anderer ethnischer Gruppen belächelt. Ohnehin nimmt die Zahl derjenigen weiter ab, die noch eine indianische Sprache als Muttersprache erwerben; die meisten jüngeren Sprecher indianischer Abstammung haben schon das Spanische als Muttersprache. Auch die akrolektale Varietät des kreolsprachlichen Kontinuums wird in informeller Kommunikation nicht akzeptiert. Die Schüler und Schülerinnen "exert peer pressure to achieve linguistic conformity" (Koenig, 1975: 111).

Die indianischen Sprachen und das Black Carib (Garifuna) stehen in interethnischer Kommunikation also auf der untersten Stufe der sozialen Hierarchie. Da aber auch die basilektale Varietät des Belizean Creole außerhalb der kreolischen *peer group* stigmatisiert ist, wird in interethnischer Kommunikation zwischen Black Caribs und Kreolen eine mesolektale Varietät des Belizean Creole verwendet:

> (. . .) the acrolect is not appropriate in most instances of daily communication with a group holding lower socioeconomic status. The basilect is also ruled out because of the stigmatized status – according to external standards – associated to the creole vernacular by most non-Creoles, as well as by many Creoles.
>
> (Escure, 1982: 258)

12.3. *Notwendigkeit sprachpolitischer Entscheidungen*

Die Tatsache, daß Englisch in allen formellen Kontexten dominiert[65], sagt noch wenig darüber aus, welche Varietät jeweils verwendet wird. Zweifel daran, daß dies überwiegend eine Varietät in der Nähe des Akrolekts ist, gründen sich insbesondere auf die hohen Durchfallquoten bei den obligatorischen Englischprüfungen im Rahmen des GCE O-Level-Examens (Cambridge General Certificate of Education, Ordinary Level). Für 1971 gibt Koenig (1975: 110) eine Erfolgsquote von nur 61 % an[66]. Die Bedeutung eines solchen Resultats kann erst dann richtig eingeschätzt werden, wenn man berücksichtigt, daß alle staatlichen und viele private Arbeitgeber nur diejenigen einstellen, die das GCE O-Level-Examen vorweisen können.

Ebenso läßt eine mangelhafte Lehrerausbildung vermuten, daß im Unterricht keineswegs davon ausgegangen werden kann, daß die Lehrenden die standardsprachliche Varietät des Englischen verwenden. Für den Distrikt Corozal stellt Koenig (1975: 108) fest, daß nur 23 % aller Lehrenden überhaupt eine abgeschlossene Ausbildung vorweisen können[67]. Für Belize wie für andere karibische Länder mit einem kreolsprachlichen Kontinuum gilt:

In all situations, even where the professed educational policy is monolingualism in the standard language, there will be varying degress of oral usage of creole by children and teachers in schools.
(Craig, 1977: 324)

Angesichts dieser Verhältnisse drängen sich die folgenden sprachpolitischen Überlegungen auf: Die englische Sprache muß von Anfang an als Fremdsprache unterrichtet werden; die Muttersprachen der Kinder müssen genügend Raum im schulischen Bildungsprozeß

---

[65] Das Spanische ist in Belize seit einiger Zeit aber auch im Rundfunk zu hören. 3–4 Stunden des täglichen 17-Stunden-Programms werden in spanischer Sprache gesendet.

[66] Für 1962 notierte LePage (1968: 433) für Guyana, Jamaica und Trinidad sogar nur ca. 20 %.

[67] Für Guyana geben Cave (1970) und Craig (1971) ähnliche Zahlen an.

erhalten; auf allen Ebenen muß sich die Erkenntnis durchsetzen, daß die englische Sprache von kreolsprachlichen Kindern nicht auf informelle und von Zufällen abhängige Weise erworben werden kann.

Eine den soziolinguistischen Fakten angemessene Sprachpolitik wird für die englischsprachigen Länder der Karibik deshalb in irgendeiner Weise ein Prinzip von Zweisprachigkeit vorschlagen müssen. Das Konzept von Bilingualismus stößt zur Zeit aber noch auf großen Widerstand[68], gerade auch bei den Kreolsprecherinnen und -sprechern selbst.

Für die englischsprachige Karibik sind verschiedene sprachpolitische Vorschläge gemacht worden, die sich zwischen zwei extremen Positionen bewegen. Auf der einen Seite haben wir das Modell der Einsprachigkeit in der offiziellen Standardsprache, auf der anderen das Modell der Einsprachigkeit in der Kreolsprache. Beide Modelle beruhen auf radikal unterschiedlichen und zugleich unrealistischen Einschätzungen der soziolinguistischen und sozialpsychologischen Wirklichkeit, beide sind unter den gegebenen Bedingungen nicht zu verwirklichen. Das Modell der Einsprachigkeit im offiziellen Standard ist unrealistisch, weil es die Muttersprache eines großen Teils der Bevölkerung ignoriert und so auch den Erwerb des Standards behindert, das Modell der Einsprachigkeit in der Kreolsprache ist unrealistisch, weil es die Bedeutung psychologischer, politischer und wirtschaftlicher Zwänge verkennt und zugleich die mit einer Standardisierung verbundenen linguistischen und ökonomischen Probleme unterschätzt.

Die zwischen diesen Extrempositionen möglichen Alternativen bemühen sich um eine Klärung des Verhältnisses zwischen der europäischen Standardsprache und der lexikalisch verwandten Kreolsprache (vgl. Fishman & Lovas, 1970; Craig, 1971, 1980; Carrington, 1976).

---

[68] Eine parallele Situation finden wir in den USA bzgl. des Black English. Auch viele Eltern von Kindern, deren Muttersprache das Black English ist, wenden sich gegen eine Einbeziehung des Black English in den formalen Bildungsprozeß und unterstützen damit indirekt die Stigmatisierung dieser Sprache (vgl. Dillard, 1978; Fasold & Shuy, 1970).

212

Ein Modell, das in vielen Sprachgemeinschaften mit englisch-orientierten Kreolsprachen praktiziert wird, ist das der vorübergehenden Zweisprachigkeit *(transitional bilingualism)*. Hier wird in der ersten Periode der schulischen Bildung neben dem Englischen auch die Kreolsprache zugelassen, allerdings nur für die mündliche Kommunikation. Diese Periode stellt nur eine Übergangzeit dar, in der die sprachlichen Fertigkeiten im Englischen so weit ausgebildet werden, daß der Unterricht danach einsprachig fortgesetzt werden kann. Das Modell der vorübergehenden Zweisprachigkeit akzeptiert wenigstens in Ansätzen, daß die Muttersprache der meisten Schülerinnen und Schüler eben nicht mit der offiziellen Standardsprache identisch ist. Allerdings wird diese Tatsache eher notgedrungen toleriert, nach wie vor wird allein die Standardsprache mit hohem Prestige belegt.

Einen größeren Raum gewinnt die Kreolsprache in einem zweiten Modell von Zweisprachigkeit, bei dem aber Lesen und Schreiben ebenfalls nur in der Standardsprache vermittelt werden *(monoliterate bilingualism)*. Dieses Modell fördert aktiv die Entwicklung der mündlichen kommunikativen Fähigkeiten in der kreolischen Muttersprache und wirkt damit einer weiteren Stigmatisierung entgegen. Gleichzeitig wird aber der schwierige und teure Schritt der Standardisierung der Kreolsprache vermieden. Das Modell setzt voraus, daß die Lehrenden eine kreolsprachliche Kompetenz im Bereich des Hörverstehens besitzen oder erwerben. Gerade in Ländern wie Jamaica oder Belize, wo sich die Kreolsprache in einem Dekreolisierungsprozeß befindet, dürfte dieses Modell von Zweisprachigkeit das Maximum des zur Zeit Erreichbaren darstellen: "(. . .) the policy of monoliterate bilingualism seems to be as far as society is prepared to go in the direction of educational programs in creole" (Craig, 1980: 259).[69]

---

[69] Craig (1980: 247, 260) sieht die linguistischen, psychologischen und kulturellen Voraussetzungen für dieses Modell in den frankophonen Ländern der Karibik und auf den Niederländischen Antillen (Papiamentu) gegeben. D'Offay de Rieux (1980) bestätigt dies für die Seychellen, Mühlhäusler & Wurm & Dutton (1980) für Papua-Neuguinea.

Die folgenden beiden Modelle von Zweisprachigkeit, *partial bilingualism* und *full bilingualism*, haben in der englischsprachigen Karibik in absehbarer Zeit keine Aussicht auf Realisierung. Bei der partiellen Zweisprachigkeit wird die Kreolsprache auch als Schriftsprache vermittelt. Dies beschränkt sich aber auf die schriftliche Bearbeitung solcher Inhalte, die sich auf die unmittelbare physische, soziale und kulturelle Umgebung des Kindes beziehen. Inhalte, die den engeren nationalen Rahmen überschreiten, werden in englischer Sprache vermittelt. Dieses Modell trifft zwei Voraussetzungen, die bisher in keinem kreolsprachlichen Land gegeben sind: Zum einen geht es von einem grundlegend veränderten Einstellungsmuster gegenüber der Kreolsprache aus – in Kap. 11 war deutlich geworden, daß für eine solche Entwicklung erste Anzeichen vorhanden sind; zum anderen kann das Modell nur realisiert werden, wenn entsprechend ausgebildete Lehrpersonen und kreolsprachliche Lehrmaterialien zur Verfügung stehen – dies wiederum setzt die Standardisierung der Kreolsprache einschließlich der Entwicklung eines orthographischen Systems voraus.

Schließlich bleibt noch das Modell der vollständigen Zweisprachigkeit zu erwähnen. Beide Sprachen werden darin als formal und funktional gleichwertige Systeme betrachtet, in beiden werden in gleichem Umfang mündliche und schriftliche Fertigkeiten entwikkelt. Aufgrund der erwähnten praktischen Erwägungen hat dieses Modell in der englischsprachigen Karibik nur theoretischen Wert.

Auch in Ländern wie Belize, Jamaica und Guyana, in denen sich die Beziehung zwischen der jeweiligen Kreolsprache und dem Englischen im Rahmen eines sprachlichen Kontinuums beschreiben läßt, ist die Existenz der Kreolsprachen nicht gefährdet. Dekreolisierungsprozessen, wie sie für alle drei Sprachgemeinschaften nachgewiesen worden sind, wirken vielmehr eine fortschreitende Funktionserweiterung (literarische Produktion) und ein Wandel von Einstellungen gegenüber den Kreolsprachen entgegen. Aus dieser Perspektive erscheinen sprachpolitische Schritte, die auf eine partielle Zweisprachigkeit hinführen, nicht nur erforderlich, sondern auch realistisch.

ABKÜRZUNGSVERZEICHNIS

AD	Ausländerdeutsch
BC	Belizean Creole
CP	Cameroons Pidgin
DAA	Deutsch ausländischer Arbeiter/innen
E	English
GC	Guyanese Creole
GU	Gullah
HCE	Hawaiian Creole English
HPE	Hawaiian Pidgin English
JC	Jamaican Creole
KR	Krio
MCC	Miskito Coast Creole
RC	Rama Creole
SM	Saramaccan
SOV	Subjekt-Objekt-Verb
SR	Sranan
SVO	Subjekt-Verb-Objekt
TP	Tok Pisin

LITERATURVERZEICHNIS

Aitchison, Jean. 1976. The Articulate Mammal. Hutchinson: London.

Alexandre, Pierre. 1972. An Introduction to Languages and Language in Africa. Heinemann: London.

Alleyne, Mervyn C. 1980. Comparative Afro-American. Karoma: Ann Arbor.

Althaus, Hans P., & Henne, Helmut, & Wiegand, Herbert E., Hrsg. 1973. Lexikon der germanistischen Linguistik. 3 Bde. Niemeyer: Tübingen.

Arens, Hans. 1969. Sprachwissenschaft. Der Gang ihrer Entwicklung von der Antike bis zur Gegenwart. 2 Bde. Fischer Athenäum: Frankfurt.

Bailey, Beryl L. 1966. Jamaican Creole Syntax: A Transformational Approach. University Press: Cambridge.

Bailey, Richard W., & Görlach, Manfred, Hrsg. 1982. English as a World Language. University of Michigan Press: Ann Arbor.

Baker, Philip. 1972. Kreol. A Description of Mauritian Creole. Hurst & Company: London.

Bamgbose, Ayo. 1971. "The English Language in Nigeria." In: Spencer, John, Hrsg., The English Language in West Africa. Longman: London. 35–48.

Baudet, Martha M. 1981. "Identifying the African Grammatical Base of the Caribbean Creoles: A Typological Approach". In: Highfield & Valdman, Historicity, 104–117.

Bauer, Anton. 1974. Das melanesische und chinesische Pidginenglisch. Carl: Regensburg.

Bennett, Louise. 1966. Jamaica Labrish. Sangster's: Jamaica.

Berry, Jack. 1959. "The Origins of Krio Vocabulary." Sierra Leone Studies 12: 298–307.

Berry, Jack. 1961. "English Loanwords and Adaptations in Sierra Leone Krio". In: LePage, Creole Language Studies, 1–16.

Bickerton, Derek. 1973. "On the Nature of a Creole Continuum." Language 49: 640–669.

Bickerton, Derek. 1975. Dynamics of a Creole System. University Press: Cambridge.

217

Bickerton, Derek. 1977. "Pidginization and Creolization: Language Acquisition and Language Universals". In: Valdman, Pidgin and Creole Linguistics, 49–69.

Bickerton, Derek. 1979a. "Beginnings". In: Hill, Genesis, 1–22.

Bickerton, Derek. 1979b. "Introduction". In: Markey, Hugo Schuchardt,
VII–XVII.

Bickerton, Derek. 1981. Roots of Language. Karoma: Ann Arbor.

Bloomfield, Leonard. 1926. "A Set of Postulates for the Science of Language". Language 2: 153–164.

Bloomfield, Leonard. 1933. Language. Repr. 1970. Allen & Unwin: London.

Bodeman, Michal Y., & Ostow, Robin. 1975. "Lingua Franca und Pseudo-
Pidgin in der Bundesrepublik: Fremdarbeiter und Einheimische im
Sprachzusammenhang". Zs. f. Literaturwissenschaft und Linguistik 18:
122–146.

Brown, Penelope, & Fraser, Colin. 1979. "Speech as a Marker of Situation."
In: Scherer & Giles, Social Markers, 33–62.

Carrier Pidgin. 1982 (= The Carrier Pidgin 10/2). Department of Linguistics. Stanford University: Stanford, California.

Carrington, Lawrence D. 1976. "Determining Language Education Policy in
Caribbean Sociolinguistic Complexes." International Journal of the Sociology of Language 8: 27–46.

Cassidy, Frederic G. 1964. "Toward the Recovery of Early English-African
Pidgin." In: Symposium, 267–277.

Cassidy, Frederic G., & LePage, Robert B. 1967. Dictionary of Jamaican
English. 2nd ed. 1980. University Press: Cambridge.

Cassidy, Frederic G. 1971. "Tracing the Pidgin Element in Jamaican Creole
(with Notes on Method and the Nature of Pidgin Vocabularies)". In:
Hymes, Pidginization, 203–221.

Cave, George N. 1970. "Some Sociolinguistic Factors in the Production of
Standard Language in Guyana and Implications for the Language
Teacher." Language Learning 20: 249–263.

Chaudenson, Robert. 1977. "Toward the Reconstruction of the Social Ma-
trix of Creole Language." In: Valdman, Pidgin and Creole Linguistics,
259–276.

Cherubim, Dieter, Hrsg. 1975. Sprachwandel. Walter de Gruyter: Berlin.

Coates, William A. 1971. "The Lingua Franca." In: Ingemann, Frances,
Hrsg. Papers of the 5th Kansas Linguistics Conference. University of
Kansas. 25–34.

Collier, Barbara. 1977. "On the Origins of Lingua Franca." Journal of Creole Studies 1/2: 281–298.

Craig, Dennis R. 1971. "English in Secondary Education in a Former British Colony: A Case Study of Guyana." Caribbean Studies 10: 113–151.

Craig, Dennis R. 1977. "Creole Languages and Primary Education." In: Valdman, Pidgin and Creole Linguistics, 313–332.

Craig, Dennis R. 1980. "Models for Educational Policy in Creole-Speaking Communities." In: Valdman & Highfield, Theoretical Orientations, 245–265.

Curtin, Philip. 1969. The Atlantic Slave Trade. University of Wisconsin Press: London.

Das Gupta, Jyotirindra, & Ferguson, Charles. 1977. "Problems of Language Planning." In: Rubin, Joan et al., Hrsg., Language Planning Processes. Mouton: The Hague. 3–8.

Davidson, Basil. 1972. Afrika. Stämme, Staaten, Königreiche. Rowohlt: Reinbek.

Day, Richard R., Hrsg. 1980. Issues in English Creoles. Groos: Heidelberg.

DeCamp, David. 1961. "Social and Geographical Factors in Jamaican Dialects." In: LePage, Creole Language Studies, 61–84.

DeCamp, David. 1968. "The Field of Creole Language Studies." Studia Anglica Posnaniensia 1: 29–51.

DeCamp, David. 1971. "Introduction: The Study of Pidgin and Creole Languages." In: Hymes, Pidginization, 13–39.

DeCamp, David. 1977. "The Development of Pidgin and Creole Studies." In: Valdman, Pidgin and Creole Linguistics, 3–20.

DeCamp, David, & Hancock, Ian F., Hrsg. 1974. Pidgins and Creoles: Current Trends and Prospects. Georgetown University Press: Washington, D. C.

DePaulo, Bella M., & Coleman, Levita M. 1981. "Evidence for the Specialness of the 'Baby Talk' Register." Language and Speech 24: 223–231.

Der Große Brockhaus. 1977–81. 12 Bde. Brockhaus: Wiesbaden.

Dillard, Joey L. 1973. Black English. Vintage/Random House: New York.

Dillard, Joey L. 1978. "Bidialectal Education: Black English and Standard English in the United States." In: Spolsky, Bernard, & Cooper, Robert L., Hrsg., Case Studies in Bilingual Education. Newbury House: Rowley, Mass. 293–311.

D'Offay de Rieux, Danielle. 1980. "Creole and Educational Policy in the Seychelles." In: Valdman & Highfield, Theoretical Orientations, 267–271.

219

Dressler, Wolfgang. 1973. "Sprachtypologie". In: Althaus et al., Lexikon, 470–474.

Edwards, Jay. 1974. "African Influence on the English of San Andrés Island, Colombia." In: DeCamp & Hancock, Pidgins and Creoles, 1–26.

Elliott, D., & Legum, S., & Thompson, S. A. 1969. "Syntatic Variation as Linguistic Data." In: Binnick, R. et al., Hrsg., Papers from the 5th Regional Meeting of the Chicago Linguistic Society. University Press: Chicago. 52–59.

Escure, Geneviève. 1980. Copula Variability in the Creole Continuum of Belize. Vortrag, gehalten auf der Tagung der Caribbean Linguistic Society, Aruba, September 1980.

Escure, Geneviève. 1981. "Decreolization in a Creole Continuum: Belize." In: Valdman & Highfield, Historicity, 27–39.

Escure, Geneviève. 1982. "Contrastive Patterns of Intragroup and Intergroup Interaction in the Creole Continuum of Belize." Language in Society 11: 239–264.

Escure, Geneviève. 1983. "Belizean Creole." In: Holm, Central American English, 28–70.

Fasold, Ralph W., & Shuy, Roger W., Hrsg., 1970. Teaching Standard English in the Inner City. Center for Applied Linguistics: Washington, D. C.

Felix, Sascha W. 1978. Linguistische Untersuchungen zum natürlichen Zweitsprachenerwerb. Fink: München.

Ferguson, Charles A. 1959. "Diglossia." Word 15: 325–340.

Ferguson, Charles A. 1971. "Absence of Copula and the Notion of Simplicity: A Study of Normal Speech, Baby Talk, Foreigner Talk, and Pidgins." In: Hymes, Pidginization and Creolization, 141–150.

Ferguson, Charles A. 1975. "Toward a Characterization of English Foreigner Talk." Anthropological Linguistics 17: 1–14.

Ferguson, Charles A. 1977. "Baby Talk as a Simplified Register." In: Snow, Catherine E., & Ferguson, Charles A., Hrsg., Talking to Children. University Press: Cambridge. 209–235.

Ferguson, Charles A., & DeBose, Charles E. 1977. "Simplified Registers, Broken Language, and Pidginization." In: Valdman, Pidgin and Creole Linguistics, 99–125.

Fishman, Joshua A., & Lovas, John. 1970. „Bilingual Education in Sociolinguistic Perspective." TESOL Quarterly 4: 215–222.

Fought, John. 1982. "The Reinvention of Hugo Schuchardt (Review Article)." Language in Society 11: 419–436.

Fleischmann, Ulrich, 1979. "Afrikanische und kreolische Sprachen in den karibischen Sklavengesellschaften." Iberoamericana 3: 44–65.

Frake, Charles O. 1971. "Lexical Origins and Semantic Structure in Philippine Creole Spanish." In: Hymes, Pidginization, 223–242.

Gilbert, Glenn G., Hrsg. 1980. Pidgin and Creole Languages: Selected Essays by Hugo Schuchardt. University Press: Cambridge.

Gilbert, Glenn G. 1983. "Focus on Creolists (6): Hugo Schuchardt." The Carrier Pidgin 11/1: 4–5.

Green, M. M., & Igwe, Rev. G. E. 1963. A Descriptive Grammar of Igbo. Akademie-Verlag: Berlin.

Grion, Giusto. 1891. "Farmacopea e lingua franca del dugento." Archivo Glottologico Italiano XII: 181–186.

Gumperz, John J. 1975. „Zur Ethnologie des Sprachwandels." In: Cherubim, Sprachwandel, 335–355.

Guttman, Louis. 1944. "A Basis for Scaling Qualitative Data." American Sociological Review 9: 139–150.

Hadel, Richard, S. J. 1973. "Anansi Stories and their Uses." National Studies (Belize) Vol. 1, No. 1: 4–8.

Hall, R. A. 1943. Melanesian Pidgin English: Grammar, Texts, Vocabulary. Linguistic Society of America: Baltimore.

Hancock, Ian F. 1969. "A Provisional Comparison of the English-Based Atlantic Creoles." In: African Language Review 8: 7–72.

Hancock, Ian F. 1973. "Remnants of the Lingua Franca in Britain." University of South Florida Language Quarterly 12/3–4: 35–36.

Hancock, Ian F. 1977a. "Appendix: Repertory of Pidgin and Creole Languages." In: Valdman, Pidgin and Creole Linguistics, 362–391.

Hancock, Ian F. 1977b. "Recovering Pidgin Genesis: Approaches and Problems." In: Valdman, Pidgin and Creole Linguistics, 277–294.

Hartford, Beverly. 1981. "Review of Schumann 1978." Studies in Second Language Acquisition 3: 250–257.

Harvey, L. P., & Jones, R. D., & Whinnom, K. 1967. "Lingua Franca in a Villancico by Encina." Revue de Littérature Comparée 41: 572–579.

Hatch, Evelyn M., Hrsg. 1978. Second Language Acquisition. Newbury House: Rowley, Mass.

Heidelberger Forschungsprojekt "Pidgin-Deutsch". 1975. Sprache und Kommunikation ausländischer Arbeiter. Scriptor: Kronberg.

Heidelberger Forschungsprojekt "Pidgin-Deutsch". 1977. Die ungesteuerte Erlernung des Deutschen durch spanische und italienische Arbeiter. Osnabrücker Beiträge zur Sprachtheorie 2. Osnabrück.

Hellinger, Marlis. 1975. "The Study of Creole Proverbs." National Studies (Belize) Vol. 3, No. 1: 28–38.

Hellinger, Marlis. 1977. Kontrastive Grammatik Deutsch/Englisch. Niemeyer: Tübingen.

Hellinger, Marlis. 1979. "Creole als Sprache der Schwarzen Literatur." In: Breitinger, Eckhard, Hrsg., Black Literature. Fink: München. 75–102.

Hellinger, Marlis. 1980. "Zum Begriff der sprachlichen Interferenz." Arbeiten aus Anglistik und Amerikanistik 2: 187–199.

Hesseling, Dirk Christiaan. 1897. "Het Hollandsch in Zuid Afrika. (Dutch in South Africa)." In: Markey & Roberge, Dirk Christiaan Hesseling, 1–22.

Hesseling, Dirk Christiaan. 1933a. "Papiaments en Negerhollands. (Papiamentu and Negerhollands.)" In: Markey & Roberge, Origins, 47–61.

Hesseling, Dirk Christiaan. 1933b. "Hoe ontstond de eigenaardige vorm van het Kreools? (How did creoles originate?)." In: Markey & Roberge, Origins, 62–69.

Highfield, Arnold, & Valdman, Albert, Hrsg. 1981. Historicity and Variation in Creole Studies. Karoma: Ann Arbor.

Hill, Kenneth C., Hrsg. 1979. The Genesis of Language. Karoma: Ann Arbor.

Holm, John. 1978. The Creole English of Nicaragua's Miskito Coast: its Sociolinguistic History and a Comparative Study of its Lexicon and Syntax. Ph. D. Diss: London.

Holm, John. 1981. "Sociolinguistic History and the Creolist." In: Highfield & Valdman, Historicity, 40–51.

Holm, John. 1983a. Central American English. Groos: Heidelberg.

Holm, John. 1983b. "Introduction." In: Holm, Central American English, 7–27.

Huebner, T. G. 1976. "Second Language Acquisition and the Pidgin-Creole-Decreolization Cycle: A Comparison of Some Linguistic Processes." Working Papers in Linguistics 8: 97–108.

Huttar, George L. 1975. "Sources of Creole Semantic Structures." Language 51: 684–695.

Hyde, Evan X. 1975. Feelings. Benex Print: Belize City.

Hymes, Dell, Hrsg. 1971. Pidginization and Creolization of Languages. University Press: Cambridge.

Itayemi, P., & Gurrey, P. 1953. Folk Tales and Fables. Penguin Books: London.

Jernudd, Björn H. 1973. "Language Planning as a Type of Language Treatment." In: Rubin, Joan, & Shuy, Roger, Hrsg., Language Planning: Current Issues and Research. Georgetown University Press: Washington, D. C. 11–23.

Jespersen, Otto. 1922. Language – Its Nature, Development, and Origin. 12. Aufl. 1964. Allen & Unwin: London.

Johnson, Sister Mary Canice, RSM. 1974. "Two Morpheme Structure Rules in an English Proto-Creole." In: DeCamp & Hancock, Pidgins and Creoles, 118–129.

Jones, Eldred D. 1957. "The Potentialities of Krio as a Literary Language." Sierra Leone Studies 9: 40–48.

Kay, Paul, & Sankoff, Gillian. 1974. "A Language-Universals Approach to Pidgins and Creoles." In: DeCamp & Hancock, Pidgins and Creoles, 61–72.

Ki-Zerbo, Joseph. 1981. Die Geschichte Schwarz-Afrikas. Fischer: Frankfurt a. M.

Koenig, Edna L. 1975. Ethnicity and Language in Corozal District, Belize: An Analysis of Code Switching. Ph. D. Diss.: University of Texas at Austin.

Labov, William. 1963. "The Social Motivation of a Sound Change." Word 19: 273–309.

Labov, William. 1966. The Social Stratification of English in New York. Center for Applied Linguistics: Washington, D. C.

Lefebvre, Claire, & Fournier, Robert. 1977. La particule LA en créole haitien. Vortrag, gehalten auf dem XII. International Congress of Linguistics: Workshop on Pidgins and Creoles. Wien, August/September 1977.

LePage, Robert B. 1957. "General Outlines of Creole English in the British Caribbean." Orbis 6: 373–391.

LePage, Robert B., & DeCamp, David. 1960. Jamaican Creole. Macmillan: London.

LePage, Robert B., Hrsg. 1961. Creole Language Studies II: Proceedings of the Conference on Creole Language Studies. Macmillan: London.

LePage, Robert B. 1968. "Problems to be Faced in the Use of English as a Medium of Education in Four West Indian Territories." In: Fishman, Joshua A. et al., Hrsg., Language Problems of Developing Nations. New York. 431–442.

Lichem, K., & Simon, H. J., Hrsg. 1980. Hugo Schuchardt: Schuchardt Symposium 1977 in Graz. Verlag der Österr. Akademie der Wissenschaften: Wien.

Loth, Heinrich. 1981. Sklaverei. Die Geschichte des Sklavenhandels zwischen Afrika und Amerika. Hammer: Wuppertal.

Mafeni, Bernard. 1965. Some Aspects of the Phonetics and Phonology of Nigerian Pidgin. Unpubl. M. Litt. Thesis: Edinburgh.

Manke, Rainer. 1983. Second Language Acquisition and the Pidginization Hypothesis. Staatsexamensarbeit: Universität Hannover.

Markey, T. L., Hrsg. 1979. Hugo Schuchardt: The Ethnography of Variation. Selected Writings on Pidgins and Creoles. Karoma: Ann Arbor.

Markey, T. L., & Roberge, Paul T., Hrsg. 1979. Dirk Christiaan Hesseling: On the Origin and Formation of Creoles: A Miscellany of Articles. Karoma: Ann Arbor.

McLaughlin, Barry. 1978. Second Language Acquisition in Childhood. Erlbaum: New York.

Meijer, Guus, & Muysken, Pieter. 1977. "On the Beginnings of Pidgin and Creole Studies: Schuchardt and Hesseling." In: Valdman, Pidgin and Creole Linguistics, 21–45.

Meillet, Antoine. 1914. "Le problème de la parenté des langues." Scientia 15: 403–425.

Meillet, Antoine. 1918. "Convergences des développements linguistiques." Revue Philosophique 85: 97–110.

Meisel, Jürgen M. 1975. "Ausländerdeutsch und Deutsch ausländischer Arbeiter. Zur möglichen Entstehung eines Pidgin in der BRD." Zs. f. Literaturwissenschaft und Linguistik 18: 9–53.

McKesey, George. 1974. The Belizean Lingo. National Printers: Belize City.

Mickwitz, Christoph von. 1981. Rastafarianism and the Language of West Indian Immigrants in Great Britain. Staatsexamensarbeit: Universität Hannover.

Mihalic, F. 1971. The Jacaranda Dictionary and Grammar of Melanesian Pidgin. Jacaranda Press: Brisbane.

Mühlhäusler, Peter. 1977. "Bemerkungen zum 'Pidgin Deutsch' von Neuguinea." In: Molony, C., & Zobl, H., & Stölting, W., Hrsg., Deutsch in Kontakt mit anderen Sprachen. Scriptor: Kronberg. 58–70.

Mühlhäusler, Peter. 1980. "Structural Expansion and the Process of Creolization." In: Valdman & Highfield, Orientations, 19–55.

Mühlhäusler, Peter. 1981. "Foreigner Talk: Tok Masta in New Guinea." International Journal of the Sociology of Language 28: 93–113.

Mühlhäusler, Peter. 1982. "Tok Pisin in Papua New Guinea." In: Bailey & Görlach, World Language, 439–466.

Mühlhäusler, Peter, & Dutton, Tom. 1979. "Papuan Pidgin English and Hiri Motu." In: Wurm, New Guinea, 209–223.

Mühlhäusler, Peter, & Wurm, Stephen A., & Dutton, Tom E. 1979. "Language Planning and New Guinea Pidgin." In: Wurm, New Guinea, 263–276.

Murphy, J. J. 1966. The Book of Pidgin English. Brisbane.

Muysken, Pieter, Hrsg. 1981. Generative Studies on Creole Languages. Foris: Dordrecht.

Muysken, Pieter, & Meijer, Guus. 1979. "Introduction." In: Markey & Roberge, Dirk Christiaan Hesseling, VII–XIX.

Naro, Anthony. 1978. "A Study on the Origins of Pidginization." Language 54: 314–347.

Oksaar, Els. 1977. Spracherwerb im Vorschulalter. Kohlhammer: Stuttgart.

Patterson, Orlando. 1971. The Children of Sisyphus. Bolivar Press: Jamaica.

Rapp, E. L. 1942. "Adangme-Texts." In: Westermann, D., Hrsg. Studien zur Auslandskunde: Afrika Bd. 1. Junker und Duennhaupt: Berlin. 55–100.

Rapp, E. L. 1966. Die Gurenne-Sprache in Nordghana. VEB Verlag Enzyklopädie: Leipzig.

Rapp, E. L. 1971. „Sprichwörter der Guang von Boso und Anum in Ghana (Guang-Studien V)." Hamburger Beiträge zur Afrika-Kunde 14: 305–316.

Rattray, R. S. 1916. Ashanti Proverbs. Clarendon Press: Oxford.

Reinecke, John E. 1981. A Selective Chronology of Creole Studies. Supplementary Issue of The Carrier Pidgin. Stanford University.

Reinecke, John E. et al., Hrsg. 1975. A Bibliography of Pidgin and Creole Languages. University Press of Hawaii: Honolulu.

Rens, Lucien Leo Eduard. 1953. The Historical and Social Background of Surinam's Negro-English. North-Holland Publishing Company: Amsterdam.

Rice, Frank A., Hrsg. 1962. Study of the Role of Second Languages in Asia, Africa, and Latin America. Center for Applied Linguistics: Washington, D. C.

Rickford, John R. 1980. "Analyzing Variation in Creole Languages." In: Valdman & Highfield, Orientations, 165–184.

Rickford, John R. 1983. "Decreolization Paths for Guyanese Singular Pronouns." Erscheint in Görlach, Manfred, Hrsg., Focus on the Carribean. Groos: Heidelberg.

Samarin, William J. 1962. "Lingua Francas, with Special Reference to Africa." In: Rice, Role of Second Languages, 54–64.

Sankoff, Gillian. 1979. "The Genesis of Language." In: Hill, Genesis, 23–47.

Sankoff, Gillian. 1980. "Variation, Pidgins and Creoles." In: Valdman & Highfield, Orientations, 139–164.

Sankoff, Gillian, & Brown, Penelope. 1976. "The Origin of Syntax in Discourse: A Case Study of Tok Pisin Relatives." Language 52: 631–666.

Sankoff, Gillian, & Laberge, Suzanne. 1974. "On the Acquisition of Native Speakers by a Language." In: DeCamp & Hancock, Pidgins and Creoles, 73–84.

Sapir, Edward. 1921. Language. New York.

Scherer, Klaus R., & Giles, Howard, Hrsg. 1979. Social Markers in Speech. University Press: Cambridge.

Schuchardt, Hugo. 1881. "Rezension von Baissac, Coelho." Zeitschrift für Romanische Philologie 5: 580–581.

Schuchardt, Hugo. 1883. "Kreolische Studien V. Ueber das Melaneso-englische." Sitzungsberichte der österreichischen Akademie der Wissenschaften, 105: 151–161.

Schuchardt, Hugo. 1885. "Über die Lautgesetze: Gegen die Junggrammatiker." Oppenheim: Berlin.

Schuchardt, Hugo. 1889. "Beiträge zur Kenntnis des Englischen Kreolisch II. Melaneso-englisches." Englische Studien 13: 158–162.

Schuchardt, Hugo. 1909. "Die Lingua Franca." Zeitschrift für Romanische Philologie 33: 441–461.

Schuchardt, Hugo. 1914. Die Sprache der Saramakkaneger in Surinam. Müller: Amsterdam.

Schumann, John H. 1978a. The Pidginization Process: A Model for Second Language Acquisition. Newbury House: Rowley, Mass.

Schumann, John H. 1978b. "Second Language Acquisition: The Pidginization Hypothesis." In: Hatch, Second Language Acquisition, 256–271.

Schumann, John H. 1979. "The Genesis of a Second Language." In: Hill, Genesis, 48–61.

Selinker, Larry. 1972. "Interlanguage." International Review of Applied Linguistics in Language Teaching 10: 209–231.

Smith, David M. 1972. "Some Implications for the Social Status of Pidgin Languages." In: Smith, David M., & Shuy, Roger W., Hrsg., Sociolinguistics in Cross-Cultural Analysis. Georgetown University Press: Washington, D. C.

Snow, Catherine, & Ferguson, Charles A., Hrsg. 1977. Talking to Children. University Press: Cambridge.

Spitzer, Leo, Hrsg. 1928. Hugo Schuchardt-Brevier. Ein Vademecum der allgemeinen Sprachwissenschaft. 2. Aufl. Niemeyer: Halle (Saale).

Stauble, Ann-Marie E. 1978. "Decreolization: A Model for Second Language Development." Language Learning 28: 29–54.

Stein, Peter. 1982. "Die Kreolischen Lieder des Weihnachtsgottesdienstes vom 25. Dezember 1754 in St. Thomas." Unitas Fratrum 120 106 bis 112.

Stewart, William A. 1962. "Creole Languages in the Caribbean." In: Rice, Role of Second Languages, 34–53.

Symposium on Multilingualism. 1964. CCTA Publication No. 87. CCTA/CSA Publication Bureau: London.

Taylor, Douglas. 1959. "On Function versus Form in 'Non-traditional' languages." Word 15: 485–489.

Taylor, Douglas. 1960. "Language Shift or Changing Relationship?" International Journal of American Linguistics 26: 155–161.

Taylor, Douglas. 1971. "Grammatical and Lexical Affinities of Creoles." In: Hymes, Pidginization, 293–296.

Thompson, Robert W. 1961. "A Note on some Possible Affinities between the Creole Dialects of the Old World and those of the New." In: LePage, Proceedings, 107–113.

Todd, Loreto. 1974. Pidgins and Creoles. Routledge & Kegan Paul: London.

Todd, Loreto. 1977. "Lexical Patterning in Cameroon Pidgin and Tok Pisin." Journal of Creole Studies 1: 59–72.

Todd, Loreto, & Mühlhäusler, Peter. 1977. Idiomatic Expressions in Cameroon Pidgin English and in Tok Pisin. Vortrag, gehalten auf dem XII. International Congress of Linguistics: Workshop on Pidgins and Creoles. Wien, August/September 1977.

Tonkin, Elizabeth. 1971. "Some Coastal Pidgins of West Africa." In: Ardener, Edwin, Hrsg., Social Anthropology and Language. Tavistock: London. 129–155.

Torgerson, Warren S. 1957. Theory and Methods of Scaling. Wiley: New York.

Traugott, Elizabeth Closs. 1981. "Introduction." In: Highfield & Valdman, Historicity, 1–6.

Tucker, Gil. 1980. Teer und Tempel. Gedichte und Texte aus Jamaica. Unionsverlag: Zürich.

Turner, Lorenzo D. 1949. Africanisms in the Gullah Dialect. University Press: Chicago.

Turner, Lorenzo D., Hrsg. 1963. The Krio Language of Sierra Leone, West Africa. Roosevelt University: Chicago.

Valdman, Albert, Hrsg. 1977a. Pidgin and Creole Linguistics. Indiana University Press: Bloomington.

Valdman, Albert. 1977b. "Creolization: Elaboration in the Development of Creole French Dialects." In: Valdman, Pidgin and Creole Linguistics, 155–189.

Valdman, Albert, & Highfield, Arnold, Hrsg. 1980. Theoretical Orientations in Creole Studies. Academic Press: New York.

Voorhoeve, Jan. 1973. "Historical and Linguistic Evidence in Favour of the Relexification Theory in the Formation of Creoles." Language in Society 2: 133–145.

Weinreich, Uriel. 1958. "On the Compatibility of Genetic Relationships and Convergent Development." Word 14: 374–379.

Weinreich, Uriel. 1963. Languages in Contact: Findings and Problems. Mouton: The Hague.

Welmers, W. M. E. 1971. "Christian Missions and Language Policies." Current Trends in Linguistics 7 (Linguistics in Sub-Saharan Africa): 559–569.

Welte, Werner. 1974. Moderne Linguistik: Terminologie/Bibliographie. 2 Bde. Hueber: München.

Whinnom, Keith. 1965. "The Origin of the European-based Creoles and Pidgins." Orbis 14: 509–527.

Whinnom, Keith. 1971. "Linguistic Hybridization and the 'Special Case' of Pidgins and Creoles." In: Hymes, Pidginization, 91–115.

Whinnom, Keith. 1977. "Lingua Franca: Historical Problems." In: Valdman, Pidgin and Creole Linguistics, 295–310.

Wood, Richard E. 1971. "The Lingua Franca in Molière's Le Bourgeois Gentilhomme." Language Quarterly X/1–2: 2–6.

Woolford, Ellen. 1979. "The Developing Complementizer System of Tok Pisin: Syntactic Change in Progress." In: Hill, Genesis, 108–124.

Woolford, Ellen. 1983. "Introduction: The Social Context of Creolization." In: Woolford & Washabaugh, Social Context, 1–9.

Woolford, Ellen, & Washabaugh, William, Hrsg. 1983. The Social Context of Creolization. Karoma: Ann Arbor.

Wurm, Stephen A. 1977. "Pidgins, Creoles, Lingue Franche, and National Development." In: Valdman, Pidgin and Creole Linguistics, 333–357.

Wurm, Stephen A., Hrsg. 1979. New Guinea and Neighboring Areas: A Sociolinguistic Laboratory. Mouton: The Hague.

Wurm, Stephen A. 1980. "Standardisation and Instrumentalisation in Tok Pisin." Valdman & Highfield, Orientations, 237–244.

Wurm, Stephen A. 1982. Papuan Languages of Oceania. Narr: Tübingen.

Wurm, Stephen A., & Mühlhäusler, Peter. 1979. "Attitudes towards New Guinea Pidgin and English." In: Wurm, New Guinea, 243–262.

Aus dem weiteren Programm

7141-7 Hahn, Walther von (Hrsg.):
Fachsprachen. (EdF, Bd. 498.)

1981. VII, 396 S., 16 Abb., mehrere Tab. und Schemata, Gzl.

Das Interesse an Fachsprachen, also der Sprachverwendung in Berufs- und Arbeitssituationen, wird gegenwärtig geteilt von Betriebssoziologen und -psychologen, von Sprachwissenschaftlern und Sprachbeteiligten aus der Technik, besonders im Normungs- und Übersetzungswesen. Die Forschung ist inzwischen tiefer eingedrungen in die Erkundung der fachlichen Sprach- und Sprechsituationen und deren Bedingungen.

6694-4 Kaempfert, Manfred (Hrsg.):
Probleme der Religiösen Sprache. (WdF, Bd. 442.)

1983. VI, 391 S., Gzl.

Der Band versammelt Aufsätze, auch Buchauszüge, die Beiträge zu einer Theorie der religiösen Sprache enthalten oder wichtige Forschungszweige repräsentieren. Neben Ansätzen aus der Theologie werden solche aus der Religionswissenschaft, der Philosophie, der Linguistik und aus den Philologien gestellt, um die unterschiedlichen Aspekte des komplexen Themas vor Augen zu stellen.

7183-2 Steger, Hugo (Hrsg.):
Anwendungsbereiche der Soziolinguistik. (WdF, Bd. 319.)

1982. VII, 355 S. mit vielen Tab. u. 16 Abb., Gzl.

Im vorliegenden Buch werden Arbeiten aus drei besonders wichtigen Teil- und Anwendungsgebieten der Soziolinguistik abgedruckt. Sie entstammen den Bereichen der Gruppen- und Schichtenspezifik, der Situationsspezifik und dem Bereich Bilingualismus – Multilingualismus und Diglossie.

5834-8 Steger, Hugo (Hrsg.):
Soziolinguistik. Ansätze zur soziolinguistischen Theoriebildung. (WdF, Bd. 344.)

1982. VII, 481 S. mit einigen Formeln, Tab. u. Fig., Gzl.

Die Wiederaufnahme der soziolinguistischen Problematik in Deutschland Ende der sechziger Jahre stand stark unter dem Einfluß der Rezeption der angelsächsischen Sprachbarrierenforschung. Dieser Band will jenen Forschungsrichtungen im Bereich „Sprache und Gesellschaft" Gehör verschaffen, die einen wesentlich erweiterten Begriff von Soziolinguistik anstrebten und theoretisch und methodisch neue Anregungen gaben.

8305-9 Vennemann/Jacobs:
Sprache und Grammatik. Grundprobleme der linguistischen Sprachbeschreibung. (EdF, Bd. 176.)

1982. XI, 168 S., kart.

In unserem Jahrhundert, und vor allem seit den fünfziger Jahren, sind Sprachtheorie und Grammatiktheorie Gebiete intensiver und ausgedehnter Forschung geworden, deren Entwicklung kaum noch überschaubar ist. Dieser Band führt in die Forschungslage der Phonologie, Morphologie, Syntax und Semantik sowie eines grammatikrelevanten Ausschnitts der Pragmatik ein.

WISSENSCHAFTLICHE BUCHGESELLSCHAFT
Hindenburgstr. 40   D-6100 Darmstadt 11

6713-4   Giese, Richard-Heinrich:
Einführung in die Astronomie.

1981. XII, 395 S. mit 21 Tab. u. 75. Abb., 34 Abb. auf 32 S. Kunstdr.

In kompakter, aber leicht lesbarer Form legt Giese die wichtigsten Grundlagen und interessantesten Ergebnisse der Astronomie dar. Das Manuskript ist aus einem Universitätskurs für Lehramtskandidaten hervorgegangen und sowohl zum Selbststudium wie auch als mögliche Arbeitsgrundlage für die neugestaltete gymnasiale Oberstufe gedacht.

3179-2   Hütteroth, Wolf-Dieter:
Türkei. (WL, Bd. 21.)

1982. XXI, 548 S. mit mehreren Tab., 111 Abb. u. 5 farb. Kt., kart.

Die Türkei zeigt in ihrer Landschaftsphysiognomie deutliche Beziehungen zu ihren europäischen wie auch zu ihren orientalischen Nachbarländern. Hier vollzieht sich der Übergang südosteuropäischer zu orientalischer Kulturlandschaft, verbunden mit einem Entwicklungsgefälle von West nach Ost.

7058-5   Kienast, Dietmar:
Augustus.

1982. X, 515 S. mit 1 Kt., 2 Faltkt., Gzl.

Das Buch gibt einen Überblick über die reichen Ergebnisse der internationalen Forschung, besonders der letzten Jahrzehnte. Anhand einer an den Quellen orientierten Darstellung des Aufstiegs und der Politik des Oktavian/Augustus werden alle Bereiche seines politischen Wirkens diskutiert und noch bestehende Forschungsprobleme aufgezeigt.

8629-5   Krieg, Werner:
Einführung in die Bibliothekskunde.

1982. VI, 164 S., kart.

Dieses Buch gibt u. a. eine Charakteristik der verschiedenen Bibliothekstypen, eine Darstellung der Organisation des Bibliothekswesens und eine Schilderung der Arbeitsabläufe in den Bibliotheken. Ein Überblick über die Geschichte der Bibliotheken sowie Ratschläge für die Benutzung runden das Bild ab.

9365-8   Ranke, Leopold von:
Über die Epochen der neueren Geschichte. Vorträge dem Könige Maximilian II. von Bayern gehalten. (Hundertjahr-Gedächtnisausgabe 1954.)

Reprogr. Nachdr. 1982. VIII, 167 S., Paperback.

In den berühmten Vorlesungen, die Ranke im Jahre 1854 vor dem bayerischen König hielt, hat er den Versuch gemacht, in kurzem Abriß die historische Entwicklung von der ausgehenden Antike bis zur Mitte des 19. Jahrhunderts aufzuzeigen, von den Grundlagen des römischen Weltreiches bis zur „konstitutionellen Zeit".

WISSENSCHAFTLICHE BUCHGESELLSCHAFT
Hindenburgstr. 40   **D-6100 Darmstadt 11**